MEU DOMINGO
COM CRISTO

Pe. JOSÉ GERALDO RODRIGUES, C.Ss.R.

MEU DOMINGO COM CRISTO

Círculos Bíblicos sobre o Evangelho de todos os domingos do ano

Ano A

EDITORA
SANTUÁRIO

Dados Internacionais de Catalogação na Publicação (CIP)
(Câmara Brasileira do Livro, SP, Brasil)

Rodrigues, José Geraldo
    Meu domingo com Cristo: círculos bíblicos sobre o Evangelho de todos os domingos do ano: ano A / José Geraldo Rodrigues. — Aparecida, SP: Editora Santuário, 1998.

ISBN 85-7200-510-2

1. Bíblia - N.T. Evangelho - Comentários 2. Bíblia - N.T. Evangelho - Crítica e interpretação I. Título

97-4192   CDD-225.07

Índices para catálogo sistemático:

1. Bíblia: Novo Testamento: Comentários 225.07

DIREÇÃO GERAL: Pe. Luís Rodrigues Batista, C.Ss.R.
DIREÇÃO EDITORIAL: Pe. Flávio Cavalca de Castro, C.Ss.R.
Pe. Carlos Eduardo Catalfo, C.Ss.R.
COORDENAÇÃO EDITORIAL: Elizabeth dos Santos Reis
COORDENAÇÃO DE REVISÃO: Maria Isabel de Araújo
REVISÃO: Ana Lúcia de Castro Leite
COORDENAÇÃO DE DIAGRAMAÇÃO: Marcelo Antonio Sanna
DIAGRAMAÇÃO: Paulo Roberto de Castro Nogueira
CAPA: Márcio Mathídios

Todos os direitos reservados à **EDITORA SANTUÁRIO** — 2011

Composição, CTcP, impressão e acabamento:
EDITORA SANTUÁRIO – Rua Padre Claro Monteiro, 342
12570-000 – Aparecida-SP – Fone: (12) 3104-2000

APRESENTAÇÃO

Apresento-lhes o "Meu Domingo com Cristo", ano A, numa nova edição. Antes eram editados em pequenos volumes; depois de longos anos de boa aceitação, resolvemos editá-los num volume só.

Aceitamos o compromisso dessas publicações com muita alegria, dedicação, entusiasmo, pois dia a dia temos sentido que, em nossas publicações, muitos vigários encontram um modesto material para a homilia dominical. Aqui muitas comunidades encontram as bases para suas reuniões semanais. Muitos que trabalham com a catequese encontram material prático e útil tanto para a reflexão pessoal como para o ensino.

Nossos apóstolos leigos sentem necessidade de uma explicação mais simples do Evangelho. Esse tem sido nosso objetivo principal: nas páginas que escrevemos procuramos levar a Palavra de Deus de maneira simples, fácil.

Penitenciamo-nos sempre: perdoem-nos os grandes estudiosos do Evangelho, mas preferimos pecar pela simplicidade a nos perdermos em grandes pesquisas.

Escrevemos para o povo e com o povo queremos meditar na Boa-Nova. Pretendemos auxiliar a reflexão da comunidade.

Com este volume, iniciamos o primeiro ano litúrgico, o ano A. Nosso coração está voltado para o mistério do Presépio. Que lá, na simplicidade e humildade, todos nos encontremos.

P. José Geraldo Rodrigues,

Aparecida, 30 de julho de 1998.

A BÍBLIA

Bíblia: Livro no qual encontramos tudo sobre o Homem e sobre Deus. Encontramos sentido para tudo. "Sagrada Escritura, Livro Sagrado, O Livro, Bíblia": são palavras diversas correspondendo a uma mesma realidade.

Trata-se do livro mais lido no mundo. Propaga os ensinamentos daquele "cuja voz nunca mais se calaria": Jesus, o Cristo. É composta de 73 livros.

São Autores diversos, em épocas também diversas, escrevendo sobre assuntos históricos, proféticos ou doutrinários. Quanto ao valor destes livros, a Igreja sempre afirmou que os Autores da Sagrada Escritura foram inspirados e dirigidos por Deus.

A divisão principal da Bíblia é a que apresenta os livros divididos em duas seções desiguais, chamadas "Antigo Testamento" e "Novo Testamento".

Testamento significa "aliança". Quer indicar a relação de Deus com seu povo. Há uma "antiga aliança" e uma "nova aliança".

Em cada umas das duas grandes divisões da Bíblia há certo número de partes ou Livros. Dos 73 Livros, 46 pertencem ao Antigo Testamento e 27 ao Novo Testamento.

Nestes "Círculos Bíblicos", fazemos nossa reflexão, apoiando-nos nas passagens do Evangelho que são apresentadas na Liturgia Dominical.

CÍRCULOS BÍBLICOS

Círculos Bíblicos: Uma maneira muito atual e bastante divulgada, para chegarmos a uma vivência do Evangelho em comunidade. Seu objetivo é muito claro e preciso: que leiamos o Evangelho, procuremos entendê-lo, colocando sua mensagem em prática. Assim estaremos construindo um mundo para Deus. Vivendo, necessariamente transmitiremos o Evangelho ao próximo pelo nosso testemunho pessoal.
Procuramos redigir os "Círculos Bíblicos" de maneira simples, num esquema fácil, a fim de que mais facilmente sejam seguidos pelas Comunidades:

1. ORAÇÃO INICIAL: A reunião da Comunidade deve ser iniciada com uma oração. Oração que pode ser de diferentes maneiras: um cântico, uma oração espontânea, um Pai-nosso, a recitação de um salmo etc. É claro que fica sempre a critério de cada Comunidade, entregue ao espírito de criatividade. O importante é que essa oração não seja um repetir fórmulas, um rito externo, mas que todos sintam neste ato um encontro da Comunidade com Deus.

2. LEITURA DA BÍBLIA: Apresentamos para a leitura o trecho da Bíblia lido na missa do domingo. A leitura da Bíblia é a base da reunião. Quem lê que o faça em voz alta e pausada, para que todos acompanhem com proveito.

3. ESCLARECIMENTOS: A finalidade dos esclarecimentos é que todos entendam a passagem do Evangelho que foi lida. O coordenador fará as perguntas. Só lerá as respostas quando todos tiverem dado a sua. Lerá também no caso de ninguém saber responder. Não importa se saibam responder ou não. Importa é que entendam e vivam a mensagem daqui para a frente!

4. COMENTÁRIO: É um resumo da leitura, dos esclarecimentos. É como que um apanhado geral de tudo. Serve de conclusão aos esclarecimentos obtidos.

5. PERGUNTAS PRÁTICAS: Se a reunião seguiu normal até aqui, será fácil partir para uma análise de nossa ação pessoal.
Meditando a Palavra de Deus, com Cristo presente em nós e em cada um dos irmãos, analisamos nossas atitudes.
Algumas perguntas atingem diretamente a vida íntima dos membros da Comunidade. Pode ser que a inibição, o respeito humano dificultem uma resposta pública. Neste caso façam um momento de silêncio. Não insistam em obter respostas. Que cada um pelo menos dê uma resposta a Cristo, no silêncio de seu coração. Comunidade que fica em discussão teórica não dura muito. Importa que cada um e a Comunidade se comprometam a viver no dia-a-dia o Evangelho. E para isso muito auxiliam as perguntas práticas.

6. REVISÃO E PLANEJAMENTO: Se bem dirigido, é um assunto que torna a Comunidade viva e atuante. Cada cristão é convidado a ter uma ação na Paróquia. De vez em quando a Comunidade se reúne para uma ação global.
Cada grupo tem sua ação planejada nas reuniões. Deve haver tempo para a oração, tempo para o estudo e tempo para a ação, conforme as circunstâncias do momento.

7. ORAÇÃO OU CANTO FINAL: Para encerrar a reunião, faz-se a oração final. Trata-se de um ponto importante e evidente: quem fez a reunião com Cristo não quererá terminar sem se dirigir diretamente a ele. Para quem quer viver o Evangelho, a oração é indispensável, pois é um contato nosso, direto, com Deus.

CALENDÁRIO LITÚRGICO

Aqui o leitor encontra nossas modestas reflexões em torno do Evangelho das missas do domingo.

Estamos iniciando o ano litúrgico ano A.

A cada ano, repetem-se as celebrações dos mesmos mistérios.

E a Igreja, rica em seus escritos sagrados, embora se repitam as celebrações, propõe leituras diversas para nossa meditação, que só se repetem de três em três anos. Por isso é que temos os anos **A**, **B** e **C**, dentro dos quais diferentes passagens bíblicas fornecem subsídios para reflexão dos mistérios celebrados.

Estamos iniciando o "Ano A". Depois virá o "Ano B" e a seguir o "Ano C". E assim por diante, revezando-se os três anos litúrgicos.

Esse sistema é novo na Igreja. Faz parte das grandes reformas introduzidas na liturgia após o Concílio Vaticano II. E nós, publicando comentários dos Evangelhos dominicais seguindo essa mesma divisão da liturgia, estamos procurando orientar a participação sempre mais ativa no santo sacrifício da missa. E que a missa se concretize cada vez mais na vida, em nosso dia-a- dia.

Queremos viver, com carinho, a mensagem da Palavra de Deus. E, na vivência, sentimos que levamos um pouco do que temos aos irmãos.

1º DOMINGO DO ADVENTO

Mt 24,37-44

Ninguém sabe quando!

1. ORAÇÃO INICIAL

2. LEITURA DA BÍBLIA

Disse um dia Jesus: ³⁷A vinda do Filho do Homem se dará como no tempo de Noé. ³⁸Nos dias que precederam o dilúvio, os homens comiam, bebiam, casavam-se até o dia em que Noé entrou na arca. ³⁹Eles não perceberam nada até que veio o dilúvio e os devorou a todos. Do mesmo modo acontecerá quando vier o Filho do Homem. ⁴⁰Então, de dois homens que estiverem lavrando o campo, um será levado e o outro deixado; ⁴¹de duas mulheres que estiverem trabalhando no moinho, uma será levada e a outra deixada. ⁴²Estejam, pois, atentos, porque vocês não sabem o momento da chegada do Senhor. ⁴³Pensem bem: se o dono da casa soubesse em que hora da noite chegaria o ladrão, ele ficaria de guarda e sua casa não seria assaltada. ⁴⁴Por isso estejam sempre preparados, pois na hora em que vocês menos pensarem o Filho do Homem virá.

3. ESCLARECIMENTOS

a) Quando se dará a vinda do Filho do Homem? (v. 37)

O Filho do Homem que virá é Jesus. Quando será essa vinda, porém, ninguém sabe. Em nenhuma parte do Evangelho se encontra alguma afirmação precisando quando será o fim do mundo. Jesus nunca indicou quando se dará isso, nem fez a menor alusão a que estivesse próximo.

b) Por que diz Jesus que será como no tempo de Noé? (v. 37-38)

As pessoas que viveram na época de Noé não deram muita atenção às advertências que ele fazia. O resultado foi que muitos foram apanhados de surpresa. Jesus adverte que o mesmo acontecerá no dia do juízo final: muitos serão encontrados despreparados.

c) Para que Jesus voltará à terra? (v. 39)
Jesus voltará visivelmente à terra no fim do mundo, para julgar os vivos e os mortos. Para julgar toda a humanidade: os bons e os maus.

d) Como virá Jesus?
Jesus virá revestido de grande poder, majestade e glória. Será reconhecido por todos como Deus e Juiz. Jesus não estará mais revestido de humildade e simplicidade como em Belém. Dessa vez lançará mão de toda sua magnitude e justiça.

e) Por que razão um homem será levado e outro não? (v. 40)
Trata-se de uma linguagem simbólica para exprimir uma realidade muito séria. Jesus diz que, de dois homens que estiverem lavrando a terra, um será levado e outro deixado. Ser levado ou não dependerá do procedimento de cada um. Quem merecer será levado para o céu, para a felicidade eterna. Aquele que não merecer a felicidade será condenado.

f) O que acontecerá com as mulheres que estiverem trabalhando no moinho? (v. 41)
No Oriente eram muito comuns os pequenos moinhos manuais, movimentados por duas pessoas. Em geral eram tocados pelas mulheres. Jesus diz que uma mulher será levada e outra deixada. Não importa que estejam trabalhando. A situação de cada uma será definida pelas atitudes que tiverem. A que for encontrada preparada será feliz, receberá a recompensa dos eleitos.

g) Qual a recomendação que Jesus faz no versículo 42?
Estejam atentos! O fim do mundo será realidade e o fato se dará por sinais claros, facilmente perceptíveis. Mas virá de

surpresa. Ninguém sabe quando isso se dará. Porque não se sabe quando essas coisas acontecerão, muitos continuam a viver, alheios a tudo. E estes serão colhidos de surpresa. Esta é a razão da insistência de Jesus. Estejam atentos!

h) Este "momento da chegada do Senhor" se refere ao fim do mundo? (v. 42)

Este "momento da chegada do Senhor" se refere antes à nossa morte, e também ao fim do mundo. Mas a insistência de Jesus é que todos estejam preparados para a morte, que corresponde ao fim do mundo para cada um em particular. Importa-lhe que todos estejam preparados para o encontro com Deus no fim da vida. Cada um permanecerá para sempre no estado em que se encontrar no momento da morte.

i) Quais as três comparações que Jesus faz, tiradas da vida? (v. 40-44)

Jesus usa três comparações tiradas da vida cotidiana para ilustrar o que acontecerá com os homens no fim do mundo e o que acontecerá na hora de nossa morte. Fala de dois homens que estão arando o campo; depois cita duas mulheres trabalhando no moinho e, por último, faz uma comparação entre a vinda de um ladrão e a vigilância do dono da casa. Com isso tudo, Jesus quer dizer que precisamos estar sempre preparados. Assim, não seremos colhidos de surpresa.

j) Em que consiste o pedido de Jesus: "Estejam preparados"? (v. 44)

Com isso Jesus quer dizer que nossa alma deve estar sempre livre de qualquer perigo. Jesus não manda que vigiemos sobre nossas coisas, nossos pertences. Quer que vigiemos sobre nós mesmos. Vigiemos nossa inteligência, nossa vontade. Vigiemos nossos sentidos, nosso coração. Não podemos nos entregar ao mal. Não é próprio do homem perder tempo em julgamentos e críticas. Na hora em que menos pensarmos, o Filho do Homem virá. Estejamos preparados.

4. COMENTÁRIO

Jesus nos adverte de que haverá sinais indicando sua segunda vinda ao mundo. Mas, apesar dos sinais, essa sua vinda será surpresa para muitos. Surpresa por não estarem preparados. Surpresa por viverem preocupados apenas com coisas deste mundo. Somos convidados a nos arrependermos de nossos pecados e nos prepararmos para a morte. E, apesar dos avisos de Deus, muitos e muitos são escolhidos de surpresa. No último dia, os bons serão separados dos maus. Os que souberam corresponder à graça de Deus e usaram de sua liberdade para o bem serão escolhidos para o Céu. Os que livremente não quiseram servir a Deus serão condenados ao inferno. Não haverá profissão nem posição social que possam influir na sentença. Nossas obras é que pesarão na balança. Diante da realidade, Jesus nos convida à vigilância. Não sabemos quando ele virá. Por isso, é necessário estarmos alerta e não descuidarmos, pois precisamos receber uma sentença de salvação.
Como estaremos preparados? Fazendo de nossa vida uma vida de oração. Sem a ajuda de Deus, é impossível perseverar no bem. E sua ajuda chega até nós pela oração. Com a oração estaremos caminhando para a paz, a paz total, completa e real que é Deus.

5. PERGUNTAS PRÁTICAS

1. **Você seria capaz de descrever como é sua fé?**
2. **Cite um fato de sua vida no qual você demonstrou fé verdadeira.**
3. **Você pede o dom da fé, procurando renovar-se inteiramente?**
4. **A Liturgia ultimamente nos falou muito do fim do mundo, da vinda do Senhor! Você pode dizer que sua vida está sempre nas mãos de Deus?**
5. **Você é um cristão sempre pronto a tudo pelo Reino de Deus?**

6. REVISÃO E PLANEJAMENTO DA AÇÃO

7. ORAÇÃO OU CANTO FINAL

2º DOMINGO DO ADVENTO

Mt 3,1-12

Período de grandes desafios!

1. ORAÇÃO INICIAL

2. LEITURA DA BÍBLIA

¹Naqueles dias, apareceu João Batista pregando no deserto da Judéia. ²Dizia: "Fazei penitência, porque está próximo o reino do céu". ³Este é aquele de quem falou o profeta Isaías, quando disse: "Voz do que clama no deserto: Preparai o caminho do Senhor, endireitai suas veredas".
⁴João usava vestimenta de pêlos de camelo e uma cinta de couro em volta dos rins; seu alimento eram gafanhotos e mel silvestre. ⁵Vinham a ele os habitantes de Jerusalém, de toda a Judéia e de todo o território próximo do Jordão. ⁶Eram por ele batizados no rio Jordão e confessavam seus pecados. ⁷Vendo, porém, que muitos fariseus e saduceus vinham ao seu batismo, disse-lhes: "Raça de víboras, quem vos ensinou que escapareis da cólera que se aproxima? ⁸Fazei, portanto, dignos frutos de penitência ⁹e não tenhais a presunção de dizer em vossos corações: 'Temos por pai a Abraão', porque eu vos declaro que Deus pode até destas pedras suscitar filhos de Abraão. ¹⁰O machado já está posto à raiz das árvores. Toda árvore que não produz bom fruto vai ser cortada e atirada ao fogo.
¹¹Eu, na verdade, vos batizo na água para a penitência, mas depois de mim vem o outro, que é mais poderoso do que eu e do qual não sou digno nem ao menos de tirar-lhe as sandálias; ele vos batizará no Espírito Santo e no fogo.
¹²Trará em sua mão a pá e limpará bem o seu terreiro; recolherá seu trigo ao celeiro, mas queimará as palhas em fogo que não se apagará".

3. ESCLARECIMENTOS

a) **Qual era a missão de João Batista? (v. 1)**

João Batista apareceu pregando no deserto da Judéia. Sua missão era a de ser o Precursor, de anunciar a verdadeira luz que surge e encaminhar a humanidade para o Salvador.

Sua missão era a de levar todos os judeus, e todos os homens, a crerem no messianismo de Jesus.

b) O que diz Isaías? (v. 3)

O profeta Isaías se refere àquele que deveria preparar os caminhos do Senhor. João Batista foi o escolhido, o precursor imediato do Messias, aquele que preparou os judeus para receberem a mensagem de Jesus.

c) Como João Batista pede que preparemos os caminhos do Senhor? (v. 2)

João convida-nos a "preparar os caminhos do Senhor". E, para conseguirmos isso, ele indica qual deve ser nossa atitude: a penitência.

Ele próprio se apresenta revestido da mais profunda humildade. Humildade no modo de agir e em suas palavras: "Depois de mim vai chegar outro que é mais poderoso..."

d) Por que o versículo 3 fala de caminho?

Trata-se de uma metáfora tirada dos costumes da época. Naqueles tempos, quando um rei ia visitar seu reino ou uma cidade, os que iam recebê-lo limpavam os caminhos e enfeitavam o melhor que podiam.

Esse "Senhor", para quem os caminhos devem ser preparados, é Cristo. João veio antes dele precisamente para preparar-lhe o caminho.

O caminho são os ânimos, os corações dos homens que deverão ser preparados pela penitência que João pregava. Com esta preparação, receberão suavemente a Cristo. Os montes e vales são as desigualdades e asperezas dos corações.

e) Em que consiste preparar o caminho?

Para que o caminho seja bom, é necessário que vales e montes se igualem. Preparar o caminho é abaixar e suprimir as desigualdades dos vícios, para que em nada tropece, quando vier até nós. É necessário preparar os caminhos de todo o mundo pela pregação do Evangelho, para que a humanidade possa marchar até Deus.

f) O que havia em João Batista que atraía muitos a ele? (v. 4-5)

A pregação do Batista despertou as esperanças dos judeus e suscitou abertamente uma resposta entusiasta por parte de muitos.
O efeito das palavras de João era realçado por suas roupas e pelo ascetismo de sua vida. Ele não se vestia com couro ou pele de camelos, mas com uma vestimenta grosseira tecida com os pêlos desses animais. Seu modo de vestir revelava muito de sua personalidade profética. O rito externo era uma expressão simbólica do ato de arrependimento e de seus efeitos de purificação espiritual.

g) Como era o batismo de João Batista? (v. 11)

Não se tratava do sacramento do batismo instituído por Cristo e que produz a graça santificante. Era um rito simbólico, usado por João para significar a mudança que se devia operar nos costumes: pureza de alma e sentidos.
O batismo de João era um sinal externo de penitência. Não perdoava os pecados, mas dispunha interiormente para obter de Deus o perdão porque levava ao arrependimento. Era um rito que simbolizava a renovação interior. A mais adequada preparação para receber o Messias.

h) O que há de importante no batismo de Jesus? (v. 11-12)

O batismo de Jesus comunicaria o Espírito Santo. Portanto seria incomparavelmente superior ao batismo de João. O batismo de João era um rito meramente preparatório, uma purificação externa que simbolizava a conversão interior. João mostra um grande contraste entre seu batismo e o daquele que virá. O precursor anuncia a divindade de Jesus, porque só como Deus podia ele comunicar o Espírito Santo.

i) Por que João faz essa alusão a "tirar as sandálias"? (v. 11)

Os judeus costumavam calçar sandálias, que eram presas aos pés por correias. Os escravos tinham a função de atar e desatar, de trazer e levar as sandálias para seus senhores. João, dizendo que não merecia nem mesmo tirar as sandálias daquele que estava para vir, queria humildemente dizer que não era digno de servir a Jesus nem sequer nos mais baixos ministérios.

j) Qual a comparação que João faz no versículo 12?

Depois de obtido o trigo, usando de uma pá, separa-se o grão de trigo da palha.

João diz que Jesus fará o mesmo. No dia do juízo final, separará os bons dos maus, assim como o agricultor separa o trigo da palha. O trigo representa os bons; a palha, os maus.

4. COMENTÁRIO

Certamente os judeus não foram ver "uma cana" agitada pelos ventos. Foram à margem do Jordão ao encontro de João, o Batista, o homem íntegro, forte e reto. De seus lábios fluía a verdade, sem acepção de pessoas. A cada um João indicava seus deveres. A todos exortava à penitência. Ouvindo-o, todos confirmavam que ele tinha razão. Os que ouviam estavam cientes de que João não se deixaria dominar diante das pretensões dos escribas, nem ante as ameaças do Sinédrio, nem ante Herodes. E nós? Acaso somos a "cana" agitada pelo vento? Volúveis, inconstantes, impressionáveis? O vento de poucas palavras nos desvia, o vento da opinião dos outros nos transtorna, o vento do respeito humano nos dobra.

João se apóia na verdade. Conhecia a verdade, pregou a verdade e morreu pela verdade. Suas atitudes estavam também fundamentadas na humildade. O povo via nele um profeta e alguns o consideravam o Messias. João, porém, se apresentava simplesmente como a voz de Deus que clama e como o servo que não era digno de desatar as sandálias do Messias.

Constantemente apoiamos nossa conduta nas coisas passageiras, na opinião humana. São areias movediças que nos trazem instabilidade e ruína.

Apoiamo-nos em nossa soberba. A humildade faz-se necessária. Ser firmes como João Batista é nossa missão. Que nem a ambição, nem o desejo de comodidades, nem a ânsia da li-

berdade, nem o medo das dificuldades, o desprezo dos homens possam fazer-nos mudar nem vacilar.
João Batista exortava a todos a que se preparassem. Convertei-vos, porque está próximo o reino dos céus! Purifiquemos nossas almas. "A noite avançou e o dia se aproxima. Portanto, deixemos as obras das trevas e vistamos a armadura da luz", nos diz São Paulo (Rm 13,12). Aproxima-se o dia, a luz, Jesus Cristo. Jesus vem romper as cadeias de nossos pecados. Recebamo-lo com confiança e com a alma limpa de toda culpa.
A melhor maneira de preparar a presença de Deus no mundo é multiplicarmos as nossas boas obras. Amor com amor se paga. Com sua vinda ao mundo, Deus mostra o grande amor que tem para com os homens. Corresponderemos a esse amor amando a Deus e aos homens, nossos irmãos.
Jesus nascerá em nossos corações. Vamos criar um clima de comunidade fraterna com o respeito, a justiça e o amor.

5. PERGUNTAS PRÁTICAS

1. **Em que consiste levar a sério a vida cristã?**
2. **Há momentos na vida em que é difícil portar-se de modo cristão? Dê um exemplo.**
3. **Você está procurando rezar mais nesse período do Advento?**
4. **Como você vive a fraternidade e a paciência nesse período?**
5. **Em que consiste sua oração diária?**

6. REVISÃO E PLANEJAMENTO DA AÇÃO

7. ORAÇÃO OU CANTO FINAL

IMACULADA CONCEIÇÃO DE MARIA SANTÍSSIMA

Lc 1,26-38

Presença especial em nossa vida!

1. ORAÇÃO INICIAL

2. LEITURA DA BÍBLIA

²⁶Quando Isabel estava no sexto mês de sua gravidez, o anjo Gabriel foi enviado por Deus para uma cidade da Galiléia, chamada Nazaré, ²⁷a uma virgem desposada com um homem da casa de Davi. Seu nome era José e o nome da virgem era Maria.

²⁸O anjo, entrando onde ela estava, disse-lhe: "Alegra-te, cheia de graça! O Senhor está contigo". ²⁹Ao ouvir essas palavras, Maria perturbou-se e perguntava a si própria o que significava aquela saudação. ³⁰Disse-lhe, então, o anjo: "Não temas, Maria, pois achaste graça diante de Deus. ³¹Conceberás em teu seio e darás à luz um filho, em quem porás o nome de Jesus. ³²Ele será grande e será chamado Filho do Altíssimo. O Senhor Deus lhe dará o trono de seu pai Davi. ³³Ele reinará para todo o sempre sobre a casa de Jacó e seu reino não terá fim".

³⁴Maria falou, então, ao anjo: "Como poderá acontecer isso, se eu não conheço homem?"

³⁵Diante desta pergunta, respondeu-lhe o anjo: "O Espírito Santo virá sobre ti e o poder do Altíssimo te cobrirá com sua sombra; por isso, o que vai nascer de ti será santo e será chamado Filho de Deus. ³⁶Também Isabel, tua parenta, concebeu um filho na sua velhice; e ela, que era tida por estéril, está no sexto mês de sua gravidez, ³⁷porque a Deus nada é impossível".

³⁸Maria, então, exclamou: "Eis aqui a serva do Senhor; faça-se em mim segundo a tua palavra". Depois disso, o anjo se retirou.

3. ESCLARECIMENTOS

a) Explique o sentido da palavra "desposada", do versículo 27.

"Desposada" significa que não estava ainda casada. Tinham-se realizado apenas os esponsais.
Entre os judeus, o casamento constava de duas cerimônias. Celebravam-se primeiro os esponsais. Os noivos, desde esse momento, eram considerados como legitimamente casados, mas continuavam a residir em casa de seus pais. Mais tarde, celebrava-se o matrimônio.
A Virgem Maria estava apenas desposada com São José, quando o anjo lhe anunciou que seria mãe do Salvador.

b) Você poderia comentar o versículo 28?

A cena desenvolve-se numa casa pequenina, na cidade de Nazaré, na Galiléia. Maria estava no interior de sua casa, quando o anjo Gabriel lhe apareceu e lhe dirigiu a saudação.
"Ave", "salve", "alegre-se" são fórmulas de saudação. É um resumo do desejo de todos os bens.
"O Senhor está contigo": manifesta uma união íntima entre Deus e Maria.
Deus se compraz em estar com as almas santas e estas sentem-se felizes em se unir espiritualmente a Deus.
O Senhor está com ela para a assistir, proteger e socorrer, mas também com sua presença corporal.
Aos outros a graça é concedida em partes ou graus de intensidade diversa. A Maria, porém, em grau muito elevado, em plenitude.
Nestas palavras do versículo 28, tem-se uma prova sagrada que confirma o dogma da Conceição Imaculada de Maria que, desde o primeiro instante de sua existência, foi sempre cheia da graça de Deus. A doutrina da Igreja é que Maria, depois de seu Filho, é a mais bem-dotada da graça divina, em consideração à sua maternidade divina, de modo que chega a ser o canal de todas as graças recebidas pelos homens.

c) Por que Maria se perturbou? (v. 29)

Em sua humildade, a Santíssima Virgem se surpreendeu com o que ouvia e, atônita, procurando explicá-lo, não lhe acudia sequer a idéia de que se tratasse da Encarnação do Verbo Divino. Ela recebeu um elogio do qual, em sua humildade, não se julgava digna. Refletindo em seu coração, ia procurando a causa desse elogio.

d) Quais são os dois títulos atribuídos a Jesus no versículo 32?

Esses títulos atribuídos a Jesus lembram as promessas messiânicas: Jesus será "grande", será "Filho do Altíssimo", título reservado às grandes personagens. Jesus, quanto à natureza divina, é Filho do Altíssimo, e, quanto à natureza humana, é Filho, isto é, descendente de Davi.

e) Qual a dúvida que surge em Maria? (v. 34)

"Como poderá acontecer!" Maria não duvida, mas apenas fica sem saber como se poderá dar esse fato, sendo ela virgem.
Essa pergunta de Maria mostra que, embora desposada com José, ela tinha intenção de conservar-se sempre virgem. Fizera o voto de virgindade por especial inspiração de Deus, e agora quer saber como há de guardá-lo. Sem hesitar em crer, pergunta simplesmente como se realizará o mistério.

f) Qual foi a resposta do anjo? (v. 35)

A resposta do anjo faz ver claramente que a nova de que ele é mensageiro é a da conceição e nascimento do Messias. O anjo explica a Maria como se dará nela o grande mistério da Encarnação do Verbo.
O Deus onipotente, que do nada criou o mundo e a vida, e que tem poder para fazer germinar e crescer os frutos até duma árvore estéril, depositará um germe de vida em Maria. Por ser obra de amor, o mistério da Encarnação é atribuído ao Espírito Santo.

g) Que exemplo nos dará Maria com sua resposta? (v. 38)
"Faça-se em mim!"
Realizou-se naquele instante o mistério da Encarnação. São Lucas apresenta Maria como primeiro exemplo de entrega total à vontade de Deus.
A resposta da Virgem merece ser considerada. Ela se chama a si mesma de "serva do Senhor". São Lucas a havia chamado de "virgem"; o anjo, de "cheia de graça"; e seus pais, de "Maria". O servo dependia, em seu ser e vida, da vontade do Senhor. Maria é serva do Senhor.
O "faça-se" de Maria não é uma aceitação resignada da vontade de Deus, mas um desejo alegre e esperançoso. A vontade de Deus é considerada como um feliz acontecimento. Deus não só lhe propôs sua vontade, mas a impôs como um mandamento: "Conceberás, darás à luz". A palavra do anjo é uma ordem que Maria aceita com desejo e alegria. O Filho de Deus não se encarnou sem o consentimento da que devia ser sua mãe. Este exemplo se aplica aos dois fatores de nossa santificação: a graça de Deus e a cooperação de nossa vontade.

4. COMENTÁRIO

O anjo chama a Virgem de "cheia de graça". Plenitude de graça que inclui não só a imunidade do pecado original e atual, mas o conjunto de todas as virtudes e dons que nos fazem agradáveis a Deus.
Razão dessa santidade? A maternidade divina. Deus concede suas graças conforme a missão que confia a cada um. Se Deus nos escolheu para o apostolado, dará também as graças necessárias. Porque é "cheia de graça", Maria é vencedora do pecado, da concupiscência e da morte. Porque é "cheia de graça", Maria é a Co-redentora, a Rainha dos Céus e da Terra, a Medianeira, superior aos anjos e santos.
A humildade atrai as bênçãos de Deus, como as atraiu sobre a Virgem Maria. Maria obedeceu prontamente, aceitando a vontade de Deus. Assim deve ser nossa obediência, embora muitas vezes não compreendamos a razão.

O anjo a chama de "cheia de graça" e ela responde como "serva do Senhor". Maria teve motivos e de nada se orgulhou. Façamos o mesmo.

5. PERGUNTAS PRÁTICAS

1. **Já se fala no Natal. Seu primeiro fruto é solidariedade, principalmente com os fracos e os pobres. O que você pensa disso?**
2. **Maria se faz presente em nossas vidas. Como nos ajuda na caminhada para o Natal?**
3. **Qual a virtude de Maria que você mais admira e procura imitar?**
4. **Que lugar ocupa Maria em sua vida?**
5. **Maria se apresenta como a serva do Senhor. Você serve? A quem e como?**

6. REVISÃO E PLANEJAMENTO DA AÇÃO

7. ORAÇÃO OU CANTO FINAL

3º DOMINGO DO ADVENTO

Mt 11,2-11

Ser grande, sendo pequeno!

1. ORAÇÃO INICIAL

2. LEITURA DA BÍBLIA

²Estando na prisão, João ouviu falar do que Jesus fazia e mandou que os discípulos lhe perguntassem: ³"És tu mesmo aquele que deve vir, ou devemos esperar por outro?" ⁴Em resposta, Jesus lhes disse: "Vão contar a João o que vocês estão ouvindo e vendo por aqui: ⁵Os cegos recuperam a vista, os coxos se põem a andar, os leprosos ficam limpos, os surdos tornam a ouvir, os mortos ressuscitam e a Boa Notícia é anunciada aos pobres!
⁶Bem-aventurado aquele que não ficou escandalizado por causa de mim!"
⁷Os enviados de João partiram. E Jesus começou a falar ao povo a seu respeito: "O que vocês estiveram vendo no deserto? Um caniço agitado pelo vento? ⁸O que vocês foram ver lá? Um homem vestido com luxo? Não! Os que andam no luxo vivem nos palácios dos reis. ⁹Afinal, o que vocês foram ver? Foram em busca de um profeta? Sim! Eu lhes digo: Alguém ainda maior que um profeta! ¹⁰É a ele que se refere esse trecho da Escritura: 'Eis que envio o meu mensageiro à sua frente; ele preparará o caminho diante de ti'. ¹¹E eu lhes digo com segurança: Entre os que nasceram da mulher, até agora não há quem seja maior que João, o batizador! Contudo, o menorzinho no Reino dos Céus é maior do que ele!"

3. ESCLARECIMENTOS

a) Onde João Batista estava? (v. 2)

João Batista estava na prisão. Na prisão do castelo de Maqueronte, situado num rochedo a leste do Mar Morto. Foi colocado no cárcere por ordem do tetrarca Herodes Antipas. Embora preso, João continua a cumprir sua missão de precursor do Messias. Envia uma delegação de discípulos seus com a finalidade de perguntar a Jesus se era ele o Messias esperado.

b) João Batista não sabia que Jesus era o Messias? (v. 2-3)
João sabia que Jesus era o Messias esperado. Vendo Jesus que passava, disse a todos: "Eis aí o Cordeiro de Deus"(Jo 1,36). João reconheceu a Jesus como o Messias no momento do batismo, às margens do rio Jordão.

c) Por que João manda os discípulos perguntarem a Jesus se ele é o Messias? (v. 3)
João sabia que Jesus era o Messias esperado. Mas, entre seus discípulos, muitos ignoravam ou duvidavam da missão do Salvador. Para que eles conhecessem a realidade dos fatos, mandou que seus discípulos fossem até Jesus. Vendo os prodígios que Jesus realizava, eles passariam a acreditar, não teriam dúvidas. Jesus se manifestaria a eles.

d) Qual foi a resposta de Jesus? (v. 4-5)
João mandou uma delegação perguntar a Jesus se ele era o Messias. Jesus lhes lembra uma passagem da profecia de Isaías, que diz das maravilhas que o Messias deveria realizar. Os cegos irão recuperar a vista. Os surdos ouvirão. Os coxos andarão. O mudo falará. A Boa Notícia será anunciada.
Todos esses prodígios se estão realizando com Jesus. Com ele se concretizam as palavras de Isaías. E, na presença dos delegados de João, escreve São Lucas: "Jesus curou uma quantidade de pessoas com doenças, enfermidades e espíritos malignos, e deu vista a muitos cegos" (Lc 7,21). A resposta de Jesus foi clara e simples: "Vão contar a João o que vocês estão ouvindo e vendo". Eles estavam ouvindo e vendo Jesus realizar os prodígios que acompanhariam o Messias esperado.

e) A quem Jesus chama de feliz? (v. 6)
Feliz quem não duvida dele! Jesus instruiu os discípulos de João, confirmando suas palavras com milagres. Pode ser que

muitos tenham se escandalizado com seus atos. E Jesus diz que quem não se escandalizar com o que ele realiza é feliz; quem não duvidar de suas obras terá fé e estará com ele.

f) O que é milagre?
Jesus operou muitos milagres. Milagre é um fato sensível, superior às forças e leis da natureza, que venha de Deus, Senhor de tudo. A cura instantânea de um enfermo, a cura de um cego, a ressurreição de um morto são milagres.
Não basta ver milagres para se conseguir crer. É necessária a graça da fé.

g) Com que milagres Jesus confirmou sua doutrina e demonstrou ser verdadeiro Deus?
Jesus confirmou sua doutrina e demonstrou ser verdadeiro Deus de diversos modos. Restituindo a vista aos cegos, a fala aos mudos, permitindo aos surdos ouvirem. Dando vida aos mortos, restituindo a saúde a todas as espécies de enfermos. Jesus provou ser Deus imperando sobre os demônios e as forças da natureza e, principalmente, com a própria ressurreição. Por isso reconhecemos em Jesus o verdadeiro Messias, nosso Salvador. Cremos com alegria que Deus se fez Homem para nos abrir as portas da Felicidade.

h) Em que ambiente surgiu o Cristianismo?
O Cristianismo surgiu num clima austero de mortificação exterior e interior. O clima severo trouxe ótimos frutos e espalhou muita alegria. O primeiro passo a ser dado por um cristão é humilhar-se, reconhecer suas culpas, arrepender-se e reparar os erros.
A redenção exige penitência, para que o caminho da humildade leve o homem a Deus.

i) Quando os enviados de João partiram, a respeito de quem Jesus começou a falar? (v. 7-9)
Jesus começou a falar de João Batista. Aproveitou-se da oportunidade para fazer um grande elogio a João, lembrando que o

povo não o aceitava como devia. Jesus faz ver que o Batista não é um espírito fraco que se dobre para um e outro lado como um caniço, mas um homem corajoso e perseverante, que pregou sempre a mesma doutrina e foi sempre de vida austera e humilde. João viveu por muito tempo no deserto. Sua austeridade foi apoiada por Jesus, austeridade digna de admiração e de imitação. Seu caráter era enérgico, sua vida, penitente. Vestia-se e se alimentava pobremente.

j) Por que João Batista é maior que um profeta? (v. 9-10)
Jesus diz que o Batista é maior que um profeta. E com razão. Os profetas apenas anunciaram o advento do Messias. João preparou o povo para receber o Messias e foi seu precursor. É um profeta maior que todos, pois inclusive sua vinda foi profetizada como aquele que viria para preparar os caminhos do Senhor.

k) Por que ninguém é maior que João, o batizador? (v. 11)
Falando que não há quem seja maior que João, Jesus se refere ao Antigo Testamento. E não se refere a merecimentos pessoais, mas aos estados em que se encontram. Não fala da santidade pessoal, mas da dignidade. A dignidade de João Batista era maior que qualquer outra. Ele foi o indicado para preparar a vinda da Nova Lei. João, como precursor, é considerado pertencente à antiga aliança.

l) Por que o menorzinho no Reino dos Céus é maior do que João? (v. 11)
Com isso Jesus quer se referir à Nova Lei. Quem pertence à ordem da Graça, mesmo que seja o último em dignidade, supera o maior em dignidade da Lei Antiga.
A Nova Lei de Jesus é tão superior à antiga que o menor de seus discípulos está em posição mais elevada que as pessoas mais eminentes da Antiga Lei. Verdadeiramente, nós, por meio de Jesus, nos tornamos filhos de Deus, herdeiros do céu. Temos a honra de sermos alimentados com a carne e o sangue do

próprio Deus. O menor dos homens se torna grande, se vive na graça de Deus.

4. COMENTÁRIO

Antes de Jesus muitos vieram revestidos de missão divina: Moisés e os profetas. Mas eles não trouxeram a salvação.
O mundo teve seus sábios, reis, imperadores e gênios em administração. Mas nem eles resolveram tudo. Ou melhor, pouco resolveram. Só de Cristo vem a salvação, através de sua lei de justiça e caridade.
Outros ainda vieram com idéias falsas, enganadoras. E jamais transmitiram felicidade. A Felicidade é Cristo.
Jesus permite que João seja preso. Não o liberta. João morre e desaparece. São injustiças humanas. Mas a fé nos fala na justiça da outra vida. Essa não falha.
O homem sem princípios, sem convicção, é como um caniço agitado pelo vento. Católico dentro da igreja, pagão durante a semana! Os ventos levam-no pelo caminho das zombarias, maus exemplos, comodidade, paixões e interesses materiais.
João cumpre sua missão sem respeito humano; diz a verdade. Cristo cumpre sua missão de salvação. Ambos são elogiados: João por Cristo. Cristo pelo Pai.
Preparai o caminho do Senhor. Como?
— conhecendo as misérias da própria vida;
— removendo os obstáculos;
— orientando a vida para Cristo;
— dando bom exemplo.
Quem é o Salvador? Cristo ou outro? Quem é meu Salvador? Cristo ou outros interesses mesquinhos? Devo escolher. E essa escolha é obrigatória e perigosa.
O Natal é Cristo presente ou ausente?
João Batista, elogiado como ninguém o foi, esteve na prisão e foi morto. Por aí vemos que seguir a Cristo exige sacrifícios. Obriga a que deixemos a vida puramente humana. Deus está em nós. Feliz de quem não duvida!

5. PERGUNTAS PRÁTICAS

1. **Precisamos mais de Deus que de pão. Mas você se lembra daqueles que não têm pão?**
2. **O que fazer por aqueles que não têm Deus?**
3. **Você tem algum fato extraordinário de sua vida no qual você vê de modo especial a presença de Deus?**
4. **Você procura ser um profeta de Deus para seu próximo?**
5. **Você procura ser pequeno aos olhos dos homens para ser grande diante de Deus?**

6. REVISÃO E PLANEJAMENTO DA AÇÃO

7. ORAÇÃO OU CANTO FINAL

4º DOMINGO DO ADVENTO

Mt 1,18-25

"Darás a ele o nome de Jesus!"

1. ORAÇÃO INICIAL

2. LEITURA DA BÍBLIA

[18]Foi assim o nascimento de Jesus Cristo: Maria, sua mãe, estava noiva de José. Antes de morarem juntos, ela ficou grávida por obra do Espírito Santo. [19]Seu esposo José era homem justo e não queria difamá-la. Resolveu abandoná-la secretamente. [20]Enquanto assim pensava, o anjo do Senhor apareceu-lhe em sonho e disse: "José, filho de Davi, não tenhas medo de receber Maria como esposa. Pois o que nela foi concebido veio do Espírito Santo. [21]Ela dará à luz um filho, a quem porás o nome de Jesus, pois ele salvará o povo dos seus pecados". [22]Tudo aconteceu para cumprir o que o Senhor tinha anunciado pelo profeta: [23]"Eis a Virgem que conceberá e dará à luz um filho, ao qual se dará o nome de Emanuel, que significa Deus Conosco".
[24]Tendo acordado, José fez como o anjo do Senhor tinha mandado e recebeu sua esposa. [25]E, sem que ele a tivesse conhecido, ela deu à luz um filho, ao qual ele deu o nome de Jesus.

3. ESCLARECIMENTOS

a) Qual o fato narrado no versículo 18?
São Mateus, depois de ter apresentado os ascendentes de José, esposo de Maria, fala agora do nascimento de Jesus. Todos foram gerados de modo natural e ordinário. Jesus nasceu de modo singular e prodigioso.

b) Maria estava noiva de José. Que significava isso? (v. 18)
Entre os hebreus, com o noivado, o noivo e a noiva já estavam legalmente unidos em verdadeiro matrimônio. Não eram sim-

ples noivos no sentido de hoje. Maria estava desposada com José, era sua verdadeira esposa. Mas, durante o noivado, a noiva que não fosse viúva ficava ainda um ano na casa de seus pais, embora já pertencesse ao esposo. Só depois desse noivado é que o esposo a levava para sua casa e era celebrada a festa das núpcias.

c) Quando Maria ficou grávida? (v. 18)
Maria ficou grávida por obra do Espírito Santo antes de morar com José. Maria ficou grávida quando já eram noivos. Isso quer dizer que o fato se deu antes da realização do casamento propriamente dito.

d) Maria ficou grávida por obra de quem? (v. 18)
Por obra do Espírito Santo. A concepção do Verbo Divino se realizou por obra do Espírito Santo. Dele provêm as manifestações de caridade e santificação. Com essa expressão, quer-se dizer que se operou um efeito sem a intervenção de sua causa natural e ordinária.

e) José notou que Maria estava grávida. Que atitude quis tomar diante do fato? (v. 19)
Percebendo que Maria estava grávida, José não podia pensar mal dela, pois conhecia a pureza e a virtude que sua noiva possuía. Contudo, não encontrando explicação para o fato, José queria abandoná-la secretamente. Com essa solução, pensava manter a própria honra e a de Maria.

f) Por que José é considerado um homem justo? (v. 19)
A atitude nobre de José é considerada como atitude de um homem justo. Foi justo porque orientou sua vida conforme a vontade de Deus.
Foi justo porque cumpriu a lei com coração alegre. Foi justo porque sábio e bondoso. Foi agradável a Deus.
José, diante de um fato estranho e misterioso, toma uma atitude bondosa e é por isso chamado de justo.

g) Quem apareceu a José? (v. 20)

O anjo do Senhor.
José procurava uma solução para o problema e queria resolvê-lo do modo mais secreto possível.
Como homem virtuoso, quer fazer justiça e para consegui-la age com prudência. Enquanto imaginava uma solução, o Anjo do Senhor veio até ele em sonho e a situação foi esclarecida.

h) São José foi pai de Jesus? (v. 20)

São José não foi pai de Jesus segundo a natureza ou geração, não foi pai verdadeiro. Apenas pai adotivo.

i) Qual a grande revelação que o Anjo faz e é apresentada no versículo 21?

A revelação é que Maria terá um filho. O nome dele será Jesus e ele salvará o povo. José fica sabendo que sua esposa é a Virgem privilegiada, anunciada pelo profeta Isaías (7,14).

j) Qual o significado do nome "Jesus"? (v. 21)

Isaías profetizara que Maria teria um filho, cujo nome seria designado por Deus. Este nome foi revelado a José. "Jesus" é palavra hebraica e significa: Deus é salvação, Deus é auxiliador e salvador, Deus é redentor. Jesus é o portador da salvação; ele salvará o povo de seus pecados.

k) A quem Jesus salvará? (v. 21)

Ao povo. Àqueles que nele acreditarem.
O Filho de Deus se fez homem para nos salvar, para nos redimir do pecado e nos reconquistar a Felicidade eterna. "Deus se fez homem — escreve Santo Agostinho — para que o homem se tornasse Deus." Jesus assumiu nossa natureza humana para que ela fosse nele imortalizada. Por meio dele nós nos tornamos imortais.

l) **O profeta diz que a Virgem conceberá e dará à luz um filho. Qual o nome dele e seu significado? (v. 23)**
O nome desse filho é Emanuel, que significa "Deus Conosco".
Esse nome traz em si todo o significado do acontecimento. Na realidade, pela Encarnação, Deus está conosco, o Verbo de Deus habita e se comunica com os homens.
Jesus é o Verbo de Deus feito homem, o Emanuel. Em Jesus, Deus está conosco porque se fez homem, porque é senhor de todos e permanece conosco, de modo especial na Eucaristia.

4. COMENTÁRIO

José, noivo de Maria, não está a par do mistério da encarnação. Notando que Maria está grávida, perturba-se. Conhece a santidade de Maria e dela não duvida. Encontra-se diante de um mistério e não encontra explicação.

Deus se faz presente e revela a José o que está acontecendo. José crê. Crê em Deus e naquilo que ele manifesta. Demonstrando essa fé, dá condições para que se realize a santa vontade de Deus.

José era um homem justo e, por vontade de Deus, passa por uma provação. São as provações que vão surgindo na vida. Deus serve-se da dor e tribulação para nos provar. São meios de purificação.

Muitas vezes Deus permitirá que o mundo não nos compreenda. Que até os bons duvidem de nossa retidão, de nosso zelo, de nossa boa vontade. Diante disso, confiemos no Senhor.

Assim como falou a José, um anjo de Deus fala dentro de nós, pela voz de nossa consciência. Saibamos ouvir. Muita paz haveria em nossa vida, se procurássemos ouvir sempre a voz de nossa consciência. Ouçamos a voz que nos chama para a fé. Façamos a doação nossa a Deus. Porque já é quase Natal!

5. PERGUNTAS PRÁTICAS

1. Você procura ser a presença de Deus na vida de seu próximo? Como age?
2. Você procura reconhecer a presença e ação de Deus nas coisas que lhe acontecem?
3. Você pratica a verdadeira solidariedade para com o próximo?
4. Seu Natal vai ser diferente? Por quê?
5. Que lição você tira, refletindo sobre a vida de São José?

6. REVISÃO E PLANEJAMENTO DA AÇÃO

7. ORAÇÃO OU CANTO FINAL

NATAL DE NOSSO SENHOR JESUS CRISTO

Lc 2,1-14

Glória a Deus e paz na terra!

1. ORAÇÃO INICIAL

2. LEITURA DA BÍBLIA

¹Por aqueles dias, saiu um decreto do imperador César Augusto, para ser recenseada toda a terra. ²Este recenseamento foi o primeiro que se fez, sendo Quirino governador da Síria. ³E todos iam recensear-se, cada qual em sua própria cidade.

⁴Também José, deixando a cidade de Nazaré, na Galiléia, subiu até a Judéia, à cidade de Davi, chamada Belém, por ser da casa e linhagem de Davi, ⁵a fim de recensear-se, com Maria, sua mulher, que estava grávida.

⁶E, quando eles ali se encontravam, completaram-se os dias em que ela deveria dar à luz. ⁷Assim teve o seu Filho primogênito, que envolveu em panos e recostou numa manjedoura, porque não havia lugar para eles na hospedaria.

⁸Na mesma região, encontravam-se alguns pastores que pernoitavam nos campos, guardando seus rebanhos durante a noite. ⁹O anjo do Senhor apareceu-lhes e a glória do Senhor refulgiu em volta deles. Tiveram muito medo. ¹⁰Disse-lhes o anjo: "Não tenham medo. Eu lhes anuncio uma grande alegria, a vocês e a todo o povo. ¹¹Hoje, na cidade de Davi, nasceu um Salvador, que é o Messias, o Senhor.

¹²Isto lhes servirá de sinal para que possam identificá-lo: Vocês encontrarão um menino envolto em panos e deitado numa manjedoura".

¹³De repente, juntou-se ao anjo uma multidão do exército celeste, louvando a Deus e dizendo: ¹⁴"Glória a Deus nas alturas, e paz na terra aos homens por ele amados!"

3. ESCLARECIMENTOS

a) Quem era César Augusto? (v. 1)

César Augusto era Imperador romano. Governou Roma desde o ano 30 antes do nascimento de Cristo até o ano 14 de nossa era. Seu império foi longo e gozou de paz.
Fez muitos recenseamentos no império. Na Judéia ele realizou dois recenseamentos: um nos anos 8 a 6 antes de Cristo e outro no 5 depois de Cristo. Quando César Augusto determinou o recenseamento, mandou que fosse feito em todo o Império Romano, incluindo os países estrangeiros que estavam sob seu domínio.

b) Quem era Quirino? (v. 2)

Quirino era governador da Síria. Governou a Síria, e por isso também a Palestina, no ano 4 antes do nascimento de Cristo e terminou o recenseamento dos anos 8 a 6 antes de Cristo. Foi dele que o recenseamento recebeu o nome.

c) Por que São Lucas cita esses dois fatos? (v. 1-2)

São Lucas indica dois fatos importantes para estabelecer a época do nascimento de Jesus: o edito de César Augusto e o primeiro recenseamento feito por Quirino.

d) Onde era feito o recenseamento? (v. 3)

Nos outros países, o recenseamento era feito no lugar de domicílio das pessoas. Mas os judeus tinham outro costume. Cada um se inscrevia na cidade de onde se originara sua família.

e) Para onde foi José? (v. 4)

José se dirigiu à sua terra natal, Belém. Belém era chamada de cidade de Davi porque foi aí que nasceu o rei Davi.
Deus se serviu de um decreto humano para que se cumprisse a profecia, segundo a qual o Messias haveria de nascer em Belém.

f) Maria foi com José? (v. 5)

Sim. Maria acompanhou-o porque, como acontecia no Egito, também na Palestrina as mulheres deviam apresentar-se pessoalmente para o recenseamento. Desse modo, realizava-se a profecia sobre a pátria do Messias. A Providência divina serve-se de um decreto de um imperador para fazer cumprir uma profecia.

g) Qual o sentido da palavra "primogênito"? (v. 7)

Os hebreus chamavam primogênito ao primeiro filho, ainda que este fosse o único.

h) Onde Maria colocou o menino? (v. 7)

Maria o recostou numa manjedoura. Com a enorme afluência dos que vinham alistar-se, as hospedarias estavam cheias. Foram, então, para um estábulo. Diz a tradição que aquele estábulo ficava dentro de uma gruta. Jesus, nascendo em pobreza, ensina-nos a humildade.

i) Qual foi o sinal que o anjo deu? (v. 12)

O anjo deu um sinal para que os pastores reconhecessem a veracidade do que estava anunciando. E o sinal foi: uma criança envolta em panos, deitada numa manjedoura. É um mistério de humildade.

j) De onde vem a paz? (v. 14)

Esta paz vem da bondade divina, é uma dádiva que não merecemos. Deus a dá aos que tiverem boas disposições para participar da paz que o Messias trouxe à terra.

k) Quando repetimos o hino de Glória a Deus?

O canto dos anjos se repete no sacrifício da Missa. O Glória que o sacerdote reza na Missa começa com essas palavras, e todo ele é rezado em torno das mesmas palavras.

São palavras que orientarão nossa piedade, nossos atos de culto e nosso apostolado.
Uma única finalidade deve existir em todos os nossos atos: dar glória a Deus e ser verdadeiros discípulos de Cristo. Assim, nosso apostolado será verdadeiramente eficaz.

4. COMENTÁRIO

A Providência divina dirige suavemente os acontecimentos. Serve-se dos homens para que se cumpra sua vontade. Estava profetizado que o Messias haveria de nascer em Belém. O Imperador romano manda que se faça o recenseamento. E Deus se serve dessa ordem do Imperador para que se cumpram as profecias. Maria e José eram da família de Davi.

Homens perversos se transformam em instrumentos inconscientes da Providência divina. As coisas mais absurdas, os acontecimentos mais inexplicáveis servem também aos planos de Deus.

Jesus, nascendo pobre e em lugar humilde, nos dá uma lição sublime de austeridade e sacrifício. Uma lição de pobreza voluntária. Sendo o dono de tudo, quis que lhe faltasse o quase necessário.

Jesus nasceu para todos. Veio para salvar os poderosos e os pobres. Por isso, quis nascer em simplicidade e humildade, num lugar acessível a todos.

Os ricos se humilham indo em busca de um presépio. E essa humildade é indispensável para que se receba a vida divina.

Os pastores, a quem aparece o anjo, são pessoas pobres, de vida insignificante. Mas são os primeiros que recebem o anúncio do nascimento do Messias. Jesus veio ao mundo para evangelizar a todos. Mas de uma maneira muito especial aos pobres. Por isso, é aos pobres que ele primeiro anuncia seu nascimento. A religião cristã é religião dos pobres: pobres de fato e pobres de espírito.

Os anjos, com seu canto, manifestam claramente a dupla finalidade da vinda de Cristo: a glória de Deus e a paz aos homens.

Toda a vida de Jesus não pode ter outra finalidade senão a maior glória de Deus. Mas a vinda do Messias haveria de trazer também grandes benefícios aos homens. E nos daria o maior de todos os dons: o dom da paz.
Conseguiu-nos a paz com Deus, ao merecer com sua morte o perdão de nossos pecados. Conseguiu-nos a paz com nós mesmos, merecendo-nos a graça para vencer nossas paixões desordenadas. Conseguiu-nos a paz com os outros, ensinando-nos a amar a nossos irmãos com verdadeira caridade.
A graça de Deus é indispensável para se conseguir a santidade e se obter a paz. Mas é também necessária nossa generosa cooperação. Se não há paz no mundo é porque está faltando a cooperação dos homens, falta boa vontade.

5. PERGUNTAS PRÁTICAS

1. **Jesus nasceu em pobreza e humildade. Como sua família vive essas virtudes?**
2. **Como você vive a fraternidade no Natal?**
3. **Sua família se relaciona com outras? Como?**
4. **Você pode dizer que o Natal não é só um fato histórico, mas algo que influi em sua vida?**
5. **Faça uma prece de glória a Deus!**

6. REVISÃO E PLANEJAMENTO DA AÇÃO

7. ORAÇÃO OU CANTO FINAL

SAGRADA FAMÍLIA

Mt 2,13-15.19-23

E veio habitar na cidade de Nazaré...

1. ORAÇÃO INICIAL

2. LEITURA DA BÍBLIA

[13]Depois de sua partida, um anjo do Senhor apareceu em sonhos e disse: "Levanta-te, toma o menino e sua mãe e foge para o Egito e fica lá até que eu te avise, porque Herodes vai procurar o menino para o matar". [14]José levantou-se durante a noite, tomou o menino e sua mãe e partiu para o Egito. [15]Ali permaneceu até a morte de Herodes para que se cumprisse o que o Senhor dissera pelo profeta: Eu chamei do Egito meu filho (Os 11,1).

[19]Com a morte de Herodes, o anjo do Senhor apareceu em sonhos a José, no Egito, e disse: [20]"Levanta-te, toma o menino e sua mãe e retorna ao país de Israel, porque morreram os que tentavam contra a vida do menino". [21]José levantou-se, tomou o menino e sua mãe e foi para o país de Israel. [22]Ao ouvir, porém, que Arquelau reinava na Judéia, em lugar de seu pai Herodes, temeu ir para lá. Avisado divinamente em sonhos, retirou-se para a província da Galiléia [23]e veio habitar na cidade de Nazaré, para que se cumprisse o que foi dito pelos profetas: Ele será chamado Nazareno (Is 11,1).

3. ESCLARECIMENTOS

a) Que recado José recebeu em sonho? (v. 13)
O recado que José recebeu foi levantar-se e fugir para o Egito com Maria e o Menino Jesus.
José, Maria e o menino partem de noite. Maria com o menino viajam sobre um jumento.
Fazem a viagem para o lugar de refúgio, no Egito.

b) Por que José precisou fugir para o Egito? (v. 13)

José fugiu com o menino e sua mãe para o Egito porque Herodes ia procurar o menino para o matar.

Deus previne José, protege a Sagrada Família, frustrando os planos do ímpio Herodes. Muitos outros judeus também se tinham refugiado no Egito, escapando das perseguições de Herodes.

c) Que diferença há entre as atitudes dos magos e a de Herodes? (v. 13)

Encontramos duas atitudes opostas. Os magos procuram o Menino Jesus para adorá-lo.
Têm fé. Crêem.
Herodes procura o recém-nascido para matá-lo. Não crê. E teme perder o trono.
Ambos conhecem a mesma realidade e tomam atitudes diferentes.

d) O que narram os versículos 13 a 15?

José recebeu em sonho a ordem de fugir para o Egito com Maria e o menino. José obedeceu. Era noite ainda, quando partiram. Permaneceram no Egito até a morte de Herodes.

A vida do menino estava sob a responsabilidade de José. Fugir para o Egito não foi muito difícil, pois muitos judeus já moravam lá. Havia uma espécie de colônia.

e) Como morreu Herodes?

Herodes foi um homem muito perverso. Como conseqüência disso, morreu de maneira horrorosa.

Contam os historiadores que Antipatro, um de seus quatro filhos, deu-lhe veneno. Herodes ficou sabendo disso e mandou que seu filho fosse degolado. Poucos dias depois, com sofrimentos terríveis, morria Herodes após uma vida perversa.

f) O que fez José após a morte de Herodes? (v. 19-21)

Novamente em sonho José recebeu uma ordem. Levantou-se, com Maria e o menino, voltou para a terra de Israel.

Podia voltar tranqüilo porque o perseguidor do Messias já tinha desaparecido da face da terra.

g) Quem era Arquelau? (v. 22)

Os domínios de Herodes foram divididos entre seus filhos. Arquelau era um deles e foi quem mais recebeu. Obteve a metade dos domínios. A outra metade foi dividida entre seus dois irmãos, Antipas e Filipe.
Arquelau governou a Judéia, Iduméia e Samaria durante 9 anos. Sua crueldade era tão grande quanto a do pai.
Quando estava já no nono ano de governo, recebeu a recompensa de sua crueldade e tirania: foi desterrado para as Gálias por Augusto.

h) Por que José vai para a Galiléia? (v. 22)

Antipas, filho de Herodes, governa a Galiléia. Era menos cruel que seu irmão Arquelau.
José pretendia voltar a Belém, mas ficou com medo de Arquelau. Preferiu ir para a Galiléia, pois Antipas não era tão cruel quanto seu irmão. Assim, a Sagrada Família foi residir em Nazaré.

i) Qual o significado da palavra "nazareno"? (v. 23)

Os profetas Jeremias, Zacarias, Ezequiel e Isaías, ao anunciar a vinda de Jesus ao mundo, davam-lhe o título de "Nazareno". Isaías, por exemplo, diz: "Sairá uma vara do trono de Jessé e um nazareno brotará de sua raiz".
Este nome "nazareno" deriva da palavra hebraica "nezer", que significa: flor, vergôntea, rebento.
A "flor" das flores, o "rebento" cresceu em Nazaré. Nazaré está situada entre o monte Carmelo e o lago de Genesaré.

4. COMENTÁRIO

São José, como chefe da Sagrada Família, recebe os avisos e toma as decisões. Maria e Jesus seguem fielmente.
Deus poderia ter livrado Jesus das mãos de Herodes sem necessidade de que a Sagrada Família fugisse para o Egito. Pouco

custaria ocultar Jesus dos enviados do rei. Contudo, deles é exigido um sacrifício, e José se apressa em realizá-lo.
Muitas dificuldades surgem em nossa vida. Deus poderia facilmente nos livrar delas. Mas quer nos colocar à prova, a fim de nos conceder depois maior recompensa.
Aparentemente, o mal triunfa. Contudo, depois surge o triunfo definitivo da graça de Deus.
José age com prudência. Regressando do Egito, vê que ainda havia perigo para Jesus na Judéia. Segue para Nazaré.
Ali Jesus viveu de maneira humilde. Naquela pequena aldeia fixou residência. É uma grande lição para nossa conduta de vaidade e ambição.
Herodes quis acabar com Jesus. Mas é ele quem morre e Jesus surge para realizar sua obra de salvação.
Importa que vivamos na simplicidade e humildade, lição esta que nos dá a Família de Nazaré.

5. PERGUNTAS PRÁTICAS

1. **Sua família é uma verdadeira família cristã?**
2. **Quais são os sinais visíveis da fé que se encontram em sua casa?**
3. **Sua família já passou por momentos difíceis? Muitos?**
4. **Vocês em casa praticam a paciência? Quando ela se torna difícil?**
5. **Você consegue perdoar ao próximo?**

6. REVISÃO E PLANEJAMENTO DA AÇÃO

7. ORAÇÃO OU CANTO FINAL

SOLENIDADE DE SANTA MARIA, MÃE DE DEUS
Lc 2,16-21

Maria, portadora da paz!

1. ORAÇÃO INICIAL

2. LEITURA DA BÍBLIA

¹⁶Naquele tempo os pastores foram depressa (até Belém) e encontraram Maria, José e o Menino deitado numa manjedoura. ¹⁷Vendo isso, começaram a contar tudo o que tinham ouvido sobre a criança. ¹⁸E todos que ouviam ficavam maravilhados com o que os pastores contavam. ¹⁹E Maria guardava cuidadosamente todas essas lembranças, refletindo sobre elas em seu coração.
²⁰Os pastores foram embora. Glorificavam e louvavam a Deus por tudo quanto tinham ouvido e visto, tudo conforme lhes tinha sido anunciado.
²¹Depois de oito dias era preciso circuncidar o Menino. E deram-lhe o nome de Jesus, como tinha sido chamado pelo anjo antes ainda de ser concebido.

3. ESCLARECIMENTOS

a) Os pastores foram a Belém logo depois que Jesus nasceu? (v. 16)

O evangelista escreve que os pastores foram apressadamente. As circunstâncias apresentadas pelo evangelista dão a entender que entre o nascimento de Jesus e o anúncio do anjo aos pastores e a vinda destes à gruta houve um intervalo muito breve.

b) O que foi que os pastores encontraram? (v. 16)

Encontraram Maria, José e o Menino deitado numa manjedoura.

O anjo, como sinal para reconhecer o Messias, indica que encontrarão um menino envolto em panos numa manjedoura. E os pastores, sem duvidar, sem pedir melhores explicações, põem-se a caminho de Belém e vão-se encontrar com o Menino.

c) Quais as primeiras pessoas que receberam o anúncio do nascimento de Jesus?

Os primeiros a receber o anúncio evangélico — "uma grande notícia que será motivo de alegria" — foram os pastores. Gente simples, que vivia à margem da civilização. O poder de Deus em primeiro lugar traz paz e salvação ao pobre e humilde.

d) Qual era a atitude de Maria? (v. 19)

Maria conservava todas as coisas, quer dizer, todos os acontecimentos, meditando à luz das Escrituras. A semente caiu em terreno bem preparado e produziu fruto na paciência.
São Lucas dá a entender que Maria ia guardando tudo o que se passava, e que mais tarde ela lhe forneceu muitos dados para que ele escrevesse o evangelho da infância de Jesus.

e) Quem tinha falado sobre o Menino Jesus?

Temos as palavras do anjo, as palavras de Isabel e agora o que falavam os pastores.
Maria em tudo podia meditar e comparar, adorando em tudo os desígnios de Deus. Suas atitudes eram de modéstia e discreto silêncio, apesar das coisas maravilhosas que podiam glorificá-la. Maria recolhia tudo para dar seu testemunho em oportunidade melhor.

f) O que fizeram os pastores? (v. 20)

Voltaram glorificando e louvando a Deus.
Os patriarcas, a começar de Abraão e Davi, eram pastores e a eles fora prometido o Cristo. Aos pastores ele se deu a conhecer, permite que eles primeiro vão vê-lo e lhes dá a alegria de irem anunciá-lo aos outros homens.

g) Por que Jesus se mostra primeiro aos pastores? Ele também se considera um pastor?

Jesus é o "príncipe dos pastores", o pastor por excelência, do qual tantas coisas foram escritas.
Ele é o pastor que veio à procura da ovelha desgarrada, aquele que veio para dar a própria vida pela salvação do rebanho.
Jesus mostra-se primeiro aos pastores porque neles resplandece, de um modo especial, a imagem de sua caridade e uma figura de seu reino espiritual.

h) Quando Jesus foi circuncidado? (v. 21)

Conforme a prescrição divina, para pertencer ao povo de Israel, à descendência espiritual de Abraão, e ter parte nos bens messiânicos, era necessária a circuncisão.
Normalmente era feita em casa, no oitavo dia depois do nascimento. Era uma figura do batismo, um sinal sensível da aliança que Deus contraíra com o povo de Israel, um símbolo da consagração a Deus. O circuncidado era incorporado ao povo eleito, como o batizado se torna membro da Igreja. Jesus não precisava da circuncisão, mas quis se submeter a ela para servir-nos de exemplo.

i) Qual o significado do nome "Jesus"? (v. 21)

Isaías profetizara que Maria teria um filho, cujo nome seria designado por Deus. Este nome foi revelado a José.
"Jesus" é palavra hebraica e significa: Deus é salvação, Deus é auxiliador e salvador, Deus é redentor. Jesus é o portador da salvação, ele salvará o povo de seus pecados.

j) A quem Jesus salvará?

O povo. Aqueles que nele acreditarem.
O Filho de Deus se fez homem para nos salvar, para nos redimir do pecado e nos reconquistar a felicidade eterna.
"Deus se fez homem — escreve Santo Agostinho — para que o homem se tornasse Deus."
Jesus assumiu nossa natureza humana para que ela fosse nele imortalizada. Por meio dele nos tornamos imortais.

k) Por que o Filho de Deus assumiu a natureza humana?
O Filho de Deus assumiu a natureza humana:
- para oferecer a Deus Pai uma digna satisfação dos pecados dos homens;
- para ensinar aos homens o caminho da salvação, mediante a pregação e os exemplos;
- para resgatar a humanidade da escravidão do pecado, mediante sua Paixão e morte;
- para reafirmar a humanidade na graça de Deus e assim reconduzi-la ao céu.

4. COMENTÁRIO

Os pastores caminham até Belém. Os anjos tinham dado a eles um sinal para que reconhecessem o Messias: "Vocês encontrarão um Menino envolto em panos e deitado numa manjedoura".
Crêem nas palavras do anjo, caminham e assim encontram Jesus.
Jesus é o Salvador do mundo. Os pastores, na presença do recém-nascido, fazem um ato de fé, crêem que é o Messias prometido, o Filho de Deus.
Os pastores anunciam a Boa-Nova. Muitos com essa notícia ficam maravilhados e louvam a Deus.
Como os pastores, recebemos a missão de comunicar aos outros as graças que o Senhor nos dá. Como os pastores, exercemos nosso apostolado, comunicando às almas a graça de Deus.
Maria tira proveito de tudo o que acontece em sua presença. Conserva todas as coisas em seu coração.
Assim como Maria, somos convidados a aproveitar os acontecimentos de nossa vida. O Senhor nos fala de muitas maneiras. Temos de ouvir sua voz. São meios de nossa santificação.
O nome de Jesus é nome vindo do céu. Indica a missão de Jesus.
O encontro que os pastores tiveram com o Menino Jesus e sua Mãe causou neles uma grande alegria. Felizes, começaram a contar maravilhas e a louvar a Deus.

Maria trouxe ao mundo Cristo, nossa Paz, e, assim, cooperou de modo positivo para que possamos ser filhos de Deus e ter uma vida feliz, na paz.

5. PERGUNTAS PRÁTICAS

1. Que lugar ocupa Maria em sua vida?
2. O que você faz pela paz em seu coração e em sua família?
3. Nascendo de Maria, Jesus se fez nosso irmão. Você procura ser irmão para seu próximo?
4. Você procura refletir sempre sobre o sentido de sua vida?
5. Você é capaz de parar, refletir, planejar sua vida?

6. REVISÃO E PLANEJAMENTO DA AÇÃO

7. ORAÇÃO OU CANTO FINAL

EPIFANIA DO SENHOR

Mt 2,1-12

Vieram para o adorar

1. ORAÇÃO INICIAL

2. LEITURA DA BÍBLIA

¹Jesus tinha nascido em Belém da Judéia, no tempo do rei Herodes. Vieram, então, alguns magos do Oriente. Chegaram a Jerusalém, perguntando: ²"Onde está o rei dos judeus que acaba de nascer? Nós vimos a sua estrela no Oriente e viemos para adorá-lo".
³O rei Herodes ficou perturbado quando soube disso. E com ele ficou agitada toda Jerusalém. ⁴Herodes reuniu, então, todos os chefes de sacerdotes e escribas do povo para perguntar-lhes onde o Messias deveria nascer. ⁵Eles lhe disseram: "Deverá nascer em Belém da Judéia. Pois o profeta escreveu assim: ⁶'E tu, Belém, terra de Judá, tu não és de maneira alguma a menor entre as cidades de Judá. Isso porque de ti sairá um chefe que será o pastor de Israel, meu povo'". ⁷Herodes chamou os magos, em segredo. Fez com que eles dissessem exatamente quando a estrela tinha aparecido. ⁸Mandou que eles fossem para Belém e recomendou: "Informem-se perfeitamente a respeito do menino. Quando o tiverem encontrado, mandem-me avisar. Assim também eu poderei ir adorar o menino".
⁹Depois de ouvir essas palavras do rei, os magos partiram. A estrela, que tinham visto no Oriente, ia caminhando na frente deles, até que parou sobre o lugar onde estava o menino.
¹⁰Quando viram a estrela, sentiram uma grande alegria. ¹¹Entrando na casa, viram o menino com Maria, sua mãe. E, caindo de joelhos, o adoraram. Depois abriram seus tesouros e lhe deram de presente ouro, incenso e mirra.
¹²Eles foram avisados em sonho para não se encontrarem novamente com Herodes. Por isso, tomaram outro caminho ao voltarem para sua terra.

3. ESCLARECIMENTOS

a) Quem eram os magos? (v. 1)

Antigamente, eram chamados de magos os sábios em todos os ramos de conhecimentos: astrologia, medicina, ciências naturais etc.

Mas principalmente eram chamados de magos os que se dedicavam à ciência dos astros. Pela grande instrução que possuíam, tornavam-se conselheiros permanentes dos reis e exerciam muita influência em seu país.

b) Os magos eram reis?

Os magos foram os primeiros gentios que Deus chamou à fé. Não eram reis, mas provavelmente eram chefes de tribos, pois a tradição lhes dá o título de reis.

O Evangelho nada diz sobre o número deles e seus nomes. Mas a tradição popular supõe que eram 3 e lhes atribui os nomes de Gaspar, Melquior e Baltazar.

c) Que estrela era essa que os magos viram? (v. 2)

Essa estrela já tinha sido anunciada pelo profeta e o povo a esperava como sinal do nascimento do novo rei. Seria um desses corpos luminosos, chamados de estrela cadente, que apareceu com essa finalidade? Ou seria o efeito da conjugação de grandes planetas, figurando um novo astro de raro esplendor? Não se sabe. O certo é que Deus guiou os magos até junto do Messias.

d) Por que o rei Herodes ficou perturbado? (v. 3)

Ouvindo falar do "rei dos judeus" que nascera, o rei Herodes julgou que se tratasse de um rival e temia perder seu trono. Temia perder o trono ou que surgisse algum movimento popular para perturbar a ordem. Por isso ficou perturbado.

e) Quem eram os chefes dos sacerdotes e escribas do povo? (v. 4)

Os chefes dos sacerdotes eram os que cuidavam do serviço no templo. Os escribas eram doutores da lei; eles é que explicavam a Escritura e vigiavam pela reta observância da lei e das tradições. Os sacerdotes e escribas faziam parte do grande conselho.

f) Por que falou em segredo com os magos? (v. 7)
Talvez pudéssemos dizer que duas razões levaram Herodes a agir assim: primeiro para que a notícia do nascimento do Messias não fosse divulgada entre os judeus; e segundo para que ninguém desconfiasse de suas más intenções.

g) Qual foi a atitude de Herodes? (v. 8)
Mandou que eles fossem. Depois ele também iria. Herodes poderia acompanhá-los, mas não quis. Com isso demonstrava que não se preocupava com esse novo rei.

h) Quando os magos chegaram, Jesus estava em uma casa? (v. 11)
A visita dos magos se deu algum tempo depois do nascimento de Jesus. É o que se deduz da narração evangélica. Por esse tempo, Jesus não estava mais no presépio. Pode-se entender que, depois do nascimento de Jesus, José e Maria encontraram uma casa onde puderam se alojar.

i) Qual foi o procedimento dos magos diante do Menino Jesus? (v. 11)
"Caindo de joelhos, o adoraram."
Foi uma atitude de significado religioso profundo, que surgiu dentro de um grande contexto. Fizeram longa caminhada. Foram guiados por uma estrela. Em Jerusalém, procuraram se informar da região de seu nascimento. Oferecem-lhe presentes. Tudo isso indica claramente que reconhecem neste menino um rei. E diante dele procedem com fé, adorando aquele que viera reger e salvar todos os homens.

j) Por que os magos levam presentes ao Menino Jesus? (v. 11)
No Oriente, naquele tempo, ninguém se apresentava diante de um rei sem lhe oferecer algum presente. Os magos vieram de

terras longínquas para ver e adorar Jesus. Entregam-lhe o que de mais precioso haviam trazido de sua pátria. Iluminados pelo Espírito Santo, reconheceram naquele Menino, pobre e sem grandeza humana, o Salvador do mundo, o Rei dos reis.

k) O que eles ofereceram a Jesus? (v. 11)

Os magos ofereceram presentes típicos de suas regiões: com o ouro, reconheciam a realeza; com o incenso, a divindade; com a mirra, a humanidade do Messias. Misturada com outros perfumes, conforme o costume oriental, a mirra servia para perfumar o corpo, as vestes e as casas. O ouro é uma homenagem ao Deus que é Rei. O incenso se oferece a Deus nos altares. Pelo incenso e pela mirra, o Messias recém-nascido é reconhecido como Deus e homem.

l) Por que os magos foram avisados de que não se encontrassem mais com Herodes? (v. 12)

Deus, em sua providência, impediu que Herodes soubesse onde nascera o Menino Jesus. E com isso impediu também que perseguisse os que o adoraram em Belém.

4. COMENTÁRIO

Os magos colocam-se a caminho para adorar a Jesus. São guiados por Deus. O mesmo Deus manifesta sua vontade a todos os homens por meio das inspirações de sua graça e dos acontecimentos da vida. Só se entende a vontade de Deus, tendo o coração desapegado dos bens da terra e atento às coisas de Deus.

É muito difícil ouvir a voz de Deus e entender o significado em meio às preocupações materiais e absorto pelos negócios e afazeres do mundo.

Os magos aceitam os incômodos de uma longa viagem para adorar a Jesus. Muitas vezes, para cumprirmos a vontade de Deus, teremos de renunciar às comodidades, a nossos gostos, à nossa vontade própria.

Como os magos, importa que aceitemos generosamente os sacrifícios que o cumprimento da vontade de Deus nos impõe.

Os magos encontram Jesus em lugar humilde e sem ostentação. Apesar disso, reconhecem sua realeza, sua divindade. Oferecem-lhe presentes e o adoram. Através de insignificantes aparências, somos convidados a ver Deus que se oculta. Os magos não vão até Jesus de mãos vazias. Ninguém aparecia diante de um rei sem lhe oferecer presentes. E nós, que nos apresentamos diante deste Rei, o que temos a lhe oferecer?

5. PERGUNTAS PRÁTICAS

1. **A estrela indica o caminho! Você procura ser luz para seu próximo?**
2. **Você põe sua esperança em Deus?**
3. **Você é sincero e generoso em seu relacionamento com Deus?**
4. **Como Deus se manifesta em sua vida?**
5. **O que você tem a oferecer a Deus hoje?**

6. REVISÃO E PLANEJAMENTO DA AÇÃO

7. ORAÇÃO OU CANTO FINAL

BATISMO DO SENHOR

Mt 3,13-17

O Filho amado do Pai

1. ORAÇÃO INICIAL

2. LEITURA DA BÍBLIA

¹³Da Galiléia foi Jesus ao Jordão ter com João, a fim de ser batizado por ele. ¹⁴João recusava-se: "Eu devo ser batizado por ti e tu vens a mim". ¹⁵Mas Jesus lhe respondeu: "Deixa por agora, pois convém cumpramos a justiça completa".
Então, João cedeu.
¹⁶Depois que Jesus foi batizado, saiu logo da água. Eis que os céus se abriram e viu descer sobre ele, em forma de pomba, o Espírito de Deus. ¹⁷E do céu baixou uma voz: "Eis meu Filho muito amado em quem ponho minha afeição".

3. ESCLARECIMENTOS

a) Por que Jesus foi ao rio Jordão? (v. 13)

Foi ao encontro de João, para ser batizado por ele. Jesus se aproxima para receber o batismo de João, embora não necessitasse deste símbolo de purificação.

b) Por que Jesus quis ser batizado?

Jesus quis ser batizado porque ainda não se manifestara como o Messias. Não convinha, pois, que fosse diferente dos outros. Também ele se submeteu à missão desempenhada pelo precursor. Faz-se batizar não por necessidade, mas:
• porque representava a humanidade pecadora;
• para dar um grande exemplo de humildade;
• para dar à água o poder de lavar a alma;
• para valorizar a obra que João realizava.
Com sua atitude humilde, atrairia outros para o batismo de penitência. Santifica a água, instituindo o batismo, cuja necessidade mais tarde mostraria a todos.

c) João reconheceu logo a Jesus? (v. 14)

Sim. João logo reconheceu quem era aquele homem que vinha até ele pedindo o batismo.
João se entusiasma e, com uma pergunta retórica, manifesta a Jesus o desejo que sente de receber o batismo espiritual.

d) Qual a resposta que Jesus deu a João? (v. 15)

"Convém que cumpramos toda a justiça!"
Jesus submeteu-se a tudo que a lei prescrevia. Com isso ele admitia que a lei antiga era uma preparação para a lei nova.
João tinha uma missão que era preparar os corações para receber o Messias. Ambos precisavam cumprir tudo aquilo que era justo, toda a justiça.

e) O que significa "cumprir a justiça"? (v. 15)

"Cumprir a justiça" significa realizar com perfeição a santa vontade de Deus. Jesus e João estavam agindo sob as ordens de Deus. E tudo devia se realizar da melhor maneira possível. Cumprir a justiça implica sujeitar-se à própria vontade de Deus.

f) O que aconteceu quando Jesus foi batizado? (v. 16)

Quando João terminou de batizar Jesus, os céus se abriram, o Espírito de Deus desceu sobre Jesus em forma de pomba.
Com essa manifestação de Deus, Jesus foi glorificado; ele, que tantas vezes sofreria humilhações.

g) Quem era o Espírito de Deus? (v. 16)

Era o Espírito Santo, a terceira pessoa da Santíssima Trindade. Tratava-se do mesmo Espírito que realizou a conceição milagrosa do Filho de Deus no seio da Virgem Maria (Mt 1,18-20). Como foi a obra do Espírito o início da vida de Jesus, assim também será obra dele o começo da obra do Messias.

h) Por que o Espírito Santo desceu em forma de pomba? (v. 16)

Uma grande luz brilhou no céu, como se o céu se abrisse. Todos viram o Espírito Santo descer sobre Jesus na forma de pomba.

A pomba era símbolo da paz, do amor puro, da inocência e da simplicidade (veja Cântico dos Cânticos 2,14). O Espírito Santo ilumina os corações, transmite a luz divina, restaura a paz, ensina a vida de simplicidade e inocência. E o símbolo dessa realidade toda é a pomba.

i) Jesus é filho de quem? (v. 17)
Filho de Deus. Filho de Deus no sentido estrito.
Estas palavras divinas são como que o eco de um trecho do profeta Isaías. Isaías profetizou: "Eis o meu servo, que eu amparo, o meu eleito, delícia do meu coração. Coloquei sobre ele o meu espírito e ele levará o direito às nações" (Is 42,1).
Isaías dizia que o Messias, o Filho de Deus, seria assistido pelo Pai e iluminado pelo Espírito.

j) Nesta cena do Evangelho é apresentada a Santíssima Trindade? Como? (v. 16-17)
Na cena do batismo de Jesus, aparece claramente que em Deus há três Pessoas realmente distintas: Pai, Filho e Espírito Santo.
O Filho é batizado.
Deus Pai apresenta seu Filho e dá testemunho: "Este é meu Filho".
O Espírito Santo desce sobre Jesus em forma visível, em forma de pomba.
Jesus em seu batismo recebeu o Espírito como nós o recebemos. Mas a aparição do Espírito tornou visível o estado da alma de Jesus. O Espírito Santo habitava nele, em plenitude, desde o instante de sua concepção divina.
Jesus é o Messias esperado, o Filho de Deus que inicia sua missão de paz entre os homens. E nesta missão as três Pessoas divinas intervêm para realizar a obra da redenção.

k) Qual o sentido da expressão: "pus toda a minha complacência"? (v. 17)
O Pai apresenta seu Filho ao mundo e declara-se solidário com ele. Põe nele toda a complacência. Tudo o que Jesus realizará é com a aprovação divina. O que ele diz, o que faz, sua vida, sua

paixão, tudo vem acompanhado de inspiração e orientação de Deus Pai.

4. COMENTÁRIO

João batizava. Jesus quer receber o batismo de suas mãos. Inicia assim sua vida pública com um ato de humildade.
Jesus sabia que ser batizado por João estava nos planos do Pai. Cumpre assim a vontade o Pai, dando-nos um bom exemplo. Muitas vezes teremos de nos sujeitar às exigências que podem parecer não estar em consonância com nossa dignidade. E, ao agirmos, temos em Jesus o exemplo de humildade a seguir.
A atitude humilde de Jesus recebeu a recompensa pública. É diante da multidão que o Pai proclama sua filiação divina.
Se formos humildes diante dos homens, Deus nos exaltará.
Em seu batismo, Jesus foi publicamente reconhecido como o Messias prometido. Manifestou-se, assim, aos homens sua divindade. Quando alguém recebe o batismo, nele se realizam os mesmos prodígios. Abre-se o céu, pois o recém-batizado se torna herdeiro dele. O Espírito Santo vem habitar naquele coração que se transforma em templo santo de Deus. O Pai o reconhece como seu filho, irmão de Cristo e membro do Corpo Místico que é a Igreja.

5. PERGUNTAS PRÁTICAS

1. **Quando você foi batizado, onde e por quem?**
2. **Você tem coragem de falar das coisas de Deus? Quando isso acontece?**
3. **Você procura ver a presença de Deus nos acontecimentos da vida?**
4. **Quando você faz o sinal da cruz?**
5. **O que você faz pela divulgação do Evangelho?**

6. REVISÃO E PLANEJAMENTO DA AÇÃO

7. ORAÇÃO OU CANTO FINAL

2º DOMINGO DO TEMPO COMUM

Jo 1,29-34

Um reinado diferente

1. ORAÇÃO INICIAL

2. LEITURA DA BÍBLIA

²⁹Um dia, João Batista, ao ver que Jesus vinha em sua direção, disse: "Aí está o Cordeiro de Deus. Aí está aquele que tira os pecados do mundo. ³⁰Era dele que eu dizia: depois de mim virá um homem mais importante do que eu, pois que existia já antes de mim. ³¹Eu não o conhecia. Mas eu vim batizar em água para que ele fosse manifestado ao povo de Israel".
³²João deu este testemunho: "Eu vi o Espírito semelhante a uma pomba descer do céu e pairar sobre ele. ³³Eu não o conhecia. Mas quem me tinha mandado batizar em água tinha dito: 'Aquele sobre quem vires descer e pairar o Espírito, esse é o que batiza no Espírito Santo'. ³⁴Pois bem, eu vi e digo que ele é o Filho de Deus".

3. ESCLARECIMENTOS

a) **Quem foi na direção de João Batista? (v. 29)**

Jesus. Jesus certa ocasião caminhou em direção a João Batista. Aproximou-se como alguém que vai ao encontro de outro mais importante, de alguém que tem algo a transmitir. Aproximou-se com humildade.

b) **A que João Batista compara Jesus? (v. 29)**

João compara Jesus a um cordeiro.
Mas essa comparação não é de iniciativa de João. Os profetas Isaías e Jeremias já tinham muito antes anunciado a vinda do Messias, denominando-o de Cordeiro. João Batista aponta Jesus como sendo o Messias esperado.

c) Por que Jesus é chamado de Cordeiro? (v. 29)

O Cordeiro transmite a imagem de candura e mansidão. Diariamente, de manhã e à noite, era realizado no templo o sacrifício de um cordeiro. Jesus manso e humilde é o cordeiro que se imola, que é sacrificado.

d) Qual a grande obra que Jesus veio realizar? (v. 29)

Jesus é chamado de o Cordeiro de Deus porque teria de morrer imolado como um cordeiro para apagar os nossos pecados.
Jesus é verdadeiro cordeiro a ser sacrificado para redimir o mundo. Nele João Batista reconhece a vítima que se oferecia em sacrifício.

e) Por que João diz "Eis o Cordeiro de Deus", em vez de dizer diretamente: "Eis o Cristo, o Messias esperado"? (v. 29)

Os judeus haviam interpretado mal as Escrituras e pensavam que o Cristo seria um rei político poderoso, que iria libertar a nação do poder dos romanos.
João afirma bem o contrário. Diz que ele é o Cordeiro de Deus predito pelo profeta Isaías: traspassado por causa de nossas culpas (Is 53,5-7). Jesus de fato será Rei. Mas seu reinado terá outro sentido. Reinará por seu próprio sangue derramado em favor dos homens.

f) Quem viria depois de João Batista? (v. 30)

O próprio Batista diz que depois dele viria "um homem mais importante". Jesus seria um homem perfeito em sua natureza, perfeito na graça. Estaria revestido das mais nobres qualidades. Por diversas vezes os profetas Isaías, Jeremias e Zacarias falam do Messias como sendo o mais importante dos homens. João diz que este homem mais importante já existia antes dele. Jesus era Deus e como Deus sempre existiu.

g) João Batista não conhecia Jesus? (v. 31)

João Batista viveu muito tempo no deserto. Certamente não conhecia Jesus pessoalmente. Não tinha certeza absoluta se era ele mesmo o Messias. Só ficou sabendo quem ele era, quando Jesus se aproximou dele.

h) João Batista reconhecia logo quem era Jesus?

Vendo Jesus se aproximar, João Batista deveria reconhecê-lo logo, pois Jesus, revestido de sua santidade, facilmente seria notado. João Batista deve tê-lo reconhecido logo, principalmente porque estava esperando que ele aparecesse.

i) Quando João Batista teve certeza de que Jesus era o Messias? (v. 32-34)

João Batista teve certeza de quem era Jesus, quando viu descer sobre ele o Espírito Santo. Este foi o sinal que o Batista recebeu como confirmação do conhecimento que já tivera. Foi como que uma garantia e uma segurança para o testemunho público que o Batista daria. Com isso o evangelista quer nos ensinar que reconhecer Jesus como Deus é um ato sobrenatural. Como ato sobrenatural, deve provir de uma graça sobrenatural. O conhecimento meramente humano não é suficiente.

j) Quem João Batista diz que é Jesus? (v. 34)

"Ele é o Filho de Deus."
Jesus batiza no Espírito Santo. Infunde o Espírito Santo nas almas, dando-lhes vida divina e purificando-as de todo o pecado. João Batista diz que Jesus é o Filho de Deus. Demonstra assim sua divindade: Ele é o Filho único do Pai.

4. COMENTÁRIO

João Batista, o precursor, serve-se de todas as ocasiões que surgem para falar de Jesus. Elogia-o perante a multidão. Notando Jesus que se aproxima, João confirma sua divindade, para que os homens creiam em sua Palavra.
"Aí está o Cordeiro de Deus, que tira os pecados do mundo."
A figura imponente e ao mesmo tempo humilde de Jesus atrai os corações. Sua força e atração são irresistíveis tal a grandeza de sua dignidade que transparece nas páginas do Evangelho.

Os profetas, preparando a vinda de Cristo com seus anúncios, falam sempre através do símbolo do cordeiro.
O cordeiro, diz um dos profetas, permanece manso enquanto é tosquiado. Jesus, qual manso cordeiro, nem sequer abrirá a boca ao ser sacrificado na Cruz.
João chama Jesus de Cordeiro de Deus porque de Deus procede. Ele próprio é Deus. E ao Pai ele consagra seu sacrifício, toda a sua vida.
Querendo participar da obra redentora de Cristo, temos de participar de seu sacrifício. Participamos do sacrifício redentor de Cristo principalmente através de nosso testemunho de vida.
João Batista sabe que sua vida consiste em testemunhar o Cristo.
Qual o sentido de minha vida? Estou sendo luz para o próximo? A chama do Amor deve estar acesa. Importa testemunhar. Importa ser profeta de Cristo. Importa agir para testemunhar a fé.

5. PERGUNTAS PRÁTICAS

1. **Quando você tem ocasião de ser luz para seu próximo?**
2. **Você faz alguma coisa pelo bem comum?**
3. **Você é solidário com os que sofrem?**
4. **Você tem sido sempre fiel aos compromissos do batismo?**
5. **Você consegue falar sempre bem do próximo? Dê um exemplo.**

6. REVISÃO E PLANEJAMENTO DA AÇÃO

7. ORAÇÃO OU CANTO FINAL

3º DOMINGO DO TEMPO COMUM

Mt 4,12-23

O povo viu uma grande luz!

1. ORAÇÃO INICIAL

2. LEITURA DA BÍBLIA

¹²Ao ficar sabendo que João Batista tinha sido preso, Jesus voltou para a Galiléia. ¹³Deixou então Nazaré e foi morar em Cafarnaum, à margem do lago, nas fronteiras de Zabulão e Neftali, ¹⁴para que se realizasse a profecia de Isaías:
¹⁵"Terra de Zabulão, terra de Neftali, a que fica no caminho do mar, a terra do outro lado do Jordão, a Galiléia dos pagãos, ¹⁶o povo que estava na escuridão viu uma grande luz. Brilhou uma luz para iluminar os que estavam caídos na região sombria da morte".
¹⁷A partir dessa época, Jesus começou a pregar dizendo: "Convertam-se, porque está chegando o Reino dos Céus!"
¹⁸Um dia, quando passava pela margem do mar da Galiléia, Jesus viu dois irmãos: Simão, a quem chamavam Pedro, e André, seu irmão. Eles estavam lançando a rede ao mar, porque eram pescadores. ¹⁹Jesus disse-lhes: "Venham comigo, e eu os farei pescadores de homens!"
²⁰Eles deixaram suas redes e o seguiram. ²¹Mais adiante viu outros dois irmãos: Tiago, filho de Zebedeu, e João, seu irmão. Estavam na barca com seu pai Zebedeu e consertavam as redes. Jesus os chamou. ²²Eles abandonaram a barca e o pai e o seguiram.
²³E Jesus percorria toda a Galiléia, ensinando nas sinagogas a Boa-Nova do Reino, curando todas as doenças e todas as enfermidades do povo.

3. ESCLARECIMENTOS

a) O que aconteceu com João Batista? (v. 12)

João Batista estava preso. Herodes tinha mandado prendê-lo. O motivo dessa prisão o evangelista São Mateus narra: "Herodes lançara João algemado ao cárcere por causa de Herodíades, mulher de seu irmão Filipe, pois João lhe dizia: 'Não te é lícito conservá-la contigo'. Herodes, embora o quisesse matar, estava todavia com receio do povo, que tinha João na conta de profeta" (veja Mt 14,3-5).

b) Para onde Jesus voltou? (v. 12-13)

Jesus foi para a Alta Galiléia, à margem do lago de Genesaré, onde desde o tempo de Salomão viviam muitos gentios.
É a segunda vez que Jesus vai à Galiléia, depois do batismo no Jordão. A primeira vez foi antes da prisão de João Batista (veja Jo 3,24).

c) Por que Jesus voltou para a Galiléia? (v. 12-13)

Por uma questão de segurança. Herodes Antipas reinava também na Galiléia, mas raramente aparecia por lá. Jesus pensa que este país seria para ele mais seguro. Deixando a Judéia, foi a Nazaré e depois para Cafarnaum, na Galiléia.
Por essa atitude, Jesus ensinou aquilo que depois transmitiu como um conselho: "Se vos perseguirem numa cidade, fugi para outra" (Mt 10,23). A Galiléia era em grande parte habitada por gentios. Jesus, saindo da Judéia, mostra que o reino rejeitado pelos judeus passará a outros.

d) Onde Jesus foi morar?

Jesus foi morar em Cafarnaum, cidade muito florescente, naquele tempo. Cafarnaum ficava a noroeste do lago de Tiberíades. Por ali passava a grande estrada que ligava a Síria ao Egito.
Com isso o movimento da cidade era grande e, devido ao afluxo de gente, poderia ser transformada no centro da pregação do Evangelho.

e) Quem era Zabulão e Neftali? (v. 13-14)

Zabulão e Neftali eram os nomes de duas das doze tribos de Israel. Jesus se dirigiu para uma região que fazia fronteira com

as terras dessas duas tribos. Trata-se aqui de uma citação do livro do profeta Isaías (Is 9,12).
Esses territórios todos tinham enfrentado duras lutas com as invasões dos assírios. Jesus os reconfortaria com sua presença.

f) Quem viu uma grande luz? (v. 16)
O povo que estava na escuridão.
As expressões "escuridão" e "região sombria da morte" são figuras da ignorância, das trevas do erro, dos sofrimentos em que vivia aquele povo. Manifesta-se a misericórdia de Deus, pois esse povo que estava na escuridão vê agora surgir uma grande luz. É a luz que ilumina os caminhos da salvação.

g) Como Jesus começou a pregar? (v. 17)
Jesus começou a pregar, trazendo as mesmas mensagens que trouxera João Batista. Adverte de que é necessário que se convertam, pois está próximo o Reino dos Céus.
Jesus estabelece uma ligação entre a sua pregação e a do Batista e faz com que os pensamentos da humanidade se voltem para a conversão, a penitência. Chegou o tempo da Redenção e esse é o Reino de Deus.

h) Quais foram os dois primeiros discípulos que Jesus convidou a segui-lo? (v. 18-20)
Os dois primeiros discípulos que Jesus convidou a segui-lo foram Pedro e André. Eram irmãos e ambos exerciam a profissão de pescadores. Jesus os chama com uma voz de poder, com uma voz irresistível. Pedro e André renunciam a tudo para o seguir.

i) O que significa ser pescador de homens? (v. 19)
Jesus pede a Pedro e André que venham com ele e serão pescadores de homens. Ser pescador de homens significa ser apóstolo de Jesus.

Quem é apóstolo se torna verdadeiro pescador de homens, salvando-os da confusão do mundo e levando-os para o Reino dos Céus.
Vemos aqui que Jesus escolhe e chama pessoalmente seus primeiros apóstolos.

j) Depois de Pedro e André, quem mais Jesus chamou? (v. 21)

Jesus chamou outros dois pescadores que também eram irmãos: Tiago e João.
Estavam consertando as redes, quando Jesus se aproximou com um convite. Tiago, mais tarde, recebeu o apelido de 'o Maior', para não ser confundido com o outro apóstolo, Tiago Menor, filho de Alfeu.

k) Onde Jesus ensinava? (v. 23)

Nas sinagogas e por onde andava. Sinagoga quer dizer reunião. Significa tanto o lugar em que os hebreus se reuniam para rezar, ouvir e ler a Escritura Sagrada, como também a própria reunião ou assembléia. Os hebreus tinham um só templo em Jerusalém, mas possuíam muitas sinagogas.

4. COMENTÁRIO

Nessa passagem do Evangelho, encontramos dois fatos de grande importância. O primeiro é a mudança de Jesus para Cafarnaum. O segundo, a escolha de seus primeiros discípulos.
Jesus vai morar em Cafarnaum. No tempo de sua vida oculta, viveram em Nazaré. Agora, querendo difundir sua mensagem, escolhe uma cidade populosa, de grande movimento comercial. E foi nesse ambiente materialista que deu início à evangelização. Sua pregação inicial é semelhante à de João: "Convertam-se, porque está chegando o Reino dos Céus!"
Jesus humilha e confunde nossos critérios. "Escolhe os fracos para confundir os fortes", escreve São Paulo. Os quatro primeiros apóstolos de Jesus são pobres, rudes, sem formação: simples pescadores.

Deus chama quem ele quer e não se prende a qualidades naturais. As almas não se convertem com argumentos, mas com a graça de Deus.
Um sábio poderá convencer, mas não converter. A ciência humana, por si, é insuficiente para conquistar almas.
Deus não estabelece paralelo entre sua graça e o preparo humano. Ele a dá a quem quer e quando quer.
Deu-a aos apóstolos. Dará também a nós, se soubermos corresponder a seu chamado.
A vocação ao apostolado é uma distinção. Uma prova de confiança que, de algum modo, nos associa à obra de santificação. Os apóstolos, com toda a generosidade, corresponderam ao chamado de Jesus. Deixaram tudo para segui-lo. A nós também Jesus pede alguma renúncia, alguma entrega especial, algum sacrifício. Somos generosos?
Dizem que hoje são raros os verdadeiros líderes. Nós, cristãos, temos uma missão: nos reunirmos em torno de Cristo, em sua Igreja, trabalhando na construção do reino de amor e de paz.

5. PERGUNTAS PRÁTICAS

1. **O que você faz para se converter cada vez mais ao Senhor?**
2. **Que meios você pode empregar para aproximar o próximo de Deus?**
3. **Você confia sempre em Deus? Em que consiste sua confiança?**
4. **Falamos muito de união. Você vive bem com todos?**
5. **Você sabe respeitar os que não pensam como você?**

6. REVISÃO E PLANEJAMENTO DA AÇÃO

7. ORAÇÃO OU CANTO FINAL

4º DOMINGO DO TEMPO COMUM

Mt 5,1-12a

A verdadeira felicidade

1. ORAÇÃO INICIAL

2. LEITURA DA BÍBLIA

¹Naquele dia, Jesus, vendo a multidão que o seguia, subiu à montanha, sentou-se e seus discípulos se achegaram para perto dele. ²Ele começou então a ensiná-los: ³"Felizes os pobres em espírito, porque deles é o Reino dos Céus! ⁴Felizes os que choram, porque Deus os consolará! ⁵Felizes os mansos, porque eles terão a terra por herança! ⁶Felizes os que têm fome e sede de justiça, porque Deus os saciará! ⁷Felizes os que são misericordiosos para com os outros, porque Deus será misericordioso para com eles! ⁸Felizes os puros de coração, porque verão a Deus! ⁹Felizes os que promovem a paz, porque serão chamados filhos de Deus! ¹⁰Felizes aqueles que sofrem perseguição por fazerem em tudo a vontade de Deus, porque deles é o Reino dos Céus! ¹¹Felizes vocês, quando os homens os insultarem e os perseguirem, falando contra vocês toda espécie de mentira, por causa de mim! ¹²ªAlegrem-se e exultem, porque grande será sua recompensa no céu!"

3. ESCLARECIMENTOS

a) Quem são os "pobres de espírito"? (v. 3)

Os pobres de espírito não são os pobres de bens nem os pobres que não se conformam com seu estado.

Pobres de espírito são os humildes, os que têm o coração desapegado dos bens terrenos. Para isso não é necessário não ter nada, mas é preciso usar o que se tem conforme o espírito do Evangelho.

b) Pode o rico ter espírito de pobreza?

Sim. O rico pode ter espírito de pobreza. Para isso é necessário não se apegar à riqueza, não depositar nela a felicidade e saber fazer uso dela para o bem. A pobreza de espírito faz com que o cristão desapegue seu coração das criaturas. A verdadeira riqueza não consiste nos tesouros desta terra, mas na graça, na virtude, nos merecimentos perante Deus e na amizade com ele.

c) Por que os que choram são chamados felizes? (v. 4)

Esta vida é considerada um vale de lágrimas. Apesar dos esforços que os homens fazem para tirar a dor do caminho da vida, cruzamos com ela continuamente. A dor e a cruz são patrimônios nossos. Há muitos que não entendem a razão dos sofrimentos e se revoltam contra Deus.

Jesus diz que são felizes os que choram. De fato. Se soubermos aceitar com resignação as provas que Deus nos envia, se soubermos sofrer com ânimo as misérias e dificuldades da vida, seremos felizes. Com a dor compraremos a felicidade eterna.

d) Quem são os mansos? (v. 5)

Os mansos são aqueles que, conformados com a vontade de Deus, suportam com paciência as adversidades desta vida. São aqueles que usam de mansidão, que tratam o próximo com bondade, tolerando pacientemente suas impertinências sem queixas ou atitudes de vingança.

É uma lição que Jesus nos dá: se desejamos conquistar alguém, a melhor receita é usarmos de bondade e mansidão.

e) O que é ter fome e sede de justiça? (v. 6)

A palavra justiça significa santidade. É aquela justiça interior que torna o homem agradável a Deus, quando se esforça por cumprir sempre a vontade de Deus. O primeiro passo para conseguir a santidade é desejá-la.

Por isso Jesus diz que são felizes os que têm fome e sede de justiça, isto é, aqueles que realmente desejam ser santos. Mas é

necessário que este desejo seja eficaz. Isto é, que empreguemos os meios necessários para consegui-lo.
Jesus se refere aqui também aos que padecem fome e sede material.

f) O que acontecerá com os que forem misericordiosos? (v. 7)

Os misericordiosos são, de modo geral, aqueles que têm sentimentos de compaixão para com os aflitos e os miseráveis de toda espécie. São misericordiosos os que são caridosos e se compadecem das misérias do próximo e também aqueles que perdoam. Quem for misericordioso receberá a misericórdia divina. E Deus será misericordioso conosco à medida que o formos com nosso próximo.

g) Quem são os puros de coração? (v. 8)

Os puros de coração são aqueles que fogem de todo pecado e praticam com grande delicadeza a pureza.
Ser puro é ter a alma livre de afetos desordenados, é fugir da concupiscência e dos desejos da carne. Só estes verão a Deus, pois só se conhece a verdade divina à medida que se alcança e se conserva a pureza de coração.

h) Como se promove a paz? (v. 9)

Possui a paz quem procura dominar as paixões e obedecer humildemente a Deus.
Promovem a paz aqueles que se mantêm em paz com o próximo e trabalham para que reine a paz entre seus semelhantes: nos corações, nas famílias, na sociedade. A melhor maneira de se promover a paz é deixar de murmurar sobre a vida do próximo e parar de semear discórdia. Promover a paz consiste em esquecer as injúrias. "A paz que dá a felicidade não é aquela que está apenas nos lábios, mas a que repousa no coração", escreve São João Crisóstomo.

4. COMENTÁRIO

O trecho do Evangelho que meditamos é o célebre Sermão da Montanha, programa fundamental e resumo da vida cristã. É Jesus ensinando-nos que a santidade é algo possível e importante para todos. Somos chamados à santidade, que consiste em viver a vida de filhos de Deus. A santidade se concretiza, no tempo presente, pele espírito das Bem-aventuranças, pelo qual a humanidade vive seu peregrinar entre trabalhos e lutas, entre angústias e esperanças. Jesus enuncia as qualidades que devem distinguir os cidadãos de seu reino espiritual. A fé e a esperança do cristão não esmorecem porque ele tem a promessa de Cristo: "Alegrem-se e exultem, porque grande será sua recompensa no céu".

5. PERGUNTAS PRÁTICAS

1. **Você coloca sempre as coisas espirituais acima de tudo?**
2. **Que significado têm para você as coisas deste mundo?**
3. **Você ama a Deus acima de tudo?**
4. **Você procura consolar os que choram?**
5. **Você pratica a justiça?**

6. REVISÃO E PLANEJAMENTO DA AÇÃO

7. ORAÇÃO OU CANTO FINAL

5º DOMINGO DO TEMPO COMUM

Mt 5,13-16

Sal e luz do mundo

1. ORAÇÃO INICIAL

2. LEITURA DA BÍBLIA

Naquele tempo, Jesus disse a seus discípulos:
¹³"Vocês são o sal da terra. Se o sal se corromper, o que poderá restituir-lhe o sabor? Já não serve para nada, senão para ser jogado fora e ser pisado pelos homens.
¹⁴Vocês são a luz do mundo. Uma cidade colocada no alto de um monte não pode ficar oculta. ¹⁵Ninguém acende uma luz para cobri-la, em seguida, com uma vasilha. Pelo contrário: coloca-a no candeeiro e ela brilha para todos os que estão na casa.
¹⁶Assim, brilhem como luz diante dos homens, para que eles vejam as boas obras que vocês praticam e glorifiquem o Pai que está nos céus".

3. ESCLARECIMENTOS

a) O que Jesus diz que são seus discípulos?

"Vocês são o sal da terra."
Jesus chama seus discípulos de sal da terra porque o sal serve para preservar muita coisa da corrupção.
Essa é a missão dos discípulos. Eles devem salvar os homens da corrupção moral.

b) Como os discípulos de Jesus vão ser sal da terra? (v. 13)

O sal serve para impedir que as coisas apodreçam e serve para dar gosto. Pois bem. A missão dos discípulos de Jesus é semelhante: devem preservar e salvar os homens da corrupção do pecado por meio do exemplo e da palavra. Importa incutir em todos os homens o gosto pelas coisas celestes.

c) O sal se corrompe facilmente? (v. 13)
Se o sal se corromper, para nada mais serve, adverte Jesus. Na Palestina, as pessoas pobres freqüentemente recolhiam sal nas margens do Mar Morto. Este sal, como vinha cheio de impurezas, facilmente se estragava.
O sal estragado para nada mais servia senão para ser jogado fora e pisado pelos homens. Os orientais, naqueles tempos, tinham o costume de jogar na rua todo e qualquer lixo. Com o sal estragado faziam o mesmo. E o sal corrompido se tornava lixo, pisado por todos e desprezado.

d) A que mais Jesus compara seus discípulos? Por que essa comparação? (v. 14)
Jesus compara seus discípulos à luz. Luz do mundo. Os apóstolos devem iluminar o mundo. Iluminar com a doutrina que receberam de Jesus. Iluminar com uma vida exemplar e santa. Outra coisa não devem ter em mira senão a glória de Deus e a salvação das almas. Devem fazer o bem não por vaidade, para aparecerem, mas que sejam luz para o próximo. Que essa luz ilumine o caminho a fim de que muitos outros caminhem em busca da verdadeira fé.

e) Qual é essa cidade que não pode ficar oculta? (v. 14)
Jesus se refere à Igreja e a compara a uma cidade colocada sobre um monte. Se a cidade está no alto, facilmente pode ser vista de qualquer lado que se olhe. O mesmo acontece com a Igreja: está ao alcance de todos. E, se todos a podem conhecer, é missão de todos segui-la.

f) O que é Igreja?
A Igreja de Cristo é uma sociedade sobrenatural, visível, perfeita, santa e universal. Jesus a instituiu enquanto vivia nesta terra e chamou-a de Igreja.

g) Por que Jesus instituiu a Igreja?
Para que os homens encontrem nela um guia seguro e os meios de santidade e de salvação eterna. E Jesus nos impôs o dever

de ouvir e colocar em prática os ensinamentos de sua Igreja. Se não seguirmos suas normas, seremos considerados pagãos. Santo Ambrósio exortava os cristãos assim: "No mar tempestuoso do mundo, nós devemos agarrar-nos à nave da Igreja; ela jamais há de naufragar, pois a cruz de Jesus Cristo é seu mastro; o Pai celeste como piloto governa em sua popa; o Espírito Santo é o vento favorável que leva para o porto, enquanto doze hábeis remadores, que são os Apóstolos, a guiam seguros".

h) O que a gente pretende quando acende uma luz? (v. 15)

"Ninguém acende uma luz para cobri-la."
Mas procura fazer com que ela brilhe para todos os que estão na casa. A lâmpada, para iluminar bem a casa, deve ser colocada no alto, em lugar livre, e que domine todo o ambiente. Só assim consegue iluminar e dar vida.

i) Quem deve brilhar como luz diante dos homens? (v. 16)

Jesus convida todos os seus discípulos a que sejam luz, que brilhem. A verdade, a doutrina da salvação deve ser propagada por toda parte. Jesus diz que ninguém acende uma luz para escondê-la. A fé cristã é uma luz, a única luz. Deve estar acima de tudo para iluminar.

j) É necessário que os outros vejam as boas obras que fazemos? (v. 16)

Jesus recomenda que nossas boas obras sejam vistas pelos homens para que assim o Pai do céu seja glorificado.
A todos os que o seguem, Jesus convida e anima a que cumpram fielmente a lei de Deus com respeito humano. Que façam como ele fez: ensinem os homens a viver na graça e amizade de Deus.

4. COMENTÁRIO

Neste trecho do Sermão da Montanha, Jesus se dirige aos Apóstolos e a todos os que em seu nome exercerão apostolado.

Os Apóstolos devem ser sal da terra. O sal serve para dar sabor aos alimentos: sem ele tudo é insípido. Preserva também da corrupção. Os alimentos sem sal se corrompem facilmente. E até o próprio sal, se estiver com impurezas, pode se corromper. O Apóstolo, com sua santidade e sabedoria, deve dar sabor às almas, transmitir-lhes fervor no caminho da perfeição. Para isso é necessário virtude, formação e caridade.
O ambiente do mundo está muito corrompido. As modas, os divertimentos, os espetáculos, os costumes, os meios de comunicação manifestam claramente esta corrupção.
O Apóstolo tem a missão de purificar o ambiente.
Todos seus atos são de grande responsabilidade.
O Apóstolo deve ser sal da terra e luz do mundo. Luz que, iluminando, sirva de orientação. O Apóstolo será luz por sua doutrina. Importa que conheça a religião, que oriente com seu exemplo de vida. Deve agir de tal maneira que, vendo seus exemplos, muitos e muitos possam seguir pelo bom caminho. O Apóstolo não deve agir para ser visto e admirado. Deve ser luz que, iluminando, ensine o caminho para que todos cheguem a Cristo. O exemplo exerce uma atração irresistível. Se damos bom exemplo, estamos cumprindo nossa missão.

5. PERGUNTAS PRÁTICAS

1. Você é luz para seu próximo?
2. Você pratica a justiça e a misericórdia para com o próximo?
3. Você tem espírito de pobre?
4. Seu próximo vê as obras boas que você faz?
5. Faça uma oração a Deus pedindo que o ajude a ser luz!

6. REVISÃO E PLANEJAMENTO DA AÇÃO

7. ORAÇÃO OU CANTO FINAL

6º DOMINGO DO TEMPO COMUM

Mt 5,17-37

Justiça: um direito e um dever

1. ORAÇÃO INICIAL

2. LEITURA DA BÍBLIA

[17]Não julgueis que vim abolir a lei ou os profetas. Não vim para os abolir, mas sim para levá-los à perfeição. [18]Pois, em verdade vos digo, passará o céu e a terra, antes que desapareça um jota, um traço da lei. [19]Aquele que violar um destes mandamentos, por menor que seja, e ensinar assim aos homens será declarado o menor no reino dos céus. Mas aquele que os guardar e os ensinar será declarado grande no reino dos céus. [20]Digo-vos, pois, se vossa justiça não for maior que a dos escribas e dos fariseus, não entrareis no reino dos céus.
[21]Ouvistes o que foi dito aos antigos: **Não matarás**: mas quem matar será castigado pelo juízo do tribunal. [22]Mas eu vos digo: Todo aquele que se irar contra seu irmão será castigado pelos juízes. Aquele que disser a seu irmão: "Raca", será castigado pelo Grande Conselho. Aquele que lhe disser: "Louco", será condenado ao fogo da geena.
[23]Se estás, portanto, para fazer a tua oferta diante do altar e te lembrares que teu irmão tem alguma coisa contra ti, [24]deixa lá a tua oferta diante do altar e vai primeiro reconciliar-te com teu irmão: só então vem fazer a tua oferta. [25]Entra em acordo sem demora com teu adversário, enquanto estás em caminho com ele, para que não se suceda que te entregue ao juiz e o juiz te entregue ao seu ministro e sejas posto em prisão.
[26]Em verdade te digo, dali não sairás antes de teres pago o último centavo.
[27]Ouvistes que foi dito aos antigos: **"Não cometerás adultério"**. [28]Eu, porém, vos digo: Todo aquele que lançar um olhar de cobiça para uma mulher, já adulterou com ela em seu coração. [29]Se teu olho direito é para ti causa de queda, arranca-o e lança-o longe de ti, porque te é preferível perder um só de teus membros a que teu corpo inteiro seja jogado na geena. [30]E se tua mão direita é para ti causa de

queda, corta-a e lança-a longe de ti, porque te é preferível perder um só de teus membros a que teu corpo inteiro seja atirado na geena. ³¹Também foi dito: **Todo aquele que rejeitar sua mulher, dê-lhe carta de divórcio.** ³²Eu, porém, vos digo: Todo aquele que rejeita sua mulher a faz tornar-se adúltera — a não ser que se trate de mau comportamento; e todo aquele que desposar uma mulher rejeitada comete um adultério.

³³Ouvistes ainda o que foi dito aos antigos: **Não julgarás falso**, mas cumprirás para com o Senhor os teus juramentos. ³⁴Eu, porém, vos digo: Não jureis de modo algum: nem pelo céu, porque é o trono de Deus; ³⁵nem pela terra, porque é o escabelo de seus pés; nem por Jerusalém, porque é a cidade do grande rei. ³⁶Nem jurarás pela tua cabeça, porque não podes fazer um cabelo tornar-se branco ou negro. ³⁷Dizei somente: "Sim", se é sim; "não", se é não. Tudo o que passa além disto, vem do Maligno.

3. ESCLARECIMENTOS

a) Qual é a atitude de Jesus diante da lei e da mensagem dos profetas? (v. 17)

Falando de lei e profetas, Jesus se refere ao Antigo Testamento com seus preceitos e instituições.

Os escribas e fariseus acusavam Jesus de destruidor da lei, por se opor às suas interpretações falsas. E Jesus explica que veio para aperfeiçoar a lei e valorizar a mensagem dos profetas.

b) O que diz Jeremias sobre a lei na nova aliança?

Jeremias, no capítulo 31, versículo 31, fala que na nova aliança, no Novo Testamento, que se concretiza agora, a lei deve estar escrita não em pedras, mas no coração.

A lei não deve atingir apenas os atos externos, mas principalmente o interior do homem. A lei antiga não é eliminada, mas aperfeiçoada.

c) O que diz Jesus que acontecerá com a lei? (v. 18)

Jesus emprega uma fórmula solene para demonstrar a verdade de suas palavras, frisando sua autoridade:

"Em verdade vos digo!"
Jesus se refere também a um "jota" da lei. Jota, em hebraico "iod", é a menor letra do alfabeto hebraico. Jesus quer dizer o seguinte: todas as leis, até mesmo as mínimas, que foram aperfeiçoadas pelo Evangelho, terão seu perfeito cumprimento na Igreja até o fim dos tempos (Lc 16,17).

d) O que sucederá com os que observarem e com os que violarem os mandamentos? (v. 19)

Jesus é insistente e bastante claro. Lembra que quem não observa os mandamentos, por menores que sejam, ou será excluído do Reino dos céus ou terá mérito menor. O mesmo acontecerá com aqueles que levam outras pessoas a desrespeitar as leis.
Quem observa os mandamentos e atrai os outros para a observância terá a felicidade do Reino dos céus.

e) Que preceito do Antigo Testamento Jesus menciona? (v. 21)

"Não matarás!" é o preceito citado por Jesus e que se encontra no livro do Êxodo (20,13) e no livro do Deuteronômio (5,17). A sanção, especificando que "quem matar será castigado pelo juízo do tribunal", é apresentada no livro do Êxodo (21,12) e no Levítico (24,17).

f) Qual o significado da palavra "raca" que aparece no versículo 22?

A palavra "raca" é aramaica. Em português, significa "cabeça vazia, sem miolos". É uma expressão injuriosa, cuja melhor tradução seria "estúpido".

g) Uma simples palavra de injúria pode levar a uma condenação, a um castigo? (v. 22)

Os judeus tinham os tribunais locais, com seus poderes próprios, e o Grande Conselho, tribunal superior que julgava as causas mais graves. A eles eram encaminhadas as causas.

Jesus mostra que ofensas pequenas, quase que insignificantes, podem levar a conseqüências máximas, não por sua gravidade em si, mas devido à raiz má que provém do coração humano.
O mandamento antigo recomendava não matar. O novo mandamento de Jesus exige muito mais. Diz que não se deve nem magoar o irmão, pois, embora pareça simples, uma mágoa fere o coração.

h) Que se entende por "fogo da geena"? (v. 22)

Geena é nome de um lugar no vale de Henon (Ben-Enom), situado ao sul de Jerusalém. Neste lugar o povo oferecia sacrifícios, até humanos às vezes, ao deus Moloc (cf. 2Rs 23,10; Jr 19,2-6).
Ali também eram atirados e queimados os cadáveres dos criminosos executados, as carcaças de animais e outros detritos. Por isso esse lugar era chamado de "fogo de geena", e usado como sinônimo de inferno. (Para ilustrar melhor, leia também Mt 18,8-9.)

i) Como Jesus fala sobre a reconciliação? (v. 23-26)

Jesus usa dois exemplos da vida diária para falar claro sobre a caridade fraterna, para insistir na importância da reconciliação. Lembra que é sempre melhor chegar a um acordo amigável, do que se expor ao perigo de ser levado à presença do tribunal.

j) Qual era a lei antiga e a que Jesus apresenta nos versículos 27 e 28?

Não cometer adultério!
A lei antiga proibia o simples desejo mau. (Veja Êx 20,17.) Esse preceito, porém, foi sendo esquecido, e somente o ato exterior era para os judeus um erro.
Jesus vem para reconduzir a lei a sua pureza inicial.
Insiste em que é necessário guardar os próprios sentimentos, pondo os valores mundanos e passageiros abaixo dos valores eternos.

k) O que a lei antiga dizia sobre a rejeição da mulher por parte do marido? (v. 31)

A lei antiga permitia o divórcio, que era legalizado com carta, a chamada "carta de divórcio". (Veja no livro do Deuteronômio, capítulo 24, versículos de 1 a 3.)
No tempo de Jesus, a escola rabínica de Shammai admitia que o marido rejeitasse a mulher só em caso de adultério. A escola de Hilel, interpretando largamente a lei, admitia o divórcio por motivos fúteis.
Na lei antiga, "por causa da dureza de corações", isto é, devido ao grande relaxamento moral dos judeus, Moisés tolerou e regulamentou a prática do divórcio, que já existia assim.

l) Qual foi a lei referente ao casamento que Jesus trouxe? (v. 32)

Jesus restabeleceu a lei primitiva da absoluta indissolubilidade de um matrimônio verdadeiro e legítimo. (Veja também em Mc 10,10-12; Lc 16,18; 1Cor 7,10-11.) Insiste também em que o marido que abandona a mulher é também responsável pelos adultérios que ela cometer em novas uniões ilícitas.

m) O que Jesus nos ensina a dizer? (v. 37)

"Sim, sim!" "Não, não!"
Trata-se de uma fórmula bastante conhecida. (Veja 2Cor 1,17 e Tg 5,12.) Em nosso falar, devemos ser claros e sinceros. Importa dizer "sim" ou "não", quando necessário. E que a expressão dos lábios manifeste a voz do coração, transmitindo verdade e confiança.

4. COMENTÁRIO

Jesus apresenta sua clara intenção de não mudar a lei, mas aperfeiçoar, revelando plena e claramente os desígnios do legislador divino. Ele estabelece a relação que existe entre a lei mosaica e a sua doutrina, compara a lei antiga com a nova. Ensina, começando por um princípio geral, que não veio para destruir a lei, mas para torná-la mais perfeita. "Não julgueis

que vim abolir a lei e os profetas. Não vim para abolir, mas para levá-los à perfeição!"
Aquele que é fiel em observar os menores preceitos da lei e ensina os outros a fazer o mesmo terá um grande prêmio na glória. E quem com sua conduta despreza os mandamentos, por serem insignificantes, este terá recompensa menor. Os escribas e fariseus falavam muito da observância da lei e mencionavam sempre numerosas prescrições que, como pesadas, impunham aos judeus.
Procuravam eles ser tidos como justos e observantes, mas internamente estavam cheios de vícios, eram hipócritas e soberbos.
Jesus, então, ensina que aquela justiça ou santidade externa não bastam para que uma pessoa possa pertencer ao Reino de Deus. Tem de existir uma observância mais perfeita da nova lei.
Por meio de uma imagem tirada do modo como procediam os tribunais dos judeus, Jesus ensina, de maneira popular, que não só os crimes externos do próximo, mas também e principalmente os pecados internos e as ofensas por palavras devem ser evitados.
Ele tira uma grande conseqüência para a vida prática: se na nova lei evangélica a ira e as injúrias são castigadas tão severamente, deve-se procurar por todo custo viver em paz com o próximo.
Quando acontece alguma desavença, há que se buscar o que for necessário para conseguir a reconciliação. Deus aprecia tanto a união e caridade fraterna que a prefere ao cumprimento fiel dos atos de adoração sublime, como o sacrifício.
O principal é a caridade fraterna, é buscar fazer o bem principalmente àqueles que não nos fazem o bem, àqueles que se esquecem de nós, àqueles que não nos conhecem. Por meio de uma semelhança ou pequena parábola, Jesus expõe a necessidade de se reconciliar logo com o inimigo e reparar as injúrias. Tudo se resume naquela frase: "Amai vossos inimigos, fazei bem aos que vos odeiam, orai pelos que vos perseguem e vos maltratam. Desse modo sereis filhos de vosso Pai do Céu!"

5. PERGUNTAS PRÁTICAS

1. **Você tem problema de relacionamento com alguém ou se dá bem com todos?**
2. **Você procura ser justo em tudo?**
3. **Você respeita as leis civis e religiosas?**
4. **Como cumpre suas obrigações para com Deus?**
5. **Você sabe ser grato a seu próximo?**

6. REVISÃO E PLANEJAMENTO DA AÇÃO

7. ORAÇÃO OU CANTO FINAL

7º DOMINGO DO TEMPO COMUM

Mt 5,38-48

Você e seu próximo!

1. ORAÇÃO INICIAL

2. LEITURA DA BÍBLIA

³⁸Tendes ouvido o que foi dito: **Olho por olho, dente por dente.** ³⁹Eu, porém, vos digo: Não resistais ao mau. Se alguém te ferir a face direita, oferece-lhe também a outra. ⁴⁰Se alguém te citar em justiça para tirar-te a túnica, cede-lhe também a capa. ⁴¹Se alguém vem obrigar-te a andar mil passos com ele, anda dois mil. ⁴²Dá a quem te pede e não te desvies daquele que te pedir emprestado. ⁴³Tendes ouvido o que foi dito: **Amarás o teu próximo e odiarás o teu inimigo.** ⁴⁴Eu, porém, vos digo: Amai vossos inimigos, fazei bem aos que vos odeiam, orai pelos que vos perseguem e vos maltratam. ⁴⁵Deste modo sereis filhos de vosso Pai do céu, pois ele faz nascer o sol tanto sobre os maus como sobre os bons e faz chover sobre os justos e sobre os injustos. ⁴⁶Se amais somente os que vos amam, que recompensa tereis? Não fazem assim os próprios publicanos? ⁴⁷Se saudais apenas vossos irmãos, que fazeis de extraordinário? Não fazem isto também os pagãos? ⁴⁸Portanto, sede perfeitos, assim como vosso Pai celeste é perfeito.

3. ESCLARECIMENTOS

a) Em que consiste a túnica e a capa? (v. 40)

Eram as duas vestes usadas pelos judeus. A túnica era uma vestimenta interior e a capa, a exterior.

b) E o sentido da expressão "andar mil passos"? (v. 41)

Jesus quer dizer que devemos estar dispostos a servir, a ser úteis ao próximo generosa e prontamente, caminhando em sua companhia, carregando-lhe a bagagem ou prestando-lhe algum serviço.

No governo persa, havia o costume de os correios do Estado (chamados "angarii", donde surgiu o verbo "angariar") poderem obrigar os cidadãos a lhes prestarem serviços para que suas funções fossem exercidas com mais rapidez.

c) Qual o ensinamento de Jesus diante de uma ofensa? (v. 38-42)

Jesus nos convida a que não nos deixemos levar pelo espírito de vingança e de violência, mesmo que tenham sido lesados os nossos direitos ou os do próximo.

d) Como era a tal "lei de talião"? (v. 38)

A antiga "lei de talião" (veja Êx 21,23-25 e Sl 5,11) permitia responder à violência com violência. A intenção dessa lei era diminuir as freqüentes arbitrariedades contra os direitos humanos.

e) Jesus se opõe a isso?

Jesus não está exigindo que se deva calar diante dos ataques injustos. Muitos menos quer que se fique quieto diante do mal. (Leia Jo 18,22s.)
Jesus quer apenas reprovar o espírito de vingança e de represália. Lembra que o melhor modo de combater a violência, a opressão e a injustiça é fazer o bem. (Leia também Rm 12,14-21.)

f) A lei antiga mandava odiar o inimigo? (v. 43)

A expressão apresentada aqui não significa bem isso de odiar o inimigo. Havia, isso sim, uma preocupação de se evitar toda e qualquer aproximação, dita contaminação, com os idólatras. Por vezes, nota-se uma aversão tal aos pecadores que pode até ser confundida com um certo ódio.

g) Quais os três exemplos de relacionamento com o próximo que Jesus dá a seguir? (v. 43-48)

Para ensinar a seus discípulos que não devem retribuir o mal com o mal, mas vencer o mal com o bem, Jesus apresenta três momentos muito comuns da vida.

Amar. Mas amar os inimigos, fazendo o bem aos que nos odeiam e rezando pelos que nos perseguem.
Amar a todos. Porque amar só os que nos amam é muito fácil e é simples dever de gratidão. Os publicanos fazem isso, diz Jesus.
Saudar a todos. Saber levar a paz àqueles com os quais nos encontramos.

h) Que motivos Jesus apresenta para nos convencer a amar o próximo? (v. 45)

Jesus pede que sejamos caridosos com todos, amigos e inimigos. E mostra-nos três motivos importantes para isso: imitar a bondade sem limites do Pai do Céu; conseguir mais merecimentos para depois obter o Céu; apresentar-se de maneira bem distinta dos gentios e elevar-se acima deles.

i) Quem eram os publicanos? (v. 46)

Publicano era o nome dado aos cobradores de impostos. Exerciam uma função muito difícil e freqüentemente surgiam casos de extorsões entre eles. O povo os odiava por esse motivo. Eram desprezados e tidos como gente péssima. (Veja Mt 9,10.18,17.)

j) Qual o mais nobre ideal que Jesus apresenta? (v. 48)

"Sede perfeitos, assim como vosso Pai celeste é perfeito!" Aí está o mais nobre ideal que Jesus apresenta a seus discípulos, ideal que todos devem buscar atingir constantemente.

4. COMENTÁRIO

Jesus apresenta aqui grandes contrastes. A diferença entre a lei mosaica e a sua doutrina, a nova lei e a lei de talião, o amor aos inimigos e a imitação da perfeição divina.

Jesus opõe a dureza da antiga legislação à lei da paciência e da bondade cristã, ensinando que não se deve responder com violência, devolvendo mal por mal, ao que nos prejudica, mas que tenhamos uma alma generosa que renuncie a qualquer atitude de vingança.

Acima do direito, é claro, deve estar a lei da caridade.
É evidente que não existe uma proibição de que a gente se oponha dignamente aos ataques injustos, muito menos proibição de que combatamos o mal no mundo.
Na verdade, Jesus pede a seus discípulos grandeza de coração para que possam renunciar aos seus direitos, contanto que possam com esta renúncia ganhar coisas mais necessárias, mais importantes à vida.
Temos de fugir da atitude de vingança pessoal, quando somos ofendidos. Devemos estar dispostos a receber novas injúrias do que vingarmos de nosso adversário.
Há ocasiões em que devemos renunciar aos nossos direitos, quando ou o dever de caridade ou a glória de Deus, a glória da Igreja, o exigir. É a perfeição que Jesus veio trazer. Ele veio aperfeiçoar a lei antiga, corrigir a falsa interpretação que lhe davam os escribas e fariseus.
Seus discípulos, dizia Jesus, não só devem amar os seus familiares, os que professam a mesma fé, seus amigos, benfeitores, mas amar também os inimigos. Amar os que nos odeiam e perseguem. Os que nos maldizem, nos caluniam e estão dispostos a fazer todo o mal que podem.
Nosso coração deve estar repleto de amor aos nossos inimigos, não os excluindo de demonstrações externas e afetos em nossas conversas, em nossas obras e, acima de tudo, em nossas orações.
Jesus menciona três motivos que nos devem levar ao amor aos inimigos. O primeiro é o exemplo do próprio Deus, que distribui seus dons entre todos os homens, sem distinção entre justos ou pecadores. Distribui seus dons aos amigos e inimigos.
O segundo motivo é para que tenhamos algum merecimento diante de Deus, já que amar unicamente aos que nos amam indica que nos move a isso nosso próprio interesse, e isso nenhuma recompensa mereceria de Deus.
Finalmente, na prática do amor aos inimigos é que o cristão deve ser distinto dos publicanos.

Jesus apresenta com bastante clareza e firmeza o amor que devemos ter com nossos inimigos. Ele vem para dizer que todos somos irmãos e há necessidade de existir o interesse de uns pelos outros, há necessidade de orarmos, não só pelos que nos fazem o bem, mas principalmente pelos inimigos.

5. PERGUNTAS PRÁTICAS

1. O sol e a chuva vêm para todos igualmente. Você trata a todos de modo igual? Sabe respeitar seu próximo?
2. Você é misericordioso com as pessoas?
3. Você consegue rezar pelos maus?
4. Você usa sempre sua liberdade para o bem?
5. Cite um fato de amor ao próximo seu ou que você presenciou.

6. REVISÃO E PLANEJAMENTO DA AÇÃO

7. ORAÇÃO OU CANTO FINAL

1º DOMINGO DA QUARESMA

Mt 4,1-11

Livres para amar

1. ORAÇÃO INICIAL

2. LEITURA DA BÍBLIA

¹Naquele tempo, Jesus foi levado ao deserto pelo Espírito para ser tentado pelo demônio. ²Quando já tinha jejuado quarenta dias e quarenta noites, sentiu fome.
³E o tentador aproximou-se e disse: "Se és o Filho de Deus, ordena que estas pedras se transformem em pães". ⁴Mas Jesus respondeu: "Está escrito: 'Não só de pão vive o homem, mas de toda a palavra que sai da boca de Deus'". ⁵Então o demônio conduziu-o à Cidade Santa e, colocando-o no ponto mais alto do templo, ⁶disse-lhe: "Se és o Filho de Deus, joga-te daqui de cima, porque está escrito: 'Ele deu ordens a seus anjos a teu respeito, e eles te levarão nas mãos, para que não firas o pé nalguma pedra'". ⁷Jesus lhe disse: "Está escrito também: 'Não tentarás o Senhor, teu Deus'". ⁸Em seguida, o demônio conduziu-o a um monte muito alto e, mostrando-lhe todos os reinos do mundo com sua glória, ⁹disse-lhe: "Tudo isso te darei, se, prostrado, me adorares". ¹⁰Então Jesus lhe disse: "Afasta-te, Satanás! Porque está escrito: 'Tu adorarás o Senhor teu Deus e só a ele servirás'". ¹¹Então o demônio o deixou. Os anjos se aproximaram e o serviram.

3. ESCLARECIMENTOS

a) Quem levou Jesus ao deserto? (v. 1)

Jesus foi levado ao deserto pelo Espírito Santo. Foi o mesmo Espírito que sobre ele desceu no batismo. O mesmo que desceu sobre os Apóstolos, o mesmo que santifica a Igreja.

b) Por que Jesus foi para o deserto e como se preparou para a pregação? (v. 1)

Jesus se dirige ao deserto a fim de se preparar para sua missão. No silêncio da natureza que aproxima de Deus, ele ia refletir sobre sua missão redentora e ser tentado pelo demônio. Para nos dar o exemplo fez do retiro, do jejum e da oração a sua preparação para pregar o Evangelho. Moisés, Elias, João Batista, grandes personagens do Antigo Testamento, também assim fizeram.

c) Por que Deus nos envia a tentação?

Uma tentação pode vir para nos experimentar. Deus permite a tentação, não para que nos seja feito o mal, mas para que nós tenhamos ocasião de lhe provar nossa fidelidade.

É nesse sentido que o livro da Sabedoria (3,5) diz que Deus tentou os justos e os achou dignos de si; e o apóstolo Paulo (Hb 11,17) narra que Deus tentou Abraão. Davi exclama: "Experimentai-me e tentai-me, Senhor" (Sl 25,2).

d) Por que Jesus quis ser tentado? (v. 1)

Para nos dar o exemplo. Jesus permitiu essas tentações para se fazer semelhante a nós, na medida em que era compatível com o seu ser divino. Desse modo nos deu exemplo de grande resistência. O demônio quis experimentar se ele realmente era o Messias e fazer com que Jesus pecasse, caso fosse um simples mortal.

Jesus sujeitou-se à tentação por nossa causa e quis com isto merecer-nos a graça de vencer o demônio.

e) Quais as armas contra a tentação?

Jesus quis nos indicar as armas que devemos empregar contra a tentação. Essas armas são o jejum, a oração e a meditação da Palavra de Deus.

Ele nos adverte de que os que procuram servir a Deus sempre estão expostos à inveja do demônio e às suas ciladas. Contudo, triunfarão sempre, se confiarem na luz divina.

f) Quanto tempo Jesus jejuou? (v. 2)

Quarenta dias e quarenta noites.
Moisés e Elias também jejuaram durante o mesmo espaço de tempo. Jesus sentiu fome, provando com isso que o Verbo de Deus tinha assumido a natureza humana, dependente e sujeita às necessidades e ao sofrimento.

g) O que o demônio sugere a Jesus? (v. 3)

Que ele ordene que as pedras se transformem em pães.
Depois de quarenta dias e quarenta noites de jejum, Jesus sentia fome.
O demônio veio tentá-lo, fazendo-o ver que sofria e convidando-o a buscar alívio. É assim que o demônio tenta o homem, distraindo-o, desviando-o dos interesses eternos e das coisas de Deus, para fazê-lo cuidar só de si e do que é temporal, ou sugerindo-lhe que ponha em prova a bondade e o poder de Deus nas aflições e necessidades por que passa.

h) O demônio sabia que Jesus era o Filho de Deus? (v. 3)

O demônio procurava ter certeza se Jesus era ou não o Filho de Deus. O jejum de Jesus fez, talvez, com que o demônio suspeitasse algo de sobre-humano nele, mas, com a fome que veio a sentir, diminuíram-lhe as suspeitas. Quis, entretanto, descobrir por si mesmo quem era Jesus.

i) Qual foi a resposta de Jesus? (v. 4)

Jesus quis dizer que não era necessário que as pedras se transformassem em pães, porque Deus tem muitas maneiras de prover o sustento do homem. O pão é o nosso alimento diário. Mas Jesus nos lembra que não é só de pão, mas da Palavra de Deus que o homem vive, pois essa Palavra de Deus é a que criou tudo e a que tudo conserva.
Com essa resposta, Jesus não nega e nem afirma que é o Filho de Deus. À tentação ele responde com humildade, referindo-se à fé em Deus e à palavra divina. O demônio tenta Jesus a fazer um milagre em seu próprio benefício e para satisfazer as re-

clamações do corpo. Mas a missão divina de Jesus era outra: beneficiar o próximo e lhe dar o alimento espiritual.

j) Onde o demônio conduziu Jesus (v. 5)
Conduziu-o a Jerusalém, chamada de Cidade Santa. Tinha esse nome não só por causa do templo, que era o único em toda a terra no qual se prestava culto ao verdadeiro Deus, como por ser de algum modo o centro de toda a religião.

k) Qual foi o texto da Bíblia que o demônio citou? (v. 6)
Há um texto do salmo 91, versículos 11 e 12, onde Deus promete aos justos sua proteção, quando se encontrarem em dificuldades para cumprir o dever. Mas isso não significa que a pessoa possa se expor de maneira presunçosa e sem necessidade.

l) Qual foi a terceira tentação? (v. 8-9)
É feita de ambição, poder e riqueza. Essa visão de todos os reinos do mundo é de fantasia e mentira, querendo levar Jesus à vanglória, ao desejo de possuir e dominar.

m) Que resposta Jesus deu ao demônio? (v. 10)
Jesus apela para o primeiro mandamento e, ao mesmo tempo, lhe dá uma ordem poderosa, que o demônio é obrigado a pôr em prática.
Jesus sofreu as tentações do demônio com a maior calma e paciência, porque se referiam à sua natureza humana. Mas, quando o demônio pede a si um culto de adoração, Jesus o repele energicamente.

n) Como terminaram essas tentações? (v. 11)
O demônio o deixou em paz e os anjos se aproximaram de Jesus. Assim, todo aquele que vencer a tentação receberá consolações espirituais e gozará a paz da consciência, o estado de graça.

4. COMENTÁRIO

Após ter vivido 30 anos em Nazaré, Jesus quis se preparar para o ministério retirando-se à solidão do deserto. Ele não precisava disso, mas nos deu o exemplo para que sintamos a necessidade de nos preparar para o apostolado.

As três tentações de Jesus são como um resumo de todas as tentações que podem nos assaltar. Quis se submeter a elas para nos advertir de que nunca estaremos livres dos convites para o mal. Jesus quis ser tentado para que sua vida e suas atitudes fossem norma segura para a nossa. Com seu exemplo, dá-nos forças para que vençamos as tentações. A tentação não é pecado. É uma prova. Nela podemos vencer ou ser vencidos. A vitória nos faz crescer na vida da graça.

Jesus venceu a tentação. Nós também poderemos vencê-la se seguirmos sua tática. Essa tática é o recolhimento interior, a mortificação e a oração.

5. PERGUNTAS PRÁTICAS

1. **Iniciamos hoje a Quaresma. O que significará para você?**
2. **Onde você encontra Deus?**
3. **Como e através de que Deus lhe fala? Dê algum exemplo.**
4. **A riqueza e o poder atraem. O que significam para você?**
5. **Você pode dizer que é livre e faz bom uso da liberdade?**

6. REVISÃO E PLANEJAMENTO DA AÇÃO

7. ORAÇÃO OU CANTO FINAL

2º DOMINGO DA QUARESMA

Mt 17,1-9

Tempo de mudança

1. ORAÇÃO INICIAL

2. LEITURA DA BÍBLIA

¹Um dia, Jesus chamou Pedro, Tiago e seu irmão João, foi com eles para um lugar afastado, a um monte alto. ²E lá se transfigurou diante deles: seu rosto ficou brilhante como o sol e suas vestes brancas como a luz.
³Apareceram Moisés e Elias e falavam com Jesus.
⁴Pedro, tomando a palavra, disse a Jesus: "Senhor, como é bom estarmos aqui! Se quiseres, farei aqui três tendas: uma para ti, outra para Moisés e outra Elias".
⁵Pedro ainda estava falando quando uma nuvem luminosa os envolveu. Do meio da nuvem saiu uma voz que dizia: "Este é o meu Filho muito amado, em quem ponho a minha complacência. Ouçam-no!"
⁶Os discípulos, quando ouviram estas palavras, caíram com o rosto em terra e ficaram cheios de grande medo.
⁷Mas Jesus aproximou-se deles, tocou-lhes nos ombros e disse-lhes: "Levantem-se! Não tenham medo!" ⁸E eles ergueram os olhos e não viram mais ninguém, a não ser Jesus.
⁹Quando desciam do monte, Jesus lhes deu uma ordem: "Não contem a ninguém essa visão, enquanto o Filho do Homem não ressuscitar dos mortos".

3. ESCLARECIMENTOS

a) Para onde Jesus foi? (v. 1)

Dirigiu-se para um lugar afastado, a um monte alto. Trata-se do monte Tabor, monte da Transfiguração, na Galiléia. Está situado a 562 metros acima do nível do mar e fica a 10 quilômetros de Nazaré.

b) Quem foi com Jesus? (v. 1)

Ele chamou Pedro, Tiago e João.
Jesus não se transfigurou diante de todos os discípulos porque queria que o fato ficasse em segredo. E reservou a Pedro, Tiago e João o privilégio de presenciá-lo por serem eles talvez mais sábios e os que se mostravam mais delicados com a pessoa do Mestre.
Foram esses ainda os discípulos que Jesus quis como testemunhas da ressurreição da filha de Jairo (cf. Mc 5,37) e da sua agonia no Getsêmani (Mt 26,37).

c) O que aconteceu com Jesus quando estavam lá no monte? (v. 2)

Transfigurou-se, mostrando aos Apóstolos sua glória. Dessa mesma glória participaremos nós, depois da nossa ressurreição.
A finalidade desta transfiguração foi encorajar os discípulos a que não se deixassem vencer pelas provações que viriam em breve com a paixão de seu Mestre. Em lugar das qualidades do corpo mortal que tomara para se fazer em tudo semelhante a nós e por nós sofrer, Jesus revestiu-se dos dotes gloriosos. Este corpo glorioso era a conseqüência natural de que gozava a alma de Jesus, devido a sua união com o Verbo divino.

d) Quem apareceu falando com Jesus (v. 3)

Apareceram Moisés e Elias. Simbolizavam todo o Antigo Testamento. Moisés representava a lei. Jesus se dá a conhecer como o Senhor dos vivos e dos mortos, adorado e servido por Moisés que no passado fora o libertador e guia do povo escolhido.
Elias representava os profetas. Jesus se apresenta como aquele que é objeto das profecias.
A lei e as profecias dão testemunho de sua missão divina e se curvam em sua presença.
Os discípulos conhecem Moisés e Elias ou porque são divinamente esclarecidos ou pelo que eles dizem a Jesus.

e) O que Pedro disse? (v. 4)
"É bom estarmos aqui!"
Pedro, extasiado ante a visão, quer prolongá-la. Quer erguer três tendas. O costume da época era mais ou menos esse. Quando iam para a festa dos Tabernáculos, por exemplo, erguiam tendas com ramos de árvores. Com razão Pedro quer permanecer ali. É um desejo natural de todos os homens: permanecer onde nos sentimos felizes.

f) Qual a voz que se fez ouvir? (v. 5)
"Este é o meu Filho muito amado."
Jesus é o Filho de Deus Pai. Deus costuma manifestar sua presença particular numa nuvem luminosa (cf. Êx 16,10; 19,9; 24,15). Agora, na presença desses discípulos de Jesus, o Pai dá um testemunho solene.
Foram as mesmas palavras que se ouviram quando Jesus se fez batizar por João Batista.

g) Por que Jesus proíbe os três Apóstolos de contarem aos outros o que houve? (v. 9)
A razão por que Jesus proíbe os três Apóstolos de falarem a respeito da visão é evitar agitações populares. Jesus, em vez de responder à proposta de Pedro, ao descer a montanha, volta a lembrar ao discípulos o que predissera sobre a sua Paixão, ordenando-lhes que "não digam a ninguém o que viram, enquanto o Filho do Homem não ressuscitar dos mortos".
Jesus, com isso, indica que lhes manifestou sua majestade para que não perdessem a fé quando vissem seus sofrimentos na Paixão.
Queria também significar que as revelações de seu poder e glória devem ser conhecidas junto com as horas difíceis do sofrimento.
A conclusão seria evidente: a glória é uma coroa dos que sofrem e o sofrimento neste mundo é a condição para se alcançar a glória celeste.

4. COMENTÁRIO

Jesus falou claramente a seus Apóstolos de sua paixão e morte. Ensinou-lhes o caminho do sacrifício que deverão seguir para alcançar o céu.

Dias depois de ter dito isso, transfigurou-se diante deles, manifestando-lhes sua glória. Como Jesus antes convidara os Apóstolos a seguir o caminho do sacrifício, era conveniente que manifestasse a eles também a glória da transfiguração, da qual eles participaram.

A transfiguração de Jesus é uma imagem de transformação que se realiza na alma em estado de graça.

Jesus é o Verbo, isto é, a Palavra de Deus. É a verdade e a norma suprema de sabedoria. Por isso o Pai nos diz, por meio daquela voz misteriosa, que o ouçamos, isto é, que obedeçamos a ele.

Jesus nos fala com sua doutrina, com seus milagres, com seus exemplos, com seu silêncio. Jesus nos fala pela Igreja.

A obediência a Jesus supõe a fé, isto é, crer em tudo o que Deus nos revelou e a Igreja nos propõe.

A transfiguração de Jesus é um apelo a nós, homens, para que lutemos pela transformação e transfiguração do homem e do mundo.

5. PERGUNTAS PRÁTICAS

1. Você escuta a voz de Jesus?
2. Quando Jesus lhe fala?
3. Você sentiu alguma vez alguma transformação em sua vida?
4. A Quaresma traz alguma mudança em sua vida?
5. Em que sentido você muda sua vida?

6. REVISÃO E PLANEJAMENTO DA AÇÃO

7. ORAÇÃO OU CANTO FINAL

3º DOMINGO DA QUARESMA

Jo 4,5-42

Junto à fonte do Bem

1. ORAÇÃO INICIAL

2. LEITURA DA BÍBLIA

⁵Naquele tempo, chegou Jesus a uma cidade da Samaria chamada Sicar, perto do campo que Jacó havia dado a seu filho José. ⁶Lá é que se encontrava o poço de Jacó. Jesus, cansado da caminhada, sentara-se junto ao poço. Era por volta do meio-dia. ⁷(Seus discípulos tinham ido à cidade para comprar provisões.) ⁸Certa mulher da Samaria chega em busca de água. Jesus lhe diz: "Dá-me de beber".
⁹A samaritana lhe diz: "Como é que tu, um judeu, pedes de beber a mim, uma samaritana?"
Os judeus, com efeito, não se davam com os samaritanos. ¹⁰Jesus lhe respondeu: "Se tu conhecesses o dom de Deus e quem é que te diz 'Dá-me de beber', tu é que lhe terias feito esse pedido, e ele te daria uma água viva".
¹¹Ela lhe disse: "Senhor, não tens nada para tirá-la e o poço é fundo; onde irias buscar essa água viva? ¹²Serás acaso maior que o nosso pai Jacó, que nos deu este poço, do qual ele próprio bebeu, assim como seus filhos e rebanhos?" ¹³Jesus lhe respondeu: "Todo aquele que beber desta água terá sede de novo, ¹⁴mas aquele que beber da água que eu lhe darei nunca mais terá sede: a água que eu lhe darei se tornará dentro dele uma fonte de água que brotará para a vida eterna".
¹⁵A mulher lhe disse: "Senhor, dá-me dessa água, a fim de que eu não tenha mais sede e não precise mais vir aqui". ¹⁶Jesus disse à samaritana: "Vá chamar o seu marido e volte aqui". ¹⁷A mulher respondeu: "Eu não tenho marido". Jesus disse: "Você tem razão ao dizer que não tem marido. ¹⁸De fato, você teve cinco maridos. E o homem que você tem agora não é seu marido. Nisso você falou a verdade".
¹⁹A mulher, então, disse a Jesus: "Senhor, vejo que és um profeta... ²⁰Nossos pais adoraram nesta montanha; no entanto, os judeus

dizem: 'É em Jerusalém que se deve adorar'". ²¹Jesus lhe disse: "Acredita em mim, ó mulher: Está chegando a hora em que não será nesta montanha, nem em Jerusalém que adorareis o Pai. ²²Vós adorais aquilo que não conheceis; nós adoramos aquilo que conhecemos, porque a salvação vem dos judeus. ²³Mas chega a hora, e é esta, em que os verdadeiros adoradores adorarão o Pai em espírito e em verdade, porque são estes os adoradores que o Pai procura. ²⁴Deus é espírito, e aqueles que adoram, em espírito e verdade, é que o devem adorar". ²⁵A mulher lhe disse: "Eu sei que o Messias deve vir, aquele a quem chamam o Cristo. Quando ele vier nos anunciará todas as coisas". ²⁶Jesus lhe disse: "Sou eu, que estou falando contigo".

²⁷Nesse momento, os discípulos de Jesus chegaram. E ficaram admirados de ver Jesus falando com uma mulher, mas ninguém perguntou o que ele queria, ou por que ele estava conversando com a mulher. ²⁸Então a mulher deixou o balde, foi para a cidade e disse para as pessoas: ²⁹"Venham ver um homem que me disse tudo o que eu fiz. Será que ele não é o Messias?" ³⁰O pessoal saiu da cidade e foi ao encontro de Jesus.

³¹Enquanto isso, os discípulos insistiam com Jesus, dizendo: "Mestre, come alguma coisa". ³²Jesus disse: "Eu tenho um alimento para comer, que vocês não conhecem". ³³Os discípulos comentavam: "Será que alguém trouxe alguma coisa para ele comer?" ³⁴Jesus disse: "O meu alimento é fazer a vontade daquele que me enviou e realizar a sua obra. ³⁵Vocês não dizem que faltam quatro meses para a colheita? Pois eu digo a vocês: ergam os olhos e olhem os campos: já estão dourados para a colheita. ³⁶Aquele que colhe recebe desde já o salário e recolhe fruto para a vida eterna; desse modo, aquele que semeia se alegra junto com aquele que colhe. ³⁷Na verdade é como diz o provérbio: 'Um semeia e outro colhe'. ³⁸Eu enviei vocês para colher aquilo que vocês não trabalharam. Outros trabalharam, e vocês entraram no trabalho deles".

³⁹Inúmeros samaritanos daquela cidade creram em Jesus. ⁴⁰Assim, quando chegaram perto dele, os samaritanos convidaram-no a ficar entre eles e Jesus ficou ali durante dois dias.

⁴¹Foram ainda mais numerosos os que creram nele por causa das suas próprias palavras; ⁴²e diziam à mulher: "Não é mais por causa do que nos contaste que nós cremos; nós mesmos o ouvimos e sabemos que ele é realmente o Salvador do mundo".

3. ESCLARECIMENTOS

a) O que nos ensina a resposta da samaritana? (v. 9)

Por esta resposta, a samaritana se mostra, ao contrário de Jesus, presa aos preconceitos de seu povo. É o tipo da resposta de uma pessoa loquaz, segura de si, mas muito superficial.

b) O que é a "água viva" que Jesus lhe prometeu? (v. 10)

É a Verdade, o Espírito, realidade interior no homem. É também o Evangelho, pelo qual Deus age dentro de nós e nos transforma. (Leia Isaías 55,1.)

Em resumo, essa "água viva" é o grande presente que Cristo veio nos trazer: a "graça" que penetra dentro de nós e nos faz agir.

Quando Jesus diz que quem beber desta água não terá mais sede, ele explica o motivo logo em seguida: não é porque a sede acabará, mas porque aquela água se torna dentro dele uma fonte que nunca mais seca e jorra para a vida eterna.

c) O que podemos aprender daquela atitude da samaritana que pergunta a Jesus sobre o lugar do verdadeiro culto para desviar o assunto de sua vida íntima? (v. 20)

Também hoje muitos se enganam, procurando encobrir com práticas externas a finalidade de sua vida interior. Deus lê o nosso íntimo e quer o nosso coração. Muitas vezes o melhor caminho para Deus é uma boa confissão, como o fez, um pouco forçadamente, a samaritana.

d) Em que consiste realmente a pergunta da samaritana, que São João resumiu no versículo 20?

Os judeus e os samaritanos concordavam em que o culto a Deus devia ser feito num templo só. Discordavam, entretanto, na determinação do lugar para este templo. Os judeus diziam que o próprio Deus escolheu Jerusalém (cf. o Segundo Livro das Crônicas, ou Paralipômenos, 6,6).

Os samaritanos, também apoiados em argumentos bíblicos, diziam igualmente que foi Deus quem escolheu aquele monte perto do poço de Jacó, chamado Garizim. No ano 130 antes de Cristo, tinham até construído sobre ele um templo que fora logo depois destruído pelo sumo sacerdote de Jerusalém, por ser considerado pelos judeus uma blasfêmia ao Deus uno. Apesar disso, os samaritanos continuaram a adorar sobre o monte. Portanto, a samaritana apresentou a Jesus um problema muito atual naquela época e de difícil solução.

e) Que significa adorar o Pai em Espírito e Verdade? (v. 23)

Em primeiro lugar, vemos nesta frase a grande novidade que Jesus nos trouxe: Deus é nosso Pai e por isso todos somos irmãos. Adorar o Pai em verdade quer dizer: adorá-lo em Jesus Cristo, que é a Verdade. Jesus é o Novo Templo (Jo 2,21). Portanto, não há mais "lugar sagrado" para adorar o Pai. Não precisa ser mais em Jerusalém, nem no monte Garizim, nem em lugar nenhum na terra. Em primeiro lugar, importa que seja "em Jesus e no Espírito Santo". Com a vinda de Jesus, todos os templos de pedra perderam a sua "sacralidade". O "sagrado" agora é Jesus Cristo que está presente na Igreja e na pessoa de nossos irmãos.

Ninguém pode adorar o Pai em verdade, se não for em Espírito, isto é, pela força e iluminação do Espírito Santo.

f) Por que Jesus revela ser o Messias para esta samaritana, se junto aos judeus proibia até seus discípulos de o fazerem? (v. 26)

Os judeus tinham uma noção errada sobre o Messias. Se soubessem ser ele o Messias, iriam fazê-lo rei logo. Tal acontecimento, é lógico, provocaria uma intervenção do exército romano. Se isso acontecesse, Jesus não poderia prosseguir em sua missão.

g) A expressão de Jesus "sou eu" ensina-nos alguma coisa? (v. 26)

Essa expressão, repetida tantas vezes no Evangelho de São João, designa a divindade de Jesus. Jesus podia muito bem

ter respondido de outro modo para dizer à samaritana que era o Messias.
Quis, entretanto, usar essa fórmula porque no Antigo Testamento ela é reservada a Deus. Usando-a, ele indicava então a sua divindade. A própria tradução literal da palavra hebraica "Javé" é "Sou eu". Portanto, cada vez que no Evangelho de São João Jesus diz "Sou eu", está dizendo que é Deus.

h) Os samaritanos contrapõem o testemunho direto de Cristo ao que lhes dera a mulher. Que diferença há entre ambos? (v. 42)

A samaritana apenas convenceu seus concidadãos de que Jesus era o Messias esperado. Mas a noção que estes tinham do Messias era muito imperfeita. Necessitava de uma purificação. O testemunho direto de Jesus, durante aqueles dois dias, deu-lhes essa purificação. Passaram da noção tradicional para a verdadeira noção do Cristo: "Ele é realmente o Salvador do mundo".
Esta frase final resume tudo: Jesus não é apenas o Rei de Israel (Jo 1,49), mas é o Salvador do mundo, isto é, sua revelação é universal.

4. COMENTÁRIO

Jesus se manifesta como Caminho, Verdade e Vida. O homem, em atitude de fé, dá uma resposta a essa revelação.
A revelação de Jesus é universal: abrange todos os homens. No mundo, não há barreiras de raça, nacionalidade, cor, sexo, idade, nada que impeça a revelação de Jesus. A samaritana representa um tipo de pessoa muito comum em nossos dias.
Na cena da samaritana, vemos analisado, em cores vivas, o drama do ato de fé. O evangelista procura nos mostrar como um herege se converte para Cristo.
O primeiro passo necessário é sair de si mesmo, colocar-se em situação de abertura para Deus. Pelo fato de confiar em Jacó e esperar o Messias, a samaritana já estava preparada para a fé.

Quando Jesus pediu água à samaritana, ela se sentiu insegura, confusa. E, com a resposta de Jesus, ficou mais confusa ainda.
Jesus dá sua resposta em nível diferente: "Se conhecesses o dom de Deus!"
A samaritana não entende, mas ao mesmo tempo é seduzida por um mistério atraente. Nessa confusão, ela tenta ainda controlar a conversa: "Não tens nada para tirá-la e o poço é fundo..."
Cristo não responde às várias perguntas da samaritana. Vai direto ao que realmente interessa: a vida íntima. A mulher novamente procura escapar. O que achas: devemos orar aqui ou em Jerusalém? Jesus novamente não entra na discussão e responde em outro nível: É preciso adorar "em Espírito e em Verdade".
Como um judeu sujo, cansado, pode ser o Cristo? É difícil isto. É o mistério da Encarnação: Cristo homem e Deus. A samaritana respondeu positivamente ao Cristo, indo à cidade e convidando seus amigos e conhecidos: "Venham e vejam..." Isto é CRER.

5. PERGUNTAS PRÁTICAS

1. **Você é humilde em suas orações?**
2. **Você compreende que pode e deve ser "fonte de vida eterna" para seu próximo?**
3. **Você sabe que adorar a Deus é fazê-lo presente em todos os momentos da vida?**
4. **Onde você encontra a água que mata a sede para sempre?**
5. **Você se lembra de agradecer tantos dons que Deus lhe dá ou só sabe pedir?**

6. REVISÃO E PLANEJAMENTO DA AÇÃO

7. ORAÇÃO OU CANTO FINAL

4º DOMINGO DA QUARESMA

Jo 9,1-41

Em busca da Palavra

1. ORAÇÃO INICIAL

2. LEITURA DA BÍBLIA

¹Naqueles dias Jesus viu, ao passar, um cego de nascença.
²Seus discípulos lhe perguntaram: "Mestre, quem pecou, este ou seus pais, para que nascesse cego?"
³Jesus respondeu: "Nem este pecou nem seus pais, mas foi para que nele se manifestem as obras de Deus. ⁴É necessário que realizemos as obras daquele que me enviou, enquanto é dia. Vem depois a noite, quando ninguém pode trabalhar. ⁵Enquanto estou no mundo, eu sou a luz do mundo".
⁶E, cuspindo no chão, fez lama com a saliva. Em seguida, aplicou a lama sobre os olhos do homem ⁷e disse-lhe: "Vá lavar-se na piscina de Siloé". (A palavra "Siloé" significa "Aquele que foi enviado".) O homem foi, lavou-se e, quando voltou, estava enxergando!
⁸Seus vizinhos e aqueles que antes o viam mendigar disseram então: "Não é este o homem que estava sentado e mendigava?" ⁹Uns diziam: "É ele sim". Outros diziam: "Qual nada! É alguém parecido com ele". Mas ele afirmava: "Sou eu mesmo..."
¹⁰Perguntaram-lhe: "Como se abriram seus olhos?"
¹¹Respondeu: "O homem chamado Jesus fez lama, untou meus olhos e disse-me: 'Vá à piscina de Siloé e lave-se'. Eu fui, lavei-me e estou enxergando".
¹²"Onde está ele?", perguntaram-lhe.
"Não sei", respondeu o homem.
¹³Levaram aos fariseus o homem que fora cego. ¹⁴Foi num dia de sábado que Jesus fez lama e lhe abriu os olhos. ¹⁵Os fariseus, por sua vez, também lhe perguntaram como havia recuperado a vista. Ele respondeu-lhes: "Pôs lama em meus olhos, lavei-me e agora vejo!"
¹⁶Alguns dos fariseus diziam: "Este homem não vem de Deus, pois não observa o sábado".

Outros replicavam: "Como pode um pecador fazer tais milagres?" E não conseguiam chegar a um acordo. ¹⁷Então se dirigiram novamente ao cego: "E você, que acha daquele que lhe abriu os olhos?" Ele disse: "É um profeta!"
¹⁸Os judeus, porém, não acreditaram que ele tivesse sido cego e houvesse recuperado a vista. Mandaram chamar os pais do que fora curado. ¹⁹Perguntaram-lhes: "É este seu filho, a quem vocês dizem ser cego de nascimento? Como é que agora está enxergando?"
²⁰Responderam-lhes os pais: "Nós sabemos que este é o nosso filho e que nasceu cego, ²¹mas não sabemos como é que ficou enxergando. Nem sabemos também quem lhe abriu os olhos. Perguntem a ele. Já tem idade para responder por si mesmo".
²²Assim responderam os pais dele, por terem medo dos judeus. Já tinham os judeus resolvido entre si que, se alguém reconhecesse que Jesus era o Cristo, seria expulso da sinagoga. ²³Foi por isso que seus pais disseram: "Já tem idade. Perguntem a ele mesmo".
²⁴Chamaram novamente o homem que tinha sido cego e lhe declararam: "Dê glória a Deus. Nós sabemos que este homem é pecador".
²⁵Ele lhes respondeu: "Se é pecador, não sei. Sei somente uma coisa: antes eu era cego e agora estou enxergando".
²⁶Perguntaram-lhe de novo: "Que fez ele para você? Como abriu seus olhos?"
²⁷Respondeu-lhes: "Já lhes disse e vocês não escutaram. Por que querem ouvir de novo? Porventura querem também vocês tornar-se discípulos dele?"
²⁸Cobriram-no de injúrias e disseram-lhe: "Você é que é discípulo dele. Nós somos discípulos de Moisés. ²⁹Sabemos que Deus falou a Moisés. Este, porém, não sabemos de onde é". ³⁰Em resposta, disse-lhes o homem: "É de se admirar que vocês não saibam de onde ele é e, no entanto, abriu meus olhos. ³¹Ora, nós sabemos que Deus não atende os pecadores. Aquele, porém, que respeita a Deus e faz sua vontade, a este Deus atende. ³²Nunca se ouviu dizer que alguém tenha dado vista a um cego de nascimento. ³³Se este homem não fosse de Deus, não poderia fazer coisa alguma".
³⁴Eles replicaram: "Você nasceu todo no pecado, e quer ensinar-nos?" E puseram-no para fora. ³⁵Jesus soube que o haviam expulsado e lhe disse ao encontrá-lo: "Você crê no Filho de Deus?"
³⁶Ele respondeu: "Quem é ele, Senhor, para que eu creia nele?"
³⁷Jesus lhe disse: "Você o viu, é ele que fala com você".
³⁸Ele disse: "Eu creio, Senhor". E prostrou-se diante dele.

³⁹Jesus prosseguiu: "Vim a este mundo para exercer um julgamento, a fim de que aqueles que não vêem vejam, e aqueles que vêem se tornem cegos".
⁴⁰Alguns dos fariseus que estavam com ele ouviram essas palavras e lhe perguntaram: "Porventura também nós somos cegos?"
⁴¹Se vocês fossem cegos, respondeu-lhes Jesus, vocês não teriam pecado. Agora, no entanto, vocês dizem: "Nós enxergamos". Deste modo, o pecado de vocês permanece.

3. ESCLARECIMENTOS

a) Por que os discípulos fizeram aquela pergunta a Jesus? (v. 2)

No tempo de Jesus era comum entre o povo a opinião de que todos os males, doenças etc. eram provenientes de algum pecado. Os discípulos não estavam insinuando a reencarnação, como afirmam os espíritas de hoje. Simplesmente eles não sabiam explicar o sofrimento dos inocentes. Por isso perguntaram a Jesus.

b) Jesus responde à pergunta dos discípulos? Acrescenta mais alguma coisa? (v. 3)

Jesus não responde diretamente à pergunta dos discípulos: simplesmente nega que todos os males tenham necessariamente de provir ou de algum pecado pessoal ou de nossos pais; não explica qual seria a origem dos males.

Desde que existe a humanidade, este problema da origem do mal a preocupa e, de acordo com as crenças dos povos, eles procuraram descobrir, à sua maneira, a causa dos males que reinam no mundo.

Os gregos antigos atribuíam a origem do mal à "caixinha de Pandora" que, aberta por curiosidade, espalhou as desgraças por todo o mundo.

Os povos do antigo Oriente achavam que os males eram castigos infligidos aos homens, ou por espíritos maus ou por deuses irritados por alguma ofensa dos homens.

Os persas e babilônios antigos recorreram à existência de seres maus (deuses), cujo único papel era causar mal aos homens.

Para desviar esses males, eles ofereciam sacrifícios até de pessoas humanas.

c) O cristianismo tem uma explicação para a origem do mal?

Estamos perante um problema de difícil solução: sabemos que Deus é infinitamente bom e que, portanto, não pode ser a causa dos males deste mundo: seria uma injustiça contra a bondade Divina. No entanto o mal existe: aí estão as doenças, as misérias, os desastres, as injustiças, as traições, males que tanto afligem a pobre humanidade.

d) Como explicar esses males?

Primeiramente, convém saber que o mal não é uma realidade em si: é a ausência ou a falta de algum bem.

Assim, a doença é a falta da saúde; a injustiça é a falta da justiça; a angústia é a falta da paz; o desespero é a falta da esperança, e assim por diante.

A ausência ou falta de algum bem causa para nós sofrimento e dor... sentimos o mal, a doença, a angústia.

No livro do Gênesis (cap. 3), com o pecado de nossos primeiros pais, conta-se a entrada de muitos males no mundo: sofrimento, trabalho, morte, perda do estado de felicidade (expulsão do paraíso).

Uma das causas profundas do mal é, portanto, a perda da amizade divina, o pecado.

São Paulo (Rm 5,12-19) fala da morte que passou a todos os homens, mesmo para aqueles que não pecaram contra a lei de Moisés. A morte, portanto, como o sofrimento, é uma lei universal.

e) Quem pecou, aquele cego ou seus pais? (v. 2-3)

Existem, de fato, algumas doenças e males que provêm de erros de outras pessoas: a) por ignorância das leis da natureza; b) por erros pessoais, cujas conseqüências se refletem nos filhos: pais que têm doenças hereditárias podem gerar filhos defeituosos.

Mas, como estamos vendo, isto não explicaria todos os casos.

f) Existem ainda outras causas para os males do mundo?

Sim, a própria sociedade em que vivemos pode ser a causa de muitos males para os outros. Temos as injustiças sociais: mais de 2/3 dos bens da humanidade estão de posse de uma minoria privilegiada, enquanto que mais da metade da humanidade passa fome!

A grande maioria dos habitantes do mundo não tem as mínimas condições para viver como pessoa humana: não tem roupas necessárias, passa frio; não tem alimentação suficiente, passa fome; não tem casa, vivem em taperas ou favelas; não tem possibilidade de estudar, sofre o subdesenvolvimento; não tem recursos financeiros para cuidar da saúde, sofre doenças e misérias.

Há ainda as injustiças pessoais: quantos crimes, quanto ódio, quanta maldade, gerando a dor, a infelicidade e as lágrimas!

g) Como o cristão deve encarar as doenças e os sofrimentos?

Olhando para Cristo crucificado, o cristão encontra o verdadeiro sentido do sofrimento. Desde que Cristo morreu crucificado, o sofrimento e a dor têm uma grande missão: completar nos membros de Cristo, que somos nós, o sofrimento redentor de Cristo.

Cada pessoa que sofre é um novo Cristo que está esperando de nós a compaixão e a caridade. E Cristo considera como feito a si tudo que fizermos pelos que sofrem (Mt 25,34-45).

h) Quais são as obras de Deus a que se refere Jesus? (v. 4)

Jesus veio ao mundo para manifestar aos homens, por suas palavras e ações, a vontade do Pai, que é a salvação de todos os homens.

Mas, para que os homens acreditassem em suas palavras, Jesus as confirmava com milagres: o aparecimento do cego de nascimento deu a Jesus a oportunidade de fazer um milagre e assim provocar os homens para que acreditassem em suas palavras e em sua missão de Salvador, enviado pelo Pai.

i) Que significa realizar as obras "enquanto é dia"? (v. 4)

O evangelista São João apresenta freqüentemente essas oposições: luz-trevas; dia-noite; morte-vida; amor-ódio; verdade-mentira; liberdade-escravidão; este mundo-o outro mundo etc. O "dia" para Jesus representa o tempo propício para a salvação, a revelação clara dos planos de Deus. Quer dizer, sua presença salvadora no mundo: "Enquanto estou no mundo, eu sou a luz do mundo".

No tempo de Jesus, não havia ainda o progresso da técnica que temos hoje. Não havia luz elétrica nem outros meios para uma iluminação eficiente das noites. Assim, todos os trabalhos eram realizados durante o dia.

A comparação que Jesus faz é baseada nas circunstâncias da época. E, justamente baseado nas circunstâncias de seu tempo, foi que Jesus disse "... enquanto é dia". Com isso queria dizer: "Aproveitemos o tempo, enquanto é o tempo próprio para trabalhar na salvação".

j) Em que consiste "realizar as obras" daquele que enviou Jesus? (v. 4)

O plano eterno de Jesus é a salvação de todos os homens. Jesus é o "enviado do Pai" para realizar em sua pessoa e em sua vida a salvação e a felicidade da humanidade. Foi para isso que ele veio ao mundo: esta é a sua obra divina.

São João já afirmou isto logo no início de seu Evangelho (Jo 1,12): "Mas, aos que crêem em seu nome, deu-lhes o poder de se tornarem filhos de Deus".

A fé e a caridade nos levam à filiação divina e à felicidade eterna.

k) Jesus diz que a noite se aproxima. A que noite se refere?

Partindo da realidade de seu tempo (não havia luz elétrica, como já falamos), quando ninguém podia trabalhar de noite, Jesus afirma que é necessária a luz da fé para fazer atos de salvação. Portanto, quem não crê em Jesus como Enviado do Pai e Salvador dos homens não pode salvar-se: está nas trevas, permanece na noite escura do erro.

O cego de nascença é a imagem desta humanidade ainda não iluminada pela luz de Cristo: pela Fé.

l) Por que Jesus mandou o cego lavar-se na piscina de Siloé? (v. 7)

Siloé, palavra hebraica, significa: Enviado ou Emissário.

Notemos a grande semelhança: o cego, para recuperar a visão, deve lavar-se, por ordem de Jesus, na piscina chamada "Enviado", e começa a ver!

A humanidade, para poder "ver" as obras maravilhosas de Deus, seu plano de salvação e felicidade, precisa também banhar-se no "Enviado do Pai": Jesus.

A fé, a aceitação de Cristo como Enviado do Pai e Salvador, abre nossa vida para uma nova visão de Deus, do Homem e do mundo.

Tudo se torna mais fácil para quem pode enxergar: tudo se torna maravilhoso para quem vê as coisas, o Homem de Deus, iluminado pela luz da fé. O cego, curado por Jesus, é um símbolo da humanidade iluminada por Cristo.

m) Por que o cego curado disse: "O homem chamado Jesus..."? (v. 11)

O cego curado não conhecia Jesus. Para ele, Jesus era um "homem" como os outros, que lhe restituíra a vista, coisa que nenhum outro homem poderia ter feito.

Ele percebera em Jesus alguma coisa mais que um simples homem, mas não podia definir. Mais para a frente, porém, veremos seu comportamento, quando conheceu melhor a Jesus.

De fato, Jesus se apresentava sempre como um simples homem do povo. Não tinha resplendores de luz na cabeça, nem andava pelo mundo rodeado de anjos e glórias.

Era um "homem", mas sua personalidade de homem era tão marcante, suas palavras tão cheias de autoridade que sua presença era notada e admirada.

Nada tinha de esquisito; nada que chamasse a atenção. Não usava roupas extravagantes. Não armava palco para realizar seus prodígios. Era ele e só ele: homem verdadeiro, filho de Deus verdadeiro, onde quer que estivesse.

Por isso, muito bem falou o cego curado: "o homem chamado Jesus..."

n) Por que Jesus fez lama com a saliva? (v. 11)

Jesus queria simplesmente indicar que ele é o autor da natureza e que tudo pode servir para a glória de Deus, quando bem empregado: até um nada, como a saliva e o barro.
Deus não precisa de truques nem de coisas extravagantes para realizar seus planos.
Talvez este gesto de Jesus fosse um anúncio antecipado dos sacramentos e sacramentais, onde os sinais visíveis e comuns são usados por Deus para conceder graças de salvação para os homens.

o) Por que o evangelista São João ressalta que "era sábado" quando Jesus fez lama com a saliva? (v. 14)

A Bíblia nos conta que Deus fez o mundo em seis períodos chamados dias e que no sétimo descansou (Gn 1).
Jesus veio para completar a obra do Pai: continuar, portanto, a criação. Com isso, ele se apresenta como o senhor do sábado.
O sábado, tendo como base a narrativa da criação, foi instituído pela Lei Mosaica. Mas, com o correr dos tempos, foram criadas tantas pequenas leis que se tornava uma tortura o dia de sábado. Ficou transformado em dia de repouso absoluto. Não se podia fazer nada, mas nada mesmo. Não se podia cozinhar. Não era permitido dar alimento aos animais. Não se podia sair de casa, a não ser para ir ao templo.
Até mesmo era discutido se se podia comer o ovo que uma galinha botasse no sábado.
Cristo, por várias vezes, tentou quebrar este formalismo: "O sábado foi feito para o homem, e não o homem para o sábado". E em outra passagem disse: "O Filho do homem é superior ao sábado" (Lc 6,5). E em outra: "Meu Pai continua agindo (no sábado) e eu ajo também" (Jo 5,17).

p) Por que o cego curado diz que Jesus é um profeta? (v. 17)

Profeta não era aquele que anunciava somente as coisas futuras, mas todo aquele que agia em nome de Deus e que confirmava sua pregação com sinais extraordinários, milagres, por exemplo.

O cego estava "vendo o milagre": era, portanto, alguém que agia com poder de Deus. Por isso, não teve medo de dar testemunho de Jesus (embora sem ainda o conhecer), mesmo que isso lhe trouxesse complicações, como veremos mais adiante.

q) Por que os pais do cego curado disseram: "Perguntem a ele. Já tem idade para responder por si mesmo"? (v. 21)

O próprio evangelista São João, nos versículos 22 e 23, dá o motivo: por causas humanas. Eles tinham medo de confessar publicamente o nome de Jesus — eram covardes! Para não se complicarem com os fariseus, procuraram descarregar a responsabilidade no filho.

Talvez internamente eles acreditassem em Jesus, mas não tinham coragem de manifestar sua fé publicamente. Trata-se, aliás, de uma covardia muito generalizada no meio daqueles que se dizem cristãos.

r) O que João quer mostrar com a resposta que os fariseus dão ao curado? (v. 28-30)

O evangelista São João quer mostrar que os verdadeiros cegos são os fariseus; eles são os pecadores, os que se fecham à luz que é Jesus.

Apóiam-se na Lei de Moisés, como sendo a única e eterna, a absoluta, e não vêem Jesus que vem complementar, mostrar seu verdadeiro sentido.

A lei, eles sabem de onde vem: vem de Deus pela boca de Moisés. Mas não sabem de onde Jesus vem. Não sabem de onde vem porque não querem saber, porque não querem ver. Querem permanecer cegos, não enxergando nada mais que a própria pessoa.

s) O homem curado sabia de onde Jesus viera? (v. 29-30)

O milagre acontece para que as pessoas vejam. Vejam além. Vejam a origem divina de Jesus e assim saibam de onde ele vem. Os fariseus, dizendo não saber de onde Jesus vem, estão se chamando de cegos.

O cego é o exemplo daquele que não ficou fechado em si mesmo, pensando que a verdade só está com ele.
Não. Ele viu além. Viu Jesus como Deus, como aquele que deve ser aceito e testemunhado publicamente.
João quer mostrar que, diante de Jesus, há sempre dois partidos: o partido da credulidade, da Luz, da Verdade, e o partido da mentira, das trevas, do pecado da incredulidade. E que esses dois partidos não podem coexistir.
A luta da mentira, do erro, contra a verdade é uma realidade.

t) Qual o testemunho que o curado dá diante dos fariseus a respeito de Jesus? (v. 30-33)

O cego de nascença, curado por Jesus, diz que Jesus é um santo, favorecido por Deus, vindo de Deus, porque só um santo vindo de Deus, da parte de Deus, pode fazer milagres. E, além do mais, fazer o milagre que ele fez! Ao pecador não dá Deus o poder de fazer milagres.
Logo, Jesus não é pecador, mas sim justo e santo, vindo de Deus.
O cego de nascença confessa diante do mundo, da mentira e das trevas que Jesus é Deus, a Verdade. Dá um testemunho público de sua fé, falando da divindade de Jesus.

u) Por que Jesus veio ao mundo? (v. 39)

A única finalidade da vinda de Jesus é tirar os homens das trevas: é chamar todos ao encontro da Verdade, da Luz. Tirar os homens das trevas, da cegueira e levá-los à Luz.
O homem simples, que nada sabia, não conhecia as Escrituras como os fariseus. No entanto, sendo cego, isto é, ignorante, pouco letrado, simples, viu e recebeu a Luz que é Jesus. Esses são cegos, os que não vêem, e que Jesus faz com que vejam. Em Deus devemos colocar toda nossa esperança. Quando nos decidimos pela pobreza diante de Deus, despojados de nós mesmos, começamos a ver melhor e a ser mais de Deus.
Os fariseus, os grandes do mundo, os mestres, que se enchem e se vangloriam de sua cultura, riquezas, sabedoria humana, fazem disso tudo seu Deus. Esses, como o caso dos fariseus que julgam que são os tais e donos da verdade e da sabedoria, são

verdadeiramente cegos: não vêem. Cegos porque não vêem a verdade, que é Deus.
O cego de nascença é o símbolo do homem de fé: aquele que deixa tudo, tudo sofre, partindo ao encontro da Verdade.

4. COMENTÁRIO

O Evangelho é o livro que não envelhece, não fica ultrapassado: sempre é atual, está sempre retratando as situações da humanidade, por mais diversas que sejam.
Vejamos o sentido desta passagem do Evangelho, aplicada a nosso tempo.
Crer ou não crer em Jesus é a questão vital para a humanidade de todos os tempos. Cristo é tão atual hoje como nos dias de sua vida mortal.
Perante ele, o homem não pode ficar indiferente: ou o ama ou o odeia. Ou segue seus ensinamentos e vive sua vida, ou o persegue, tentando destruí-lo.
Analisemos os fatos, comparando-os com os de hoje. Os judeus viram o cego curado, mas duvidaram. Tentaram até negar o fato. Por isso, multiplicaram as perguntas ao cego: por duas ou três vezes fazem com que ele conte e reconte como recuperou a vista. Mas não acreditam nem assim.
Chamam os pais do moço: não acreditam neles também.
Não querem acreditar. Não conseguindo negar o milagre, tentam atribuí-lo ao demônio: "Este homem não vem de Deus, pois não observa o sábado!" (v. 16).
Jesus fizera lama com a saliva em dia de sábado. Portanto, não observara a lei de Moisés! Não podia ser um Enviado de Deus! Tinha de ser um impostor, um pecador público!
Mas "como um pecador poderia realizar tais milagres?" (v. 16). Foi a grande dúvida surgida.
A cegueira dos judeus era muito mais profunda que a do cego de nascença.
Hoje a mesma atitude dos fariseus se repete a cada instante, e de mil maneiras diversas.
Acreditar em Jesus compromete a vida do homem, todas as suas ações.

Se creio de verdade em Cristo, muita coisa terá de tomar rumo diferente em minha vida. A fé é acreditar a todo instante, em todas as circunstâncias. Exige heroísmo.
Não podemos escolher em que acreditar: acreditar só naquilo que não compromete muito, naquilo que não exige mudança de vida. Assim não é possível. Importa crer num Cristo bom e misericordioso, mas crer também num Cristo juiz dos vivos e dos mortos. Crer no céu de felicidade para os bons... mas crer no inferno para os que praticam a iniqüidade.
Crer num perdão generoso de um Deus-bondade, mas crer na maldade do pecado que ofende a este Deus que morreu na cruz!
Crer na Igreja para festas de batizados e casamentos, e crer na Igreja para os compromissos sérios com Deus.
Assim por diante. Teríamos uma infinidade de exemplos.
Guardemos uma verdade para toda a vida: só é verdadeiro cristão aquele que tem força e coragem de ser cristão em todos os lugares, em todas as circunstâncias, perante todas as pessoas, e que vive de acordo com os compromissos assumidos no Batismo.

5. PERGUNTAS PRÁTICAS

1. **Você é assíduo em ler a Palavra de Deus?**
2. **Onde se encontra a Bíblia em sua casa?**
3. **Você tem pena dos que "não sabem o que fazem" ou só sabem criticar os que erram?**
4. **Você usa de argumentos violentos ou sabe ser humilde e bom nas discussões?**
5. **Qual a mensagem bíblica que mais o edifica?**

6. REVISÃO E PLANEJAMENTO DA AÇÃO

7. ORAÇÃO OU CANTO FINAL

5º DOMINGO DA QUARESMA

Jo 11,1-45

A prática dá credibilidade

1. ORAÇÃO INICIAL

2. LEITURA DA BÍBLIA

¹Estava enfermo um homem, chamado Lázaro, residente em Betânia. Betânia era a aldeia onde residiam Maria e Marta, suas irmãs. ²Maria, cujo irmão Lázaro se encontrava enfermo, era aquela que ungiu o Senhor com bálsamo e lhe enxugou os pés com seus cabelos. ³As duas irmãs mandaram dizer a Jesus: "Senhor, aquele a quem amais está enfermo". ⁴Ouvindo isto, Jesus disse: "Esta enfermidade não é de morte, mas para a glória de Deus, a fim de que o Filho de Deus seja glorificado por ela". ⁵Ora, amava Jesus a Marta, a sua irmã e a Lázaro. ⁶Quando ouviu dizer que ele estava enfermo, permaneceu ainda dois dias no lugar onde se encontrava. ⁷Depois disse a seus discípulos: "Voltemos à Judéia". Os discípulos lhe observaram: ⁸"Mestre, ainda agora os judeus procuravam apedrejar-vos e ides voltar para lá?"
⁹Respondeu-lhes Jesus: "Não tem o dia doze horas? Se alguém anda durante o dia, não tropeça, porque vê a luz deste mundo. ¹⁰Mas, se anda durante a noite, tropeça, porque lhe falta luz". ¹¹Disse isto e acrescentou: "Lázaro, nosso amigo, dorme, mas eu vou despertá-lo do sono".
¹²Disseram-lhe seus discípulos: "Senhor, se ele dorme, será salvo". ¹³Mas Jesus tinha falado de sua morte. Eles, porém, julgaram que estivesse falando do adormecimento provocado pelo sono. ¹⁴Jesus, então, lhes disse claramente: "Lázaro morreu. ¹⁵Por vossa causa, eu me alegro de não ter estado lá, para que acrediteis. Mas vamos onde está".
¹⁶Tomé, chamado Dídimo, disse aos outros discípulos: "Vamos também nós para morrermos com ele".
¹⁷Veio Jesus e, quando chegou, Lázaro já tinha sido sepultado quatro dias antes. ¹⁸Betânia distava de Jerusalém cerca de quinze estádios.

¹⁹Muitos dos judeus tinham vindo estar com Marta e Maria, para as consolarem da morte de seu irmão. ²⁰Quando Marta soube que Jesus tinha vindo, foi a seu encontro. Maria ficou em casa sentada. ²¹Disse Marta a Jesus: "Senhor, se estivésseis aqui, meu irmão não teria morrido. ²²Mas eu sei que, ainda agora, tudo o que pedirdes a Deus, Deus vos concederá". ²³Disse-lhe Jesus: "Teu irmão ressuscitará". ²⁴"Eu sei, disse-lhe Marta, que ele ressuscitará, por ocasião da ressurreição que haverá no último dia".
²⁵Disse-lhe Jesus: "Eu sou a ressurreição e a vida: aquele que crê em mim, ainda que tenha morrido, viverá. ²⁶E todo aquele que vive e crê em mim não morrerá jamais. Acreditas nisto?" ²⁷"Sim, Senhor, disse ela, eu creio que sois o Cristo, o Filho de Deus, que veio ao mundo".
²⁸Depois de dizer isto, afastou-se e chamou Maria, sua irmã, em segredo, e lhe disse: "O Mestre está aí e te chama".
²⁹Ouvindo isto, Maria levantou-se imediatamente e foi estar com ele.
³⁰Jesus ainda não tinha entrado na aldeia, mas estava no mesmo lugar, onde Marta viera a seu encontro. ³¹Os judeus, que estavam com Maria em casa e a consolavam, quando a viram levantar-se rapidamente e sair, seguiram-na, julgando que fosse ao sepulcro para lá chorar. ³²Logo que Maria chegou ao lugar onde estava Jesus e o viu, caiu a seus pés e lhe disse: "Senhor, se estivésseis aqui, meu irmão não teria morrido".
³³Quando Jesus a viu chorando e notou que também choravam os judeus que tinham vindo com ela, comoveu-se profundamente e encheu-se de perturbação. ³⁴E perguntou: "Onde o colocastes?" "Vinde, Senhor, e vede", responderam eles. ³⁵E Jesus chorou. ³⁶"Vede como ele o amava", disseram os judeus. ³⁷Alguns, porém, dentre eles, disseram: "Não podia este homem, que abriu os olhos do cego, fazer com que Lázaro não morresse?"
³⁸Sentindo novamente profunda comoção, Jesus se dirigiu ao sepulcro. Era uma gruta e sobre ela estava colocada uma pedra.
³⁹Disse Jesus: "Tirai a pedra". Marta, irmã do morto, lhe disse: "Senhor, há quatro dias que está enterrado e já exala mau cheiro".
⁴⁰Respondeu-lhe Jesus: "Não te disse que, se acreditares, verás a glória de Deus?" ⁴¹Tiraram, então, a pedra. Levantando os olhos para o alto, Jesus disse: "Pai, eu vos dou graças, porque me ouvistes. ⁴²Eu sabia que sempre me ouvis, mas falei assim por causa da multidão que está em redor de mim, para que eles creiam que vós me enviastes".
⁴³Dito isto, bradou com voz forte: "Lázaro, vem para fora!" ⁴⁴E o

morto saiu, tendo os pés e as mãos amarrados com faixas e o rosto envolvido em um sudário. Disse-lhes Jesus: "Desamarrai-o e deixai-o ir livre".
⁴⁵Muitos dos judeus que tinham vindo à casa de Maria, tendo visto o que fizera, creram nele.

3. ESCLARECIMENTOS

a) Qual o assunto que São João quer ressaltar nesta narrativa? (v. 3-4)

Toda esta narrativa da ressurreição de Lázaro constitui uma cena completa, com todos os pormenores e riquezas de dados concretos. Servirá para ressaltar uma mensagem muito importante: Jesus dá a vida e é a Ressurreição. Assim, nos primeiros versículos, como introdução, o autor do Evangelho coloca os dados da cena: havia um doente, diz seu nome, onde morava e quem eram suas irmãs.

b) Que lição podemos tirar da atitude das duas irmãs que mandam avisar Jesus da doença de seu irmão? (v. 3)

Toda pessoa que ama Jesus não tem receio de lhe pedir algo, pois está assim demonstrando sua fé e confiança na bondade do Mestre. Por isso, na cena das bodas de Caná, Maria não teve dúvidas ao dizer para seu Filho: "Não têm mais vinho" (Jo 2,3).
Marta e Maria, do mesmo modo, por amar muito a Jesus, lhe mandaram dizer: "Senhor, aquele que amas está doente".
Essas palavras são um ardente pedido, cheio de confiança, para que Jesus venha trazer o restabelecimento a Lázaro.

c) O que o autor quer ensinar, mostrando que Jesus amava seus amigos? (v. 5)

São João faz questão de mostrar o lado humano de Jesus: era um homem que tinha um amigo. Tinha um grande amor aos três irmãos: Marta, Maria e Lázaro. Isso quer dizer que esse amor de Jesus é para todos os homens. É um amor que é a fonte da Vida e da Ressurreição.

d) Por que Jesus esperou ainda dois dias para ir visitar Lázaro? (v. 6-7)

Quando Jesus recebeu a notícia da doença de Lázaro, esperou ainda dois dias para ir visitá-lo. Isso porque a obra de Jesus tem **sua hora,** como nas bodas de Caná: "Ainda não chegou **a minha hora**" (Jo 2,4).
Tudo deve ser feito para a glória do Pai, conforme seu plano.

e) Por que o Evangelho fala que só depois de quatro dias que Lázaro tinha morrido é que Jesus foi à casa dele? (v. 17)

Isto porque os judeus do tempo de Jesus tinham uma crença de que a alma do falecido permanece durante três dias nas proximidades do cadáver. E só tinham certeza da morte após o quarto dia.

f) Qual será a razão dessas palavras de Marta: "Senhor, se tivesses estado aqui, meu irmão não teria morrido"? (v. 21)

Estas palavras de Marta não encerram nenhuma decepção, nenhum rancor contra Jesus. Revelam, isto sim, sua confiança ilimitada na pessoa de Jesus.

g) Qual será o sentido do diálogo de Marta com Jesus? (v. 22-26)

Marta, a princípio, não pensa na possibilidade de uma ressurreição, a não ser a do último dia. Contudo, a palavra de Jesus é bastante clara para a incompreensão de Marta. Este diálogo leva Marta a um ato de fé mais perfeito. Jesus explica: "Eu sou a ressurreição e a vida".
Esta expressão "Eu sou" dá a significação do milagre que Jesus vai realizar.
A ressurreição não é uma coisa longínqua, mas é um fato que acontece agora. Porque Cristo é a Ressurreição e a fonte de Vida, quem está com ele está vivo.
Após terminar o diálogo com Jesus, Marta, apesar de não ter compreendido o significado das palavras de Jesus, faz uma

profissão de fé solene: "Sim, Senhor, eu creio que tu és o Messias, o Filho de Deus vivo, aquele que deve vir a este mundo" (v. 27).

h) Qual a mensagem que o evangelista quer transmitir com a oração de ação de graças feita por Jesus: "Pai, eu te dou graças porque tu me ouviste. Quanto a mim, eu bem sei que tu sempre me ouves, mas falo por causa da multidão que me acompanha, para que eles creiam que foste tu que me enviaste" (v. 41-42). Qual a mensagem que o evangelista nos apresenta?

Neste momento solene de seu último e grande milagre, Jesus não faz a seu Pai um pedido, mas sim um agradecimento. Agradecimento porque naquela hora Jesus estava sendo glorificado.

i) Depois da oração, Jesus chama Lázaro. Que percebemos nesta passagem? (v. 43)

Jesus realiza aí a promessa da Ressurreição. Ele prometeu a Ressurreição e agora dá um exemplo. (Leia em Jo 5,28.) Virá a hora em que todos os que se acham nos sepulcros ouvirão e sairão ao som da voz de Deus.

j) São João relata o milagre da ressurreição de Lázaro. Qual foi a conseqüência desse milagre? (v. 45)

Como de costume, São João nos diz o efeito produzido pelo milagre: muitos creram. Outros se dirigiram às autoridades (fariseus, sacerdotes) a fim de saber dos mesmos o que pensavam sobre o milagre que Cristo tinha realizado. O povo dava muita importância aos pensamentos (avisos, comunicados) oficiais das autoridades.

4. COMENTÁRIO

A narrativa da ressurreição de Lázaro é para nós mais um "sinal", mais um milagre que Jesus faz para despertar nossa fé. Jesus nos pergunta, como perguntou a Marta: "Crês nis-

to?" (Jo 11,26). Já vimos que Jesus só dá a vida eterna a quem crê: "Quem crer terá a vida eterna" (Jo 20,31).
Lázaro é a figura de todo aquele que está em pecado: está morto, dorme, mas não é para sempre. Fica ainda a esperança.
Se acreditamos em Cristo, podemos confiar que ele nos libertará do sono do pecado e nos dará novamente a sua vida, a vida de graça, a verdadeira vida.
Esta é uma das passagens mais comoventes do Evangelho. Jesus mostra seu lado humano, sua amizade, que o leva até o choro. Contudo, o importante não é o fato como tal, mas a mensagem que São João nos quer transmitir. Nossa vida, nossa salvação e ressurreição não é realidade longínqua, mas uma realidade presente hoje.
Se não creio, estou morto. Se minha fé for viva, estou unido a Cristo que é a fonte da Vida.
Nesta passagem aprendemos uma grande lição. A lição do amor. A lição transmitida por aquele que recebeu o seguinte recado: "Senhor, aquele que amas está doente".
Aprendamos a lição: que saibamos amar a todos e por todos seremos amados.

5. PERGUNTAS PRÁTICAS

1. **O que é a morte para você?**
2. **Jesus vive em você? Sua presença é a presença dele?**
3. **Jesus é seu alimento?**
4. **O que significa a missa sem comunhão para você?**
5. **Você tem verdadeira fé? Como é?**

6. REVISÃO E PLANEJAMENTO DA AÇÃO

7. ORAÇÃO OU CANTO FINAL

DOMINGO DE RAMOS

Mt 27,11-54

Bendito o que vem!

1. ORAÇÃO INICIAL

2. LEITURA DA BÍBLIA

[11]Jesus foi levado diante do procurador. E o procurador perguntou-lhe: "Sois o rei dos judeus?" "Tu o dizes", respondeu-lhe Jesus. [12]Os príncipes dos sacerdotes e os anciãos puseram-se a acusá-lo, mas ele não respondeu. [13]"Não ouvis, pergunta-lhe Pilatos, quantas acusações graves fazem contra vós?" [14]Não lhe respondeu Jesus uma só palavra, pelo que o procurador ficou vivamente admirado. [15]Por ocasião da festa da Páscoa, costumava o procurador conceder ao povo a libertação do preso que escolhessem. [16]Tinham, então, no cárcere um preso famoso, chamado Barrabás. [17]Disse Pilatos aos que se achavam reunidos: "A quem quereis que eu conceda liberdade? A Barrabás ou a Jesus que se chama Cristo?" [18]Sabia que por inveja é que o tinham entregado. [19]Nesta hora, estando ele assentado no tribunal, sua esposa mandou-lhe dizer: "Nada exista entre ti e este justo, porque sofri muito hoje em sonho por causa dele". [20]Os príncipes dos sacerdotes e anciãos persuadiram ao povo que pedisse a libertação de Barrabás e fizesse condenar Jesus. [21]Quando, pois, o procurador se dirigiu a eles e perguntou: "Qual dos dois quereis que vos liberte?" Responderam: "Barrabás". [22]Diz-lhes Pilatos: "Que farei então de Jesus, que se chama Cristo?" "Seja crucificado", respondem todos. [23]"Mas, pergunta o procurador, que mal praticou?" Eles, porém, gritavam cada vez mais alto: "Seja crucificado!" [24]Reconhecendo Pilatos que nada conseguiria e que o tumulto se tornava maior, mandou buscar água e lavou as mãos na presença do povo, declarando: "Eu sou inocente do sangue deste justo. Somente a vós cabe a responsabilidade". [25]E todo o povo respondeu: "Que o seu sangue caia sobre nós e sobre nossos filhos!" [26]Com isto, libertou-lhes Barrabás. E entregou Jesus para ser crucificado, depois de o ter mandado açoitar. [27]Os soldados do procurador levaram Jesus para o pretório e reu-

niram em torno dele toda a corte. ²⁸Despiram-no e vestiram-lhe um manto cor de púrpura. ²⁹Trançaram uma coroa de espinhos e colocaram-na sobre sua cabeça, fazendo-o segurar uma vara com a mão direita. Dobravam o joelho diante dele e o escarneciam, dizendo: "Salve, rei dos judeus!" ³⁰Cuspindo nele, tomavam-lhe a vara e com ela lhe batiam na cabeça.

³¹Depois de o escarnecerem assim, tiraram-lhe o manto de púrpura, vestiram-no com suas próprias vestimentas. E levaram-no para crucificar. ³²Ao sair da cidade, encontraram um homem de Cirene, chamado Simão, e o requisitaram para levar a cruz. ³³E chegaram ao lugar denominado Gólgota, que quer dizer "lugar do crânio". ³⁴Deram-lhe a beber vinho misturado com fel, mas quando o provou não quis beber. ³⁵Depois que o crucificaram, dividiram entre si suas vestimentas, lançando sortes. ³⁶Sentaram-se ali para fazer guarda. ³⁷E colocaram acima de sua cabeça, por escrito, o motivo de sua culpa: "Este é Jesus, o Rei dos Judeus". ³⁸Ao mesmo tempo foram crucificados com ele dois ladrões: um à direita e outro à esquerda. ³⁹E os que iam passando blasfemavam contra ele, sacudindo suas cabeças ⁴⁰e dizendo: "Vós que destruís o templo e o reedificais em três dias, salvai-vos a vós mesmo! Se sois o Filho de Deus, descei da cruz". ⁴¹Do mesmo modo, os príncipes dos sacerdotes também o insultavam, gracejando juntamente com os escribas e anciãos: ⁴²"Salvou os outros e não pode salvar a si mesmo! É o rei de Israel, desça agora da cruz e acreditamos nele! ⁴³Confiou em Deus. Que Deus o liberte agora, se o ama! Pois ele disse: "Eu sou Filho de Deus". ⁴⁴Também os ladrões, que tinham sido crucificados junto com ele, dirigiram-lhe os mesmos ultrajes. ⁴⁵Mas desde a sexta hora até a hora nona houve trevas sobre toda a terra. ⁴⁶Perto da hora nona, Jesus gritou com voz forte, dizendo: "Eli, Eli, lemá Sabactáni?", isto é: "Meu Deus, meu Deus, por que me abandonaste?" ⁴⁷Ouvindo isto, alguns dos que estavam ali presentes diziam: "Ele está chamando Elias".

⁴⁸E logo um deles, correndo, tomou uma esponja, embebeu-a de vinagre, prendeu-a na ponta de uma vara e oferecia-lhe para beber. ⁴⁹Mas os outros diziam: "Deixa, vejamos se Elias vem para libertá-lo". ⁵⁰Jesus, porém, tornando a gritar com voz forte, entregou o espírito. ⁵¹No mesmo instante o véu do templo rasgou-se em duas partes, de alto a baixo, a terra tremeu, partiram-se as pedras, ⁵²abriram-se os sepulcros e muitos corpos de santos, que tinham morrido, ressuscitaram ⁵³e, saindo dos túmulos, depois da Ressurreição de Jesus, vieram à cidade santa e apareceram a muitas pessoas. ⁵⁴O centurião e os

que com ele guardavam Jesus, ao verem o terremoto e tudo o mais que estava acontecendo, ficaram muito amedrontados e disseram: "De fato, este era Filho de Deus!"

3. ESCLARECIMENTOS

a) O que significa a escolha de Barrabás? (v. 21)

Os judeus tinham acusado Jesus de subversivo. Mas Pilatos, não vendo culpa em Jesus, propõe soltá-lo na Páscoa.
Os judeus, porém, querem Barrabás que era subversivo. São incoerentes. Condenam Jesus e o malfeitor era Barrabás. Eles fazem a "sua" verdade!
Os judeus exercem sobre o Governador uma pressão vitoriosa, após longa resistência. Que contraste! É evidenciado aí o mistério do pecado, que é um mistério de ódio e maldade. O amor liberta. O pecado escraviza. A escolha de Barrabás significou uma repulsa pública à missão popular de Cristo. Foi uma preferência cega e irracional às criaturas e um consciente repúdio ao amor que liberta.

b) Por que Pilatos mandou açoitar Jesus? (v. 26)

Pilatos representa o Estado Romano. Mas, por detrás de figura de César, estão os Estados de todo o mundo e de todos os tempos. O absoluto só é Cristo: tudo o mais é relativo. Pilatos o mandou açoitar! Queria reduzir Jesus a um estado que provocasse compaixão e apresentá-lo assim ao povo, para o livrar. Todavia, também esse expediente não só não surtiu efeito, mas até se transformou em terríveis sofrimentos para ele.
Na flagelação de Jesus, não se guardou nenhum respeito. Essa é também nossa atitude cada vez que livre e voluntariamente aceitamos o pecado, renovando assim a crucifixão, os sofrimentos de nosso Redentor.

c) Por que Jesus recebeu um manto, uma coroa e uma vara? (v. 27-30)

Os soldados, para zombar de Jesus, o despojaram de suas vestes e impuseram-lhe um manto bordado de vermelho, como usavam os antigos reis. Por diadema lhe impuseram sobre a cabeça uma coroa de espinhos. Por cetro real, dão-lhe uma vara. Em seguida, prostram-se diante dele como diante de um rei. Por que isso tudo? Porque Jesus é Rei. O mundo das trevas condena e recusa Jesus. Jesus é o Rei paradoxal, o palhaço que se torna o Senhor do mundo e da História.

d) O que levou Pilatos a se assustar mais e mais? (v. 14)

A prudência de Jesus e sua conduta em todo o processo, as respostas tão cheias de verdade com que contestou suas perguntas, os mil detalhes que denotavam que Jesus era um ser extraordinário fazem com que Pilatos tema. Ele estava impressionado com a atitude de Jesus e convencido de sua inocência. Ouvindo dizer que Jesus se declarava "Filho de Deus", teve medo. Medo de que, condenando Jesus, ofendesse alguma divindade.

Para bem compreendermos este receio, devemos lembrar que Pilatos era pagão e os pagãos acreditavam na existência de divindades que tinham corpo como os homens, e que se uniam em matrimônio, conforme se vê nas fábulas mitológicas. Por isso, desde aquele momento, o medo de Pilatos aumentou. Ele não sabia o que fazer. De um lado tem medo do povo. Por outro, teme o castigo dos deuses.

Condenará Jesus, mas fará constar que faz isso contra sua vontade, declarando-se inocente de seu sangue e fazendo ver que não é ele, mas os judeus os responsáveis por esta morte.

e) Pilatos encontrou alguma culpa em Jesus? Qual sua atitude? (v. 22-26)

Pilatos reconhece publicamente a inocência de Jesus.
Está disposto a colocá-lo em liberdade. Mas não se atreve a agir. Tem medo dos judeus e fariseus. De algum modo, quer agradar aos judeus. Procura uma fórmula intermediária que salve sua consciência e agrade a todos. Surge a covardia! Não quer condenar um inocente, mas também não se atreve a enfrentar os judeus. A covardia o leva ao crime! Reconhece que

Jesus é inocente e o castiga. São frutos da injustiça! A maldade de um grupo perverso vale-se da covardia de uma autoridade para cometer males irreparáveis.

f) Cristo levou a cruz. Que mensagem ele traz para nós? (v. 31)

"E levaram-no para o crucificar!" Jesus inocente nos dá o exemplo e nos deixa uma herança.
"Quando nasci me disse uma voz: Tu nasceste para carregar a tua cruz. Eu, chorando, a cruz abracei. Que do céu destinada me foi. Depois olhei, olhei e olhei: todos carregam a cruz na terra!" (Parzanese)
"Carregou-a Jesus inocente por amor de ti. Carrega-a também tu em expiação dos teus pecados e por amor dele."
Jesus Cristo nos ensina a levar com resignação as cruzes desta vida. Todos temos de levar a cruz. Queiramos ou não, temos de sofrer. Mas levar a cruz com desespero para quê? Desse modo não se consegue mérito algum. Devemos levá-la com resignação, como Cristo. Ela pesa menos e nos abrirá as portas do céu. A resignação é um lenitivo nas dores, um bálsamo que mitiga nossas penas e cura nossas feridas. Ao ver Cristo levar a cruz por nós, bem que podemos nos animar a levá-la por seu amor. Cristo é um estímulo. Quando nossas forças estiverem por desfalecer, olhemos para Cristo carregando a cruz por amor a nós e teremos forças para seguir o seu caminho.

g) Por que Pilatos colocou aquela inscrição ? (v. 37)

Porque era costume entre os romanos. No caminho do suplício anunciavam o delito dos sentenciados, dando a conhecer o nome e a pátria do criminoso. Isso era anunciado de viva voz ou mediante a inscrição numa tábua branca. Esta tábua era depois fixada na cruz. A inscrição de Jesus estava escrita em três línguas: latim, que era a língua dos administradores; grego, a língua das pessoas cultas e dos peregrinos; hebraico, a língua falada na Palestina.

h) Em que sentido a túnica de Jesus é símbolo da unidade da Igreja? (v. 35)

Os soldados sempre tinham direito aos despojos dos condenados. O manto, ou capa, era o vestido exterior, que constava de quatro pedaços, costurados e unidos uns aos outros (Dt 22,12). Assim, os soldados não tiveram de fazer mais que descosturá-los e reparti-los entre si.

A túnica era uma figura da Igreja: indivisível e una na fé e na caridade. A Igreja é una por vontade de seu divino fundador. Una com unidade de doutrina, de mandamento, de vida e de autoridade. Separar-se da doutrina, da vida, dos mandamentos ou da autoridade da Igreja é pretender rasgar essa túnica inconsútil. Nós não temos direito de rasgar essa unidade, de nos afastarmos de Deus.

4. COMENTÁRIO

"E levaram-no para o crucificar!" É o exemplo divino que nos dá Jesus inocente e a herança que deixa aos bons. A realeza de Jesus é proclamada ao mundo. As Escrituras se cumprem. Todas as profecias se realizam ao pé da letra. Deus se serve dos homens para o cumprimento de seus planos providenciais. Depois das injúrias da noite anterior e do tormento da flagelação e coroação de espinhos, após ter perdido já muito sangue, Jesus carregou a cruz para merecermos o perdão de nossos pecados.

Precisamos aceitar a cruz na mortificação e penitência para que sejam perdoados nossos pecados.

"Carregou-a Jesus inocente por amor de ti. Carrega-a também tu em expiação dos teus pecados e por amor dele."

A religião cristã é a religião dos paradoxos. Nosso rei é um injustiçado. Seu trono é uma cruz. O madeiro da cruz — desprezo para os gentios e escândalo para os judeus — converteu-se em sinal de glória e de triunfo. Não podemos entender as coisas de Deus com critérios humanos. O que para os homens é motivo de desprezo, Deus converte em exaltação e triunfo. Jesus nos ensina a levar com resignação a cruz desta

vida. Todos temos a nossa. Queiramos ou não. E levá-la com desespero para quê? Que mérito se consegue? Levada com resignação ela pesa menos e nos abre as portas do céu.
Ao ver Cristo levar a cruz por nós, bem que podemos nos animar a levá-la por seu amor. Cristo é um estímulo. Quando nossas forças estiverem por desfalecer, olhemos para ele carregando a cruz por amor a nós. Teremos forças para seguir seu caminho.

5. PERGUNTAS PRÁTICAS

1. **Você sofre fisicamente?**
2. **O que é mais difícil, o sofrimento físico ou o espiritual?**
3. **Nos momentos difíceis, você se lembra de se colocar nas mãos de Deus?**
4. **Sabe agradecer a Deus pelos benefícios recebidos?**
5. **Você é daqueles que de vez em quando diz que "Deus o abandonou"?**

6. REVISÃO E PLANEJAMENTO DA AÇÃO

7. ORAÇÃO OU CANTO FINAL

PÁSCOA DA RESSURREIÇÃO

Jo 20,1-9

Ressurreição libertadora

1. ORAÇÃO INICIAL

2. LEITURA DA BÍBLIA

¹No primeiro dia da semana, de madrugada, quando ainda estava escuro, Maria Madalena foi até o túmulo (em que sepultaram Jesus). Viu que a pedra tinha sido afastada do túmulo.
²Ela correu e foi procurar Simão Pedro e o outro discípulo, aquele que Jesus amava. E disse-lhes: "Tiraram do túmulo o Senhor e não sabemos onde puseram!"
³ Então Pedro e o outro discípulo saíram e foram até lá. ⁴Ambos corriam. Mas o outro discípulo correu mais depressa que Pedro e chegou primeiro ao sepulcro. ⁵Abaixando-se, ele viu as faixas caídas no chão. Mas não entrou.
⁶Pedro, que vinha atrás, chegou e entrou no túmulo. Viu as faixas caídas no chão ⁷e viu também o pano que tinha sido colocado sobre a cabeça de Jesus. Esse pano não estava com as faixas caídas no chão; estava dobrado e colocado noutro lugar.
⁸Foi então que entrou também o outro discípulo, que tinha chegado primeiro ao túmulo. Ele viu e começou a crer.
⁹Pois eles ainda não tinham compreendido a Escritura, segundo a qual Jesus devia ressuscitar dos mortos.

3. ESCLARECIMENTOS

a) A que dia se refere a expressão "no primeiro dia da semana"? (v. 1)

O primeiro dia da semana é o nosso domingo. Os judeus numeravam os dias da semana por primeiro, segundo etc. Exceto o último que chamavam de sábado. Sábado significa descanso. Era o dia de descansar. Depois, em homenagem à Ressurreição de Cristo, o dia de descanso passou a ser domingo, que significa "Dia do Senhor".

b) O que significa a frase: "ao terceiro dia ressurgiu dos mortos"?

É uma passagem do "Credo", oração que rezamos nas missas dominicais. Com essas palavras queremos dizer que acreditamos que, ao terceiro dia depois de sua morte, Jesus Cristo, por virtude própria, reuniu de novo a alma com o corpo, ressurgindo glorioso e imortal.

c) Por que Maria Madalena diz que "tiraram o Senhor"? (v. 2)

"Tiraram...", assim o supõe falando humanamente. A hipótese da Ressurreição só entrava no plano sobrenatural e não ocorre às mulheres nem aos homens.

Maria Madalena vai com as outras mulheres ao sepulcro. Quando se dá conta de que está removida a pedra e que o sepulcro está vazio, sem pensar na profecia da Ressurreição, antes temendo que tivessem roubado o corpo de Cristo, cheia de angústia, deixa suas companheiras e corre apressada a anunciar o acontecimento aos discípulos.

Ela diz que tiraram o Senhor porque essa foi a primeira impressão que teve. Não se lembrou, no momento, de que Cristo disse que haveria de ressuscitar.

d) Por que João e Pedro foram correndo ao sepulcro? (v. 3)

Pedro e João vão ao sepulcro ver se é verdade a notícia que lhes foi dada por Maria Madalena. Querem se certificar de tudo. Ela tinha explicado o sepulcro vazio como se tivesse havido um roubo.

e) Os discípulos acreditaram logo na Ressurreição?

O sepulcro vazio foi averiguado não apenas por Madalena e suas companheiras, mas ainda por dois dos principais Apóstolos. Aquele sepulcro vazio, mas com os panos e o sudário deixados em boa ordem e arrumadinhos, dava aos discípulos de Cristo a pista, por assim dizer, para que chegassem à percepção do mistério, pela fé, como de fato aconteceu. Eles começaram a crer na Ressurreição.

Pela descrição do estado em que os Apóstolos encontraram os panos que envolviam o corpo de Cristo, João insinua um indício positivo para que tirassem a verdadeira conclusão. Não no sentido de algum roubo ou assalto, mas no sentido de algo que tenha ocorrido na esfera do sobrenatural.

f) Pedro corre à procura de Cristo (v. 3). Houve um momento em que ele fez o contrário?

Pedro corre para junto de Cristo. Dias antes ele fizera o contrário: havia negado o Mestre! Tinha dito que não o conhecia. Quando perguntaram se ele também era um dos discípulos de Cristo, Pedro disse que não (cf. Jo 18,25). Agora ele corre para junto do Mestre com confiança. Conhece a misericórdia infinita de Cristo e está seguro do perdão.
Com esta mesma confiança devemos correr ao Senhor, embora muitos e graves sejam nossos pecados.
A misericórdia de Deus é muito maior que todas as nossas iniqüidades.

g) É possível fazer uma descrição da Ressurreição de Cristo?

Jesus Cristo tinha declarado diversas vezes que ressuscitaria ao terceiro dia depois de sua morte. Os discípulos não entenderam. Estavam acostumados a ouvir Jesus falar em parábolas. Imaginavam que o que dizia de sua Ressurreição podia também significar de modo figurado outra coisa.
Há um ensinamento muito importante: a Ressurreição de Cristo é um fato impossível de se descrever. Mas é possível de ser averiguado em suas conseqüências. É possível ser atingido pela fé. Precisamos viver o Cristo glorioso e triunfante.

h) É suficiente um esforço natural para entendermos as coisas de Deus?

Jesus havia profetizado claramente sua Ressurreição. Sem dúvida, os apóstolos não o haviam entendido, como o confessa o

próprio evangelista São João. Somente agora, quando o Senhor lhes dá uma luz especial, se recordam da promessa de Cristo e crêem em sua palavra.
Não basta um esforço natural para entendermos as coisas de Deus. Nem podemos julgá-las com critério natural e humano. É necessária a ajuda de Deus para entendermos sua palavra, e é necessário um critério sobrenatural para julgarmos retamente.

i) Podemos fazer uma comparação entre a morte e Ressurreição de Cristo e nossa vida?

Cristo ressuscitou. Nossa fé é divina. Suas promessas são reais. Também nós ressuscitaremos e reinaremos com ele eternamente no céu.
Cristo ressuscitou, venceu a morte e o pecado. Como ele, também nós podemos vencer, com sua graça.
Cristo ressuscitou. O fracasso aparente se converteu na maior das vitórias. Os fracassos aparentes da Igreja e nossos próprios fracassos se converterão também em vitórias.
Nosso ideal é seguir Jesus Mestre não só na humilhação, na oração, no trabalho, no sofrimento e na morte, mas também na ressurreição, na ascensão ao Céu e na sua vida gloriosa no Paraíso. Depois da prova, o prêmio e a felicidade nos esperam.

4. COMENTÁRIO

A Ressurreição libertadora de Cristo foi necessária:
a) para nos mostrar a justiça de Deus;
b) para confirmar nossa fé, sem a qual não pode subsistir a justificação do homem;
c) para alimentar e sustentar nossa esperança: havendo Cristo ressuscitado, alimenta-nos a esperança certa de ressurgirmos também nós, pois os membros devem seguir a sorte da cabeça;
d) para cumprir o mistério de nossa Redenção, porque Cristo, morrendo, nos livrou dos pecados, mas, ressurgindo, restituiu-nos aqueles preciosos bens que tínhamos perdido com a culpa, com o pecado.

Se queremos aumentar nossa fé, se queremos penetrar nos mistérios de Deus, se queremos que a luz de Deus nos ilumine, procuremos conservar sempre puro nosso coração. Ele nos levará ao conhecimento das verdades de Deus, de sua grandeza e misericórdia... nos libertará.

5. PERGUNTAS PRÁTICAS

1. **Como você celebra a Páscoa?**
2. **Quando você se alimenta de Cristo na Eucaristia?**
3. **Você vê a presença de Deus nos acontecimentos da vida?**
4. **Como foi sua Semana Santa?**
5. **Você pode dizer que sua presença transmite paz, alegria e otimismo?**

6. REVISÃO E PLANEJAMENTO DA AÇÃO

7. ORAÇÃO OU CANTO FINAL

2º DOMINGO DA PÁSCOA

Jo 20,19-31

Paz, paz que vem do Amor!

1. ORAÇÃO INICIAL

2. LEITURA DA BÍBLIA

[19]Na tarde do dia da ressurreição, que era o primeiro da semana, estando fechadas, por medo dos judeus, as portas do local onde os discípulos estavam reunidos, entrou Jesus, colocou-se no meio deles e disse-lhes: "A paz esteja com vocês!" [20]E, dizendo isto, mostrou-lhes as mãos e o lado.
Quando os discípulos o viram, ficaram cheios de alegria.
[21]Jesus disse-lhes, então, de novo: "A paz esteja com vocês! Como o Pai me enviou, também eu os envio".
[22]Depois dessas palavras, soprou sobre eles e lhes disse: "Recebam o Espírito Santo. [23]Aqueles a quem perdoarem os pecados, ser-lhes-ão perdoados; àqueles a quem não perdoarem, não lhes serão perdoados". [24]Tomé, um dos Doze, chamado Dídimo, não estava com eles quando Jesus lhes apareceu.
[25]Os outros discípulos falaram para ele: "Vimos o Senhor!" Mas Tomé retrucou: "Se eu não vir o sinal dos pregos nas suas mãos, não puser meu dedo no lugar deles e não colocar minha mão no seu lado, não acreditarei".
[26]Oito dias depois, os discípulos estavam novamente reunidos no mesmo local, e Tomé estava com eles. As portas se achavam fechadas e Jesus entrou, colocou-se no meio deles e os saudou: "A paz esteja com vocês!" [27]Em seguida disse a Tomé: "Veja minhas mãos! Ponha aqui seu dedo! Estenda sua mão, coloque-a no meu lado, e acredite e não seja mais incrédulo!"
[28]Tomé respondeu: "Meu Senhor e meu Deus!"
[29]Disse-lhes Jesus: "Tomé, você acreditou porque me viu; felizes aqueles que acreditaram sem ter visto!" [30]Jesus fez ainda, na presença dos discípulos, muitos outros sinais, que não se acham escritos neste livro. [31]Estes foram escritos para que acreditem que Jesus é Cristo, o Filho de Deus, e, acreditando, tenham vida no seu nome.

3. ESCLARECIMENTOS

a) Por que os discípulos permanecem escondidos, com as portas fechadas? (v. 19)

A notícia do sepulcro vazio e a calúnia de que o corpo havia sido roubado pelos discípulos de Jesus (Mt 28,13) já deviam estar circulando por Jerusalém. Por isso, os discípulos estão com medo e se ocultam, "às portas fechadas". Estão com medo de que os persigam por serem discípulos de Cristo. O fato de as portas estarem fechadas serve para declarar o poder e a glória de Jesus ressuscitado. Atravessou as portas pelo seu poder divino. O mesmo poder que fazia passar o corpo de Jesus através das portas fechadas torna o mesmo corpo realmente presente no Santíssimo Sacramento da Eucaristia.

b) O que significa a expressão de Jesus: "A paz esteja com vocês"? (v. 19)

Era a saudação usada entre os judeus. Jesus usa as mesmas palavras que dissera antes de morrer: "Deixo-vos a paz, a minha paz vos dou" (Jo 14,27). O primeiro fruto da morte redentora do Senhor foi trazer a paz aos corações angustiados. Jesus transmite a grande mensagem pascal. O Senhor é o Deus da Paz, é o Rei pacífico.

No seu nascimento, os anjos anunciaram a paz de Deus aos homens. Antes de sua paixão o Senhor já nos prometera que nos deixaria a paz. Agora, vencedor da morte e mensageiro da vida, confirma sua promessa: anuncia a paz aos Apóstolos e a todos nós.

c) É possível ter paz no sofrimento?

A paz do Senhor é superior a toda alegria e felicidade terrena. Sua paz satisfaz plenamente o coração do homem porque o aproxima do modelo supremo que é Deus. O homem foi feito à imagem e semelhança de Deus. Quando o Senhor visita uma alma, mesmo que seja com perturbações, com enfermidades, com dor, com sacrifício, sempre a saúda com estas palavras: "A paz esteja com você". E a Palavra de Cristo, por ser Palavra de Deus, faz sempre o que diz e produz a paz mesmo entre as maiores aflições e dores.

d) Com que finalidade Jesus envia os Apóstolos? (v. 21)

Para continuarem sua missão, que consiste em glorificar a Deus e salvar os homens. É a missão confiada aos discípulos pelo Ressuscitado. Como nosso Salvador foi enviado pelo Pai à terra, assim os Apóstolos e os discípulos foram enviados por Jesus Cristo a todo o mundo.

A finalidade deles era edificar e aperfeiçoar a Igreja com seu ministério. A mesma missão que o Verbo encarnado recebeu do Pai ele confere agora aos Apóstolos. Em nome e com a autoridade de Jesus, eles vão exercer esta missão. Cristo anuncia que eles vão ser seus "enviados", como ele é o Enviado do Pai. É um tema constante nos Evangelhos.

Eles são os "Apóstolos", os enviados. (Mt 28,19; Jo 17,18.)

Aquele que tem todo o poder nos céus e na terra os "envia" agora com uma missão concreta. Vão ser seus enviados com o poder de perdoar os pecados.

e) Que significa este gesto de Cristo soprando sobre os Apóstolos? (v. 22)

Soprou. Gesto simbólico para indicar o dom do Espírito Santo. Com este sinal visível lhes comunica a graça invisível dos dons do Espírito Santo. Mediante o gesto simbólico de soprar sobre eles, quis significar que ia lhes comunicar o Espírito Santo, antecipação parcial do dom de Pentecostes. *Soprou*. É símbolo com o qual se comunica a vida que Deus concede.

Pela penitência Deus vai comunicar seu perdão, que é dar aos homens o "serem filhos de Deus" (Jo 1,12). O poder de perdoar, que é dar vida divina. Por isto, com o sopro simbólico, explica seu sentido, que é que "recebam o Espírito". Deus lhes comunica seu poder e sua virtude para uma finalidade concreta: perdoar os pecados.

f) Com que palavras Jesus instituiu o sacramento da Confissão?

Foi com as palavras do versículo 23: "Àqueles a quem perdoarem os pecados, ser-lhes-ão perdoados; àqueles a quem não perdoarem não lhes serão perdoados". Quando pronunciou estas palavras, os Apóstolos receberam o Espírito Santo. Não foi de modo visível como no dia de Pentecostes, nem com os mesmos efeitos. Aqui Jesus concede somente o poder de perdoar e reter os pecados.

Os sacerdotes, em nome de Jesus Cristo, perdoam aos fiéis os pecados cometidos depois do Batismo. Os fiéis precisam ter as disposições necessárias para receber o perdão.

O sacramento do perdão foi instituído sob um duplo sentido: de paz no Salvador e de alegria, por ser o dia mais alegre da História do mundo (o dia da Ressurreição). Cristo dá a seus Apóstolos o Espírito Santo, ou seja, a graça necessária para cumprirem fielmente a missão que lhes foi confiada.

A Confissão é o sacramento que proclama a misericórdia do Senhor. Somente ele é capaz de desfazer a desordem causada pelo pecado e restabelecer no coração do homem a paz, a alegria e a segurança.

g) Qual foi a atitude de Tomé? (v. 25)

"Se eu não vir... não acreditarei". Tomé estava ausente quando Jesus apareceu aos Apóstolos. Voltando, ouviu dizer que Jesus aparecera. Ouvindo isso, duvidou. Não crê nas palavras de seus companheiros. Duvidando, disse que só acreditaria se tocasse em Jesus com suas mãos. Tocando em Jesus acreditou.

A divina bondade conduziu tudo de maneira admirável para que aquele discípulo, duvidando e tocando assim nas feridas do corpo de seu Mestre, curasse em nós as chagas da incredulidade. Vendo que Tomé é conduzido à fé, nossa mente se fortalece nessa mesma fé.

Tomé impõe condições para crer. Muitas vezes nós também impomos condições a Deus. Mas não nos é lícito querer que Deus se sujeite a nossos caprichos.

h) Podemos dizer que este versículo 29 se refere a nós?

"Felizes aqueles!" Somente os contemporâneos de Jesus puderam vê-lo. Mas os fiéis de todos os tempos terão a mesma felicidade dos Apóstolos. Por meio dos escritos inspirados e do ensino da Igreja terão conhecimento da vida e das obras de

Jesus Cristo. E pelo dom da fé acreditarão que ele é o Messias Salvador, Filho de Deus.
Esta frase é dirigida especialmente a nós, que não o tendo visto na carne, o temos em nossa alma. Precisamos fazer com que nossas obras sejam de acordo com a nossa fé. Só pode dizer que crê aquele que põe em prática o que crê.

4. COMENTÁRIO

O Evangelho de São João, numa admirável síntese teológica, nos mostra Jesus ressuscitado a comunicar, com seu "sopro", o Espírito Santo e o poder de perdoar os pecados.
É um verdadeiro poder exercido pela Igreja no sacramento da penitência. Do mais incrédulo e obstinado dos discípulos de Jesus saiu um dos primeiros, senão o primeiro ato de fé explícita na divindade de Cristo. "Meu Senhor e Meu Deus"! e "Porque me viste, tu crês. Felizes daqueles que não viram e creram" são uma mensagem doutrinária profunda.
O ato de fé exigiu, exigia e continua exigindo o consentimento de nossa inteligência.
Precisamos crer e viver a verdade revelada por Cristo. A fé é conhecer e amar. Cada dia podemos conhecer e amar mais a Cristo.

5. PERGUNTAS PRÁTICAS

1. Como é sua fé?
2. Você já ouviu alguém dizer que não tem fé?
3. O que você faz para que sua fé aumente?
4. O Evangelho é para você fonte de crescimento na fé?
5. Faça um ato de fé em Deus.

6. REVISÃO E PLANEJAMENTO DA AÇÃO

7. ORAÇÃO OU CANTO FINAL

3º DOMINGO DA PÁSCOA

Lc 24,13-35

Companheiro de caminhada

1. ORAÇÃO INICIAL

2. LEITURA DA BÍBLIA

¹³No mesmo dia, dois de seus discípulos se dirigiam a uma aldeia, chamada Emaús, distante de Jerusalém cento e sessenta estádios. ¹⁴Falavam, entre si, sobre os fatos que acabavam de suceder. ¹⁵Enquanto conversavam e expunham mutuamente suas opiniões, aproximou-se o próprio Jesus e seguiu caminho com eles. ¹⁶Seus olhos, porém, estavam como que impedidos e não o reconheceram. ¹⁷E Jesus disse-lhes: "Que assunto é este sobre o qual vocês vêm conversando pelo caminho?" Eles pararam entristecidos. ¹⁸Tomando a palavra, um deles, chamado Cléofas, respondeu: "És tu o único forasteiro em Jerusalém que não ouviste falar dos acontecimentos que lá se deram estes dias?"
¹⁹"Quais?" perguntou Jesus. Responderam-lhe: "A respeito de Jesus de Nazaré, que foi um profeta poderoso, em obras e em palavras, diante de Deus e diante de todo o povo; ²⁰e como os sumos sacerdotes e os nossos magistrados o entregaram para ser condenado à morte e o crucificaram.
²¹Nós esperávamos que fosse ele o libertador de Israel, mas, apesar de tudo isso, já faz três dias que tudo isso aconteceu!
²²É verdade que algumas mulheres nos assustaram. Foram, de madrugada, ao sepulcro ²³e não encontraram seu corpo. Voltaram até dizendo que tinham visto anjos que apareceram e lhes declararam que ele está vivo. ²⁴Alguns dos nossos foram ao sepulcro e lá reconheceram ser exato o que as mulheres tinham dito; mas a ele, não o encontraram".
²⁵E ele lhes disse: "Ó insensatos e tardos de coração para crer tudo o que disseram os profetas! ²⁶Não era necessário que o Cristo sofresse estas coisas e assim entrasse em sua glória?" ²⁷Começando desde Moisés e percorrendo todos os profetas, interpretou para eles todas as passagens das Escrituras, que lhe diziam respeito. ²⁸Aproxima-

ram da aldeia para onde se encaminhavam, mas ele simulou que ia para mais longe. ²⁹Eles, porém, forçaram-no a parar, dizendo: "Fica conosco, porque já cai a tarde e o dia vai declinando". Entrou para ficar com eles. ³⁰Quando estavam à mesa, tomou o pão, benzeu-o, partiu-o e começou a entregar-lhes. ³¹Abriram-se-lhes, naquele instante, os olhos e o reconheceram. Mas ele desapareceu diante de seus olhos. ³²Disseram um ou outro: "Não é que sentíamos o coração abrasado, enquanto falava conosco no caminho e nos explicava as Escrituras?" ³³Levantando-se na mesma hora, voltaram a Jerusalém. Lá encontraram reunidos os onze e os outros companheiros, ³⁴os quais lhes disseram: "O Senhor de fato ressuscitou e apareceu a Simão". ³⁵Os dois, por sua vez, narravam o que acontecera na viagem e como o tinham reconhecido, ao partir o pão.

3. ESCLARECIMENTOS

a) Para onde caminhavam os dois discípulos quando Jesus apareceu a eles? (v. 13-15)

Caminhavam para uma aldeia chamada Emaús. Essa passagem do Evangelho narra a mais extensa aparição de Jesus. É uma narração repleta de circunstâncias, de grande vivacidade e psicologia.

b) Os discípulos de Emaús reconheceram logo Jesus? (v. 16)

Não. O evangelista São Lucas escreve que "seus olhos estavam impedidos". Não reconheceram Jesus e prosseguiram animados nas discussões. Os discípulos de Emaús demonstravam uma fé limitada. Jesus apareceu a eles sob outra forma e assim teve oportunidade de mostrar-lhes que tudo o que tinha acontecido servia para confirmar suas palavras.

c) Por que os discípulos de Emaús disseram "forasteiro"? (v. 18)

Chamaram Jesus de forasteiro, para logo afirmarem que ele era o único em Jerusalém a ignorar o que acontecera. O único a não saber de nada! Isso eles dizem depois que todos tinham fugido e deixado Jesus só!

d) O que os discípulos de Emaús demonstraram na conversa? (v. 21)

Demonstraram uma grande decepção. Um discípulo diz claramente: esperavam que Jesus libertasse o povo de Israel dos males que o oprimiam e o libertasse do poderio romano. Acreditavam que ele seria rei como os reis da terra. Tinham esperança de que Jesus escaparia da morte. Nada disso acontecendo, caminhavam tristes e desanimados. Já havia passado três dias da morte de Jesus. Esse espaço de três dias foi como que o ponto final de todas as esperanças.

e) Qual a advertência que Jesus faz aos dois discípulos? (v. 26)

Depois de ouvir as lamentações dos dois discípulos, Jesus começa a instruí-los. Lembra a eles que o Messias só poderia tomar posse da glória que merecera, depois de passar pelos sofrimentos da paixão e morte. Jesus recorda a eles que tudo isso já tinha sido anunciado muito antes pelos profetas. Justamente os acontecimentos que preocupavam os discípulos é que deveriam contribuir para lhes fortificar a fé, pois constituíam a realização das profecias.

f) O que Jesus explicou aos dois discípulos que caminhavam para Emaús? (v. 27)

Ao caminhar, Jesus lhes explicava as Escrituras. As Escrituras, naquela época, compreendiam só os livros do Antigo Testamento. A pregação feita por Jesus em seu ministério público era em grande parte baseada nelas. Ele interpretava as Escrituras com um saber e autoridade que não tinham os escribas e fariseus (Mt 7,29). Jesus mostrava como as palavras dos profetas se realizavam de fato.

g) Quando Jesus deu a entender que continuaria a viagem, o que disseram os discípulos? (v. 29)

"Fica conosco, Senhor." Jesus queria fazer o bem aos dois discípulos. Fingiu precisar ir além, para que com isso os discípulos o convidassem a ficar com eles. E os discípulos, desejosos de continuar a ouvir suas palavras, pedem que ele permaneça.

h) Quando os dois discípulos reconheceram Jesus? (v. 30-31)

No começo das refeições, os judeus tinham o costume de benzer o pão com uma fórmula própria. Durante a caminhada os discípulos não reconheceram Jesus; e não o reconheceram também quando explicava as Escrituras. Mas, agora, pelo modo como benze e parte o pão e o distribui, os discípulos reconhecem a Jesus. Os discípulos tinham participado da multiplicação dos pães (Lc 9,16; Mt 14,19; 15,36; Mc 6,41.8,6) e logo puderam notar a identidade de seus gestos. Por isso o reconheceram.

i) Em Jerusalém, a quem Jesus já tinha aparecido? (v. 34)

A Simão. Simão Pedro foi o primeiro dos apóstolos a entrar no sepulcro e certificou-se de que Jesus realmente ressuscitara. Foi também o primeiro a quem Jesus apareceu. Simão mereceu ser a primeira testemunha, pois por primeiro tinha confessado que Jesus era o Cristo. Apareceu-lhe por primeiro também porque Pedro o tinha negado; e, com isso, o consolou.

4. COMENTÁRIO

Os dois discípulos que iam a Emaús conheciam o testemunho das mulheres, de Pedro e João, que tinham ido ver o sepulcro. Contudo, não acreditavam na ressurreição. Esperavam que Jesus fundasse um reino neste mundo e se decepcionaram com os acontecimentos. Embora tenham perdido as esperanças, fazem bom conceito de Jesus e o amam. E Jesus lhes dá um prêmio, colocando-se no meio deles.

Os discípulos de Emaús não reconhecem a Jesus quando ele se aproxima e os acompanha. Reconhecê-lo-ão depois. Jesus surge em nossa vida de diferentes formas: uma enfermidade, um fracasso, um êxito, uma alegria, mil circunstâncias de vida. A nossos olhos falta luz para perceber essa presença. Jesus conhece a causa da tristeza dos discípulos. Conhece também nossos desejos e ambições, nossas necessidades e misérias. Colocou a oração como meio de conseguirmos os remédios para nossos males. Os dois discípulos mostram-se inconseqüentes. Reconhecem que Jesus é profeta, que é poderoso em obras e palavras diante de Deus e dos homens. Sabem que Jesus profetizou sua Ressurreição para o terceiro dia. Mas estão tristes e não crêem na Ressurreição.

Essa inconseqüência dos discípulos de Emaús acontece muitas vezes em nossa vida. Cremos em Jesus, mas nos tornamos pessimistas. Sabemos que Deus é Pai, mas desconfiamos dele, temendo que nos abandone. Sabemos que Jesus ampara a todos e facilmente desanimamos diante das dificuldades.

Jesus recompensa a boa vontade dos discípulos que o convidaram a ficar com eles. Eles o reconheceram. Jesus agradece sempre a boa vontade dos que o buscam e, como recompensa, manifesta seu poder e misericórdia. Se o procurarmos com boa vontade, sempre o encontraremos. Se queremos estar com ele, sempre o teremos entre nós. Se insistirmos que permaneça em nossa companhia, ele residirá em nossos corações.

5. PERGUNTAS PRÁTICAS

1. **Quando Deus se manifesta em sua vida?**
2. **Você se desespera facilmente ou confia em Deus?**
3. **Você sabe encontrar a força de sua fé na Eucaristia?**
4. **Você faz como os discípulos de Emaús: caminha desanimado pelo mundo afora?**
5. **Você vê Deus presente e lhe falando através dos acontecimentos da vida?**

6. REVISÃO E PLANEJAMENTO DA AÇÃO

7. ORAÇÃO OU CANTO FINAL

4º DOMINGO DA PÁSCOA

Jo 10,1-10

Um só rebanho e um só pastor!

1. ORAÇÃO INICIAL

2. LEITURA DA BÍBLIA

¹"Em verdade, em verdade vos digo: Quem não entra pela porta do aprisco das ovelhas, mas sobe por outra parte, é ladrão e salteador. ²Quem entra pela porta é o pastor das ovelhas. ³A este o porteiro abre, e as ovelhas ouvem sua voz. Chama suas ovelhas pelo nome e as faz sair. ⁴Depois de tirar todas as suas ovelhas, caminha diante delas. As ovelhas o seguem, porque lhe conhecem a voz. ⁵Não seguirão um estranho, mas fugirão dele, porque não conhecem a voz dos estranhos."
⁶Jesus lhes dirigiu esta parábola, mas eles não compreenderam o que lhes estava dizendo. ⁷Por isso novamente Jesus lhes disse: "Em verdade, em verdade digo que eu sou a porta das ovelhas. ⁸Todos aqueles que vieram antes de mim são ladrões e salteadores, e as ovelhas não os escutaram. ⁹Eu sou a porta. Se alguém entrar por mim, será salvo. Entrará e sairá e encontrará pastagens. ¹⁰O ladrão não vem senão para roubar, matar e destruir. Eu vim para que as ovelhas tenham vida e a tenham em abundância".

3. ESCLARECIMENTOS

a) Que significa a expressão: "Em verdade, em verdade"? (v. 1)

Cada povo e cada civilização tem seu modo de se expressar. E, quando querem que os outros acreditem com mais segurança em suas palavras, usam de expressões conhecidas e aceitas por todos, para reforçar o que vão falar. Assim nós dizemos: "Palavra de homem!" Outras vezes fazemos até juramentos: "Juro por Deus!" Com estas expressões queremos dizer que estamos certos de que o que falamos é verdade. Jesus usou também as expressões de seu tempo: "Em verdade, em verdade" era o modo típico de se fazer um juramento no tempo de Jesus. Com isso ele queria que o povo prestasse mais atenção e desse mais crédito a suas palavras.

b) Que significa "Pastor"? (v. 2)

Pastor é a pessoa que tem sob seus cuidados um rebanho de ovelhas. A figura do pastor cuidando de seu rebanho remonta à mais longínqua antigüidade: "Caim era lavrador, Abel era pastor" (Gn 4,2).

Numa civilização primitiva e ainda não industrializada, a profissão mais comum era o cuidado do campo e das criações.

c) Qual o relacionamento entre o pastor e as ovelhas? (v. 3)

As ovelhas reconhecem sua voz e ele chama cada uma pelo nome e as leva para fora. O pastor conhece cada ovelha e sabe do que cada uma precisa.

O pastor se adapta às necessidades das ovelhas; leva-as para as pastagens férteis e para as aguadas. Ele carrega em seus ombros os cordeirinhos novos ou fracos; procura os que se desgarraram do rebanho (Mt 10,6.15,24).

d) Por que o pastor vai à frente do rebanho? (v. 4)

O pastor é o homem interessado em seu rebanho. Vai à frente para mostrar-lhe o caminho e defendê-lo de todos os perigos. O pastor é ao mesmo tempo chefe e amigo. Chefe porque é um homem forte e corajoso que arrisca sua vida, se for necessário, para defender seu rebanho contra animais ferozes. Amigo porque é bondoso para com suas ovelhas. Sua autoridade sobre o rebanho é indiscutível, porque nasce de sua dedicação e de seu amor.

e) Por que a história que Jesus contou não foi entendida? (v. 6)

Não entendiam o significado. Não compreenderam que Jesus se comparava ao bom pastor. E, ao mesmo tempo que pensavam nos pastores, pensavam nos fariseus e nos chefes espirituais de Israel, egoístas e interesseiros.

f) A quem Jesus se compara? E quem são as ovelhas? (v. 7)

Jesus se compara ao bom pastor e compara os fiéis a ovelhas. Durante o dia, as ovelhas pastavam livremente vigiadas pelos pastores. À noite eram recolhidas em cercados espaçosos, construídos no meio dos campos. As cercas eram de paus fincados e às vezes de pedras. À entrada ficava um porteiro. Pela manhã, o pastor as fazia sair novamente.

g) Por que Jesus se apresenta como a porta das ovelhas? (v. 7)

Ele é o caminho único pelo qual se pode entrar no Reino de Deus. O pastor abre a porta para as ovelhas. Jesus abre as portas, ele é o caminho que nos leva ao Pai.

h) Todos os que viveram antes de Jesus eram maus? (v. 8)

Aqui Jesus se refere àqueles que vieram separadamente dele e em contrário. Refere-se aos que negavam o Filho de Deus: os escribas e fariseus.

Ao lado desses, havia os precursores de Jesus e todos aqueles que eram justos e esperavam pelo Messias.

i) Quem poderá entrar e sair e achar pastagens? (v. 9)

Essa frase se aplica de modo particular aos pastores. Significa que por Jesus os pastores são guiados em todos os seus passos e podem entrar e sair livre e seguramente do aprisco, e nele recolher o rebanho, ou daí o conduzir para os campos.

O mesmo que faz o pastor com o rebanho fará com as almas o apóstolo de Cristo, oferecendo-lhes sempre e em toda a parte a vida eterna e os meios de santificação.

j) Quais são as ovelhas que ainda não pertencem ao rebanho de Jesus?

São todos os homens, toda a humanidade que ainda não chegou ao perfeito conhecimento de Jesus e de sua missão salvadora: Deus é pai e pastor de todos os homens, mesmo daqueles que ainda não o conhecem ou não ouvem sua voz.

k) Que devemos fazer por estas "ovelhas"?
A missão da Igreja de Cristo, que somos nós, é trabalhar para que todos cheguem ao conhecimento da verdade e da salvação. Isto só se realizará de modo perfeito no fim do mundo quando Deus "for tudo em todos"; mas a Igreja e seus membros devem trabalhar para que isto se realize para o maior número de pessoas. É a nossa grande missão.

4. COMENTÁRIO

O trecho do Evangelho que temos diante de nós agora é uma comparação. Jesus usava deste modo de falar, porque era o mais compreensível para seus ouvintes. Partindo de situações e coisas concretas da vida de cada dia, Jesus queria ensinar sua doutrina de salvação.

Assim como um rebanho fica aos encargos e cuidados de uma pessoa, da mesma maneira nós somos guiados e protegidos por Jesus.

Jesus é o bom Pastor: o caminho seguro e certo para toda a humanidade. Jesus é a "Porta", isto é, o caminho certo para encontrarmos a salvação. Quem crê em Jesus como Filho de Deus e Enviado do Pai entra para o "aprisco", isto é, coloca-se em segurança contra as falsas doutrinas que envenenam a inteligência e corrompem o coração.

As condições que Cristo aponta nesta parábola para sabermos se pertencemos a ele são:
• *entrar pela Porta que é Cristo (v. 7)*
• *ouvir o chamado de Cristo (v. 3)*
• *seguir a Cristo (v. 4)*
• *ter a Vida de Cristo (v. 10).*

5. PERGUNTAS PRÁTICAS

1. Jesus é nosso Pastor. Cuida de cada um. Você é grato por isso?
2. Deus chamou você para uma missão no mundo. Qual é?
3. Você reserva tempo e contexto para escutar a voz de Deus?
4. Você centra toda a sua vida em Deus?
5. Você se preocupa com aqueles que vivem longe do Rebanho de Cristo?

6. REVISÃO E PLANEJAMENTO DA AÇÃO

7. ORAÇÃO OU CANTO FINAL

5º DOMINGO DA PÁSCOA

Jo 14,1-12

Não se perturbem!

1. ORAÇÃO INICIAL

2. LEITURA DA BÍBLIA

Jesus disse aos seus discípulos: [1]"Não se perturbem seus corações. Vocês crêem em Deus; creiam em mim também. [2]Na casa de meu Pai há muitas moradas. Se não fosse assim, eu lhes teria dito, pois vou preparar-lhes um lugar. [3]Depois de ir e de lhes preparar um lugar, voltarei para levá-los comigo; assim, onde eu estiver, vocês estarão também.
[4]Vocês bem sabem para onde vou e conhecem o caminho". [5]"Senhor, disse-lhe Tomé, não sabemos para onde vais; como podemos conhecer o caminho?"
[6]Jesus lhe respondeu: "Eu sou o Caminho, a Verdade e a Vida. Ninguém chega ao Pai a não ser por meu intermédio. [7]Se vocês me conhecessem, conheceriam também a meu Pai. Mas vocês já o conhecem e já o viram". [8]"Senhor, disse-lhe Filipe, mostra-nos o Pai, e isto nos basta."
Disse-lhe Jesus: [9]"Filipe, nós convivemos há tanto tempo e você ainda não me conhece? Quem me viu, viu o Pai! Como é que você pode dizer: 'Mostra-nos o Pai'?
[10]Então você não crê que eu estou no Pai e que o Pai está em mim? Não vêm de mim as palavras que eu lhes digo: o Pai que está em mim, ele é quem realiza estas obras. [11]Creiam: Eu estou no Pai e o Pai em mim; creiam ao menos por causa destas obras. [12]Na verdade, eu lhes digo: Quem crê em mim também fará as obras que eu faço. E fará até maiores, porque eu vou para junto do Pai".

3. ESCLARECIMENTOS

a) Por que Jesus recomenda aos Apóstolos que não se perturbem? (v. 1)

O anúncio da traição de Judas, da partida de Jesus e da negação de Pedro tinham perturbado os Apóstolos.

Jesus quer aumentar neles a fé em sua pessoa.
Todo este trecho falará da necessidade da fé em Jesus.
Por causa dos fatos inesperados que aconteceram com rapidez, os Apóstolos ficaram perturbados. Jesus os consola, exortando-os à confiança. Eles devem crer em Deus e por isso nele também, pois é uma só coisa com o Pai.

b) Como Jesus tranqüiliza os Apóstolos? (v. 2)

Jesus os tranqüiliza lembrando-lhes que na casa do Pai há muitas moradas. Após os perigos das tentações, estarão com Deus para sempre. Cada um, conforme seu mérito, terá um lugar junto ao Pai. Lá há lugar para todos, mas é necessário ter plena confiança.

c) Jesus diz que voltará para nos levar com ele. Quando se dará isso? (v. 3)

Aqui não se trata de alusão ao juízo final, não. Trata-se do momento de nossa morte. É o acolhimento amável que Jesus fará a cada um de seus amigos, quando nos chamar para irmos para junto do Pai.

d) Jesus diz que seus discípulos conhecem o caminho para onde ele vai. Qual é? (v. 4)

Jesus fala assim, mas os discípulos ainda não sabiam perfeitamente. Poderiam, contudo, compreender de algum modo pelos ensinamentos de Jesus. O caminho é praticar tudo o que ele lhes ensinou.

e) O que Jesus responde a Tomé? (v. 6)

Eu sou o Caminho, a Verdade e a Vida. Com essa resposta, Jesus afirma ainda uma vez a sua divindade.
De fato, só Deus pode falar assim.
Jesus é o caminho do céu por ser a verdade por essência. É a verdade por ser a vida, a perfeição infinita, o princípio de vida. Jesus, Deus e homem, é o único caminho para se ir ao Pai. Os Apóstolos, conhecendo Jesus, sua doutrina e suas obras, pela fé conhecem o Pai.

f) Como Jesus é o Caminho? (v. 6)
Dizendo "Eu sou o Caminho", Jesus quer afirmar que só ele nos conduz ao Pai. Ele é o Caminho, isto é, não há outro. Ele explica muito bem isso, ao dizer: "Ninguém chega ao Pai, a não ser por meu intermédio".

g) Como Jesus é a Verdade? (v. 6)
A palavra "verdade" é usada aqui no sentido bíblico, que é diferente do sentido comum e atual dessa palavra. Significa: revelação.
Dizendo "Eu sou a Verdade", Jesus quer afirmar que ele é a única revelação do Pai. Não há outro meio de conhecermos algo sobre Deus e o sobrenatural a não ser por Jesus Cristo.
Isso porque somente Jesus Cristo é, ao mesmo tempo, "Verbo em Deus" e "carne". Um anjo não nos podia falar de Deus porque anjo é espírito e nós, sendo "carne", não temos comunicação com espíritos. Também um homem não nos podia falar de Deus porque, sendo "carne", não há possibilidade de ver a Deus, que é espírito. Portanto, só Jesus, que é ao mesmo tempo espírito perfeitíssimo e o "Verbo em Deus" que se fez carne, pode falar-nos de Deus.

h) Como Jesus é a Vida? (v. 6)
Dizendo "Eu sou a Vida", Jesus está afirmando que não só "abre a cortina" para vermos a Deus, mas àqueles que crêem ele comunica a vida de Deus.
A vida de Deus é a vida de união entre o Pai, o Filho e o Espírito Santo, um só Deus.
A participação na vida de Deus nos fará também amar tanto que seremos um só.

i) Há alguma relação entre esses três termos? Uma pessoa, que está longe de Jesus e que está a caminho da salvação, o que encontra primeiro: o "Jesus Caminho", o "Jesus Verdade" ou o "Jesus Vida"?
Encontra-se primeiro o "Jesus Verdade". É só pela fé na revelação de Jesus que os homens recebem a vida. O "Jesus Caminho" é conseqüência das duas primeiras.

Jesus colocou o "caminho" em primeiro lugar porque estava falando de sua partida. Em ordem cronológica, Jesus diria assim: "Eu sou a Verdade. Se alguém crê em mim como Verdade, eu lhe dou a Vida. E, para este, eu sou o Caminho para o Pai.

j) Qual a advertência que Jesus faz a Filipe? (v. 9)

"Quem me viu, viu o Pai." Jesus mostra aos discípulos que eles poderiam conhecer muito bem o que diziam ignorar. Jesus quer lembrar a Filipe que bastava conhecê-lo como Filho de Deus e ouvir o que ensinava, admirar suas obras, receber seus ensinamentos e colocar em prática, pois tudo era obra do Pai.

k) O que Jesus prometeu a seus discípulos? (v. 12)

"Quem crer fará obras..." Jesus faz grandes e extraordinárias promessas aos Apóstolos. Eles farão obras mais importantes ainda do que aquelas que ele mesmo fez. Um exagero, é claro. A rápida difusão da Igreja sobre a Terra é um exemplo.
Jesus volta ao Pai, mas garante aos Apóstolos que o Pai ouvirá todas as súplicas que forem feitas com confiança e em seu nome. Unidos a Cristo, os discípulos conseguirão muita coisa, pois Jesus está junto ao Pai.

4. COMENTÁRIO

A mensagem central deste texto está resumida no versículo 6: "Eu sou o Caminho, a Verdade e a Vida. Ninguém vai ao Pai senão por mim". Jesus disse que os discípulos sabiam. Tomé diz que ignoram. Jesus convence-os de que, embora pensassem ignorar, o sabiam muito bem. Por isso acrescenta: "Eu sou o Caminho, a Verdade e a Vida". É como se dissesse:
"Para onde queres ir? Eu sou o Caminho".
"Para onde queres ir? Eu sou a Verdade."
"Onde queres permanecer? Eu sou a Vida."
A verdade e a vida, todo homem as compreende. Mas o caminho, nem todos o acham. Vimos que nós estamos a caminho da salvação, encontramos primeiro o "Jesus Verdade", isto é, o "Jesus revelador". Se crermos na sua revelação, ele nos fará participantes de sua vida. Se temos Jesus como nossa verdade

e nossa vida, ele será o nosso caminho para o Pai. E não há outro meio de o termos como caminho a não ser crendo nele como verdade e participando de sua vida.

5. PERGUNTAS PRÁTICAS

1. **Você respeita igualmente a todos ou faz distinção de pessoas?**
2. **Suas palavras e sua vida transmitem a verdade de Deus?**
3. **Sua vida é verdadeiramente cristã?**
4. **Em sua vida diária, você testemunha publicamente sua fé?**
5. **Em que ocasiões você reza?**

6. REVISÃO E PLANEJAMENTO DA AÇÃO

7. ORAÇÃO OU CANTO FINAL

6º DOMINGO DA PÁSCOA

Jo 14,15-21

O Espírito dá Vida

1. ORAÇÃO INICIAL

2. LEITURA DA BÍBLIA

Jesus disse a seus discípulos:
^{15}"Se vocês me amam, guardarão meus mandamentos. ^{16}Eu rogarei ao Pai e ele lhes dará outro intercessor que ficará para sempre. ^{17}É o Espírito da Verdade, que o mundo não pode receber porque não o vê nem o conhece. Mas vocês o conhecem porque ele está e permanece em cada um de vocês.
^{18}Não os deixarei órfãos. Eu voltarei. ^{19}Em breve o mundo já não me verá, mas vocês me verão porque eu vivo e também vocês viverão e ^{20}poderão compreender que eu estou no Pai e vocês estão em mim, assim como eu estou em vocês.
^{21}Quem recebe os meus mandamentos e os guarda, esse é que me ama. E aquele que me ama é amado por meu Pai. Eu também o amarei e hei de manifestar-me a ele".

3. ESCLARECIMENTOS

a) Qual a atitude de quem ama a Jesus? (v. 15)

Guardará seus mandamentos. É assim que se demonstra amor para com Deus. Observando os mandamentos, fazendo obras em misericórdia, seguindo os conselhos do Evangelho, manifestando nosso amor a Jesus.

b) Quem o Pai enviará e ficará para sempre? (v. 16)

O Pai irá enviar outro intercessor, o Espírito Paráclito. O termo Paráclito, intercessor, exprime a idéia de uma assistência dada aos fiéis, como a de um advogado que encoraja seus clientes e defende suas causas. Portanto, designa não a natureza, mas a função de alguém.

Cristo diz que pedirá ao Pai que dê outro "paráclito", outro intercessor, em sua ausência.
Jesus é um intercessor, o nosso defensor no céu, junto ao Pai.
O Espírito intercessor vai continuar a obra de Cristo e levá-la à plenitude.
Nesse sentido, o Espírito Santo é a testemunha de Jesus, enquanto concretiza o que Cristo manifestou. O Espírito manifesta a verdade, que suscita o amor. Tal ato já foi feito por Cristo. Ele, porém, não repete a obra de Cristo, mas a atualiza. Faz a Palavra de Jesus tornar-se Vida. O Espírito intercessor aparece como o enviado pelo Pai a pedido de Jesus.

c) Por quem Jesus rogará? (v. 15-16)

Por aqueles que o amarem. O Espírito Santo é um motivo de conforto para os Apóstolos. E Jesus o enviará àqueles que derem sinais de verdadeiro amor, rogará por aqueles que o amam de verdade.

d) Que significa "Espírito da Verdade"? (v. 17)

Este é outro nome do Espírito Santo. Tem uma missão de ensinar. Como Deus ensina a verdade pura. Sua ação se processa no interior da pessoa para levá-la ao ensinamento de Cristo, a verdade total.
Os discípulos de Jesus estão dispostos a receber as lições do "Espírito da Verdade". Vivendo fiéis ao mandamento, eles demonstram que estão sendo orientados pela Verdade do Espírito. E não estariam na Verdade se o Espírito não estivesse com eles lhes comunicando. O Cristo veio ao mundo manifestar a Verdade e a Verdade é a Revelação do Pai. Jesus, revelando-se, revela o Pai e sua vida em união com o Pai.

e) Por que o mundo não pode receber o Espírito da Verdade? (v. 17)

O mundo, no sentido pejorativo usado por São João, é o homem preso às paixões, mundano, animalizado.
São aqueles que só desejam o que é material e vivem apegados à mentira. Esses não têm condições de receber o Espírito da Verdade.

f) O que é o Espírito Santo e o que ele realiza na Igreja? (v. 17)

O Espírito Santo é como que a alma da Igreja. Ele a vivifica com sua contínua assistência, mantendo-a unida a si. Com seus dons dirige-a infalivelmente no caminho da verdade e da santidade. Quem ama a Cristo o recebe. Quem o despreza o afasta. Quem está com ele está bem. Quem dele se afasta não tem paz.

g) Jesus estará sempre com seus discípulos? (v. 20)

Jesus não se contentou em enviar aos Apóstolos outro intercessor, mas ficará com eles. Viverão participando da vida divina, e por meio do Espírito Santo.

h) Quem ama a Jesus? (v. 21)

Quem recebe seus mandamentos. A observância dos mandamentos é o ponto essencial para esta íntima união. A prova do amor são as obras.

i) Como Jesus se manifestou? (v. 21)

Jesus se manifestou dando a cada um nesta vida um conhecimento mais claro de seus atributos divinos e concedendo-lhe no céu o gozo de sua presença.

4. COMENTÁRIO

São João mostra que a vinda do Filho do Homem se realiza na Missão do Espírito, que consiste em concretizar a Verdade e o Amor que o Filho manifestou.

Amar a Jesus é guardar seus mandamentos. Amar uma pessoa é unir-se a sua vontade. O amor, que não é acompanhado de obras, não é verdadeiro. Importa cumprir os mandamentos e seguir sua vontade em todas as coisas, nas fáceis e nas difíceis, nas que nos agradam e nas que nos desagradam.

A perfeição de nosso amor será medida pela dedicação no cumprir os mandamentos do Senhor.

O Espírito comunica aos homens o Pai e o Filho, a realidade divina. Neste sentido, o Espírito é chamado o "Espírito da Verdade" porque realiza no mundo a realidade de Deus que é a Verdade.

Esta Verdade comunicada suscita o Amor, isto é, a união de Deus com os homens e conseqüentemente a realização do homem. Neste sentido o Espírito Santo é chamado de "intercessor".
Jesus promete o Espírito Santo. Nos primeiros tempos, a infusão do Espírito nas almas se manifestava por meio de sinais exteriores. Hoje não. Mas nossa alma continua a ser templo do Espírito Santo. E o Espírito é nosso intercessor, santificador e consolo; nossa fortaleza, defesa e proteção.
"Não os deixarei órfãos." Com essas palavras, Jesus alude diretamente à sua Ressurreição, depois da qual será visto por seus discípulos que se convencerão de que sua separação não é definitiva.
Os discípulos verão a Jesus depois de sua Ressurreição. Vê-lo-ão com os olhos da fé durante os dias de sua vida, e, no céu, depois da morte.
Vemos a Jesus não com os olhos físicos, mas com os olhos da alma. Nós o vemos em seus ministros, nos pobres. Nós o vemos em todos os acontecimentos da vida. Nós o vemos no Espírito que por nós intercede.

5. PERGUNTAS PRÁTICAS

1. **Você se considera verdadeiramente templo do Espírito Santo?**
2. **Deus está sempre presente em seu querer, amar, sofrer, temer, esperar, viver?**
3. **A natureza lhe fala de Deus?**
4. **Você reza pedindo que Deus lhe aumente a fé?**
5. **É fácil crer?**

6. REVISÃO E PLANEJAMENTO DA AÇÃO

7. ORAÇÃO OU CANTO FINAL

ASCENSÃO DO SENHOR

Mt 28,16-20

Anunciadores do Evangelho!

1. ORAÇÃO INICIAL

2. LEITURA DA BÍBLIA

[16]Os onze discípulos partiram para a Galiléia, para junto do monte que Jesus tinha indicado. [17]Quando o viram, prostraram-se. Entretanto, alguns duvidaram. [18]Jesus aproximou-se deles e disse: "Eu recebi todo o poder, no céu e na terra. [19]Vão e ensinem a todos os povos, batizando-os em nome do Pai, do Filho e do Espírito Santo, [20]ensinando-os a observar tudo o que eu ordenei. E eu estarei sempre com vocês, até o fim do mundo".

3. ESCLARECIMENTOS

a) Por que os discípulos se prostraram por terra? (v. 17)
Prostraram-se em sinal de adoração. Com esse ato, reconheciam a realidade da Ressurreição de Jesus e reconheciam também a divindade de sua pessoa.

b) Por que alguns duvidaram? (v. 17)
O evangelista fala aqui da dificuldade que os Apóstolos sentiram em crer na Ressurreição de Jesus. Alguns duvidaram, diz o evangelista. Começaram a acreditar só depois de repetidas aparições que Jesus lhes proporcionou.
Os Apóstolos acreditaram e anunciaram a Ressurreição de Cristo, não devido a um entusiasmo fácil e passageiro, mas com base na crença a que foram levados por Jesus.

c) Jesus tem poder sobre o quê? (v. 18)
"Todo o poder." Jesus fala como Homem de Deus a quem o Pai deu todo o poder, merecido com a sua morte e ressurreição.

Jesus afirma com autoridade de quem tem todos os poderes, inclusive o de poder transmiti-lo.

d) A quem Jesus transmite poderes? Quais?

Jesus transmite aos Apóstolos os poderes necessários para que cumpram a missão que receberam. É o momento em que recebem a grandiosa missão de propagar o Reino de Deus. Esses mesmos poderes depois os Apóstolos iriam transmitir a seus sucessores.

e) Qual é a primeira ordem que Jesus lhes dá? (v. 19)

"Partam." Jesus dá a entender que ele tem todo o poder. E usa este poder enviando seus discípulos. A missão que recebiam era importante. Mas eles deviam ir sem temer, porque quem lhes dava a missão era onipotente e dera provas disso ressuscitando.

f) O que o Batismo realiza em nós? (v. 19)

Pelo sacramento do Batismo, os homens se tornam membros da Igreja e participam dos méritos alcançados por Jesus.
O Batismo é o sacramento que nos torna cristãos, isto é, discípulos de Jesus, Filho de Deus.

g) O que significa batizar "em nome do Pai, do Filho e do Espírito Santo"? (v. 19)

Batizar em nome de alguém quer dizer consagrar-lhe, submeter à sua obediência e autoridade. Aqui Jesus lembra claramente o mistério da Santíssima Trindade: Pai, Filho, Espírito Santo. Jesus recorda a unidade da natureza divina.
Batizar em nome da Santíssima Trindade significa que somos unidos espiritual e corporalmente a Jesus. Como Jesus está em união íntima e perfeita com o Pai e o Espírito Santo, pelo Batismo somos consagrados à Santíssima Trindade: vivemos sob a autoridade e o poder de Deus e participamos de sua graça.

h) Jesus manda batizar e o que mais? (v. 20)

Manda ensinar. Como Senhor do Universo, Jesus confere aos Apóstolos a missão, o dever e o direito de ensinar. Devem ensinar não só aos judeus, mas a todos os povos da terra, sem exceção. Nenhuma autoridade humana poderá impedir que ensinem.

O ensinamento e o Batismo conferido pela autoridade e pela virtude divina do Filho e do Espírito Santo fazem com que os homens passem a pertencer à Igreja.

i) Basta acreditar ou é necessário fazer alguma coisa mais? (v. 20)

Só a fé não basta. Jesus manda que os Apóstolos ensinem a todos, não só a crerem no que ele revelou, mas a guardarem todos os preceitos que impôs. Não é um ensinamento teórico, mas uma verdadeira norma de vida. Importa não só acreditar, mas também observar tudo o que é necessário para se viver conforme a fé.

j) Jesus promete alguma coisa? (v. 20)

"Estarei com vocês!" Jesus dá, a seus discípulos e sucessores deles, o poder de ensinar os mistérios da fé, administrar os sacramentos, publicar e fazer cumprir os preceitos evangélicos. Jesus lhes dá tal missão e poder porque é Deus. Para que exerçam fielmente e com confiança essa missão, Jesus promete permanecer com eles de maneira invisível, mas real e eficaz, até o fim dos tempos.

É assim que surge a Igreja com seu magistério vivo, perpétuo e infalível. A presença de Jesus foi e será sempre o apoio àqueles que assumirem a missão de levar a mensagem do Evangelho aos homens. Contando com o auxílio de Jesus, a Igreja realiza "até o fim do mundo" a missão que lhe foi confiada.

4. COMENTÁRIO

Jesus transmite seus poderes aos Apóstolos e confia-lhes sua missão. A Igreja de Cristo é, por sua natureza, essencialmente

missionária. Ser cristão é participar da expansão missionária da Igreja. Todos somos Igreja! Este é o momento de cada um fazer um sério exame de consciência sobre o modo como tem vivido sua vocação missionária. Somos, também nós, responsáveis pelo crescimento do Reino de Deus. Não se pode admitir um cristão indiferente, apático, tranqüilo.
Uma multidão imensa de pessoas, nossos irmãos, ainda não recebeu a mensagem salvadora de Cristo. A grandeza da tarefa de levar a mensagem a todos exige nossa cooperação.
Temos o mundo para ser evangelizado, e Cristo nos envia como Apóstolos.
A Fé, que nasce da evangelização, é necessária para a salvação e é oferecida a todos os povos.
Todo cristão, enquanto discípulo de Cristo, recebe esta ordem para que se preocupe com o anúncio do Evangelho ao mundo. Mãos à obra, pois.

5. PERGUNTAS PRÁTICAS

1. **Deus está em primeiro lugar em sua vida?**
2. **Você é grato a Deus por tudo que tem ou só sabe pedir mais e mais?**
3. **Quando você faz o sinal da cruz?**
4. **Você anuncia o Evangelho a seu próximo? Em que circunstâncias?**
5. **O que é o Batismo para você? Quando foi batizado?**

6. REVISÃO E PLANEJAMENTO DA AÇÃO

7. ORAÇÃO OU CANTO FINAL

DOMINGO DE PENTECOSTES

Jo 20,19-23

Dar e receber perdão!

1. ORAÇÃO INICIAL

2. LEITURA DA BÍBLIA

[19]Foi na tarde do primeiro dia daquela semana. As portas da casa, onde estavam os discípulos, estavam fechadas porque eles tinham medo dos judeus. Entrou Jesus, colocou-se no meio deles e lhes disse: "A paz esteja com vocês!"
[20]Dizendo isto, mostrou-lhes as mãos e o lado. Os discípulos ficaram alegres ao ver o Senhor. [21]Jesus falou-lhes de novo: "A paz esteja com vocês! Como meu Pai me enviou, assim também eu os envio". [22]Depois de dizer isto, soprou sobre eles e lhes falou: "Recebam o Espírito Santo! [23]A quem vocês perdoarem os pecados, os pecados ficarão perdoados. A quem vocês não perdoarem, os pecados não ficarão perdoados".

3. ESCLARECIMENTOS

a) Por que os discípulos permanecem escondidos, com as portas fechadas? (v. 19)

A notícia do sepulcro vazio e a calúnia de que o corpo havia sido roubado pelos discípulos de Jesus (confira Mt 28,13) já deviam estar circulando por Jerusalém. Por isso, os discípulos estão com medo e se ocultam, "às portas fechadas". Estão com medo de que os persigam por serem discípulos de Cristo. O fato de as portas estarem fechadas serve para declarar o poder e a glória de Jesus ressuscitado. Atravessou as portas pelo seu poder divino. O mesmo poder que fazia passar o corpo de Jesus através das portas fechadas torna o mesmo corpo realmente presente no Santíssimo Sacramento da Eucaristia.

b) O que significa a expressão de Jesus: "A paz esteja com vocês"? (v. 19)

Era a saudação usada entre os judeus. Jesus usa as mesmas palavras que dissera antes de morrer: "Desejo-vos a paz, a minha paz vos dou" (Jo 14,27). O primeiro fruto da morte redentora do Senhor foi trazer a paz aos corações angustiados. Jesus transmite a grande mensagem pascal. O Senhor é o Deus da Paz, é o Rei pacífico. No seu nascimento, os anjos anunciaram a paz de Deus aos homens. Antes de sua paixão o Senhor já nos prometera que nos deixaria a paz. Agora, vencedor da morte e mensageiro da vida, confirma sua promessa: anuncia a paz aos Apóstolos e a todos nós.

c) É possível ter paz no sofrimento?

A paz do Senhor é superior a toda alegria e felicidade terrena. Sua paz satisfaz plenamente o coração do homem porque o aproxima do modelo supremo que é Deus. O homem foi feito à imagem e semelhança de Deus. Quando o Senhor visita uma alma, mesmo que seja com perturbações, com enfermidades, com dor, com sacrifício, sempre a saúda com estas palavras: "A paz esteja com você!"

E a Palavra de Cristo, por ser Palavra de Deus, faz sempre o que diz e produz a paz mesmo entre as maiores aflições e dores.

d) Com que finalidade Jesus envia os Apóstolos? (v. 21)

Para continuarem a missão de Cristo, que consiste em glorificar a Deus e salvar os homens. É a missão confiada aos discípulos pelo ressuscitado. Como nosso Salvador, foi enviado pelo Pai à terra; assim os Apóstolos e os discípulos foram enviados por Jesus Cristo a todo o mundo. Sua finalidade era edificar e aperfeiçoar a Igreja com seu ministério. A mesma missão que o Verbo encarnado recebeu do Pai ele confere agora aos Apóstolos. Em nome e com a autoridade de Jesus eles vão exercer esta missão.

Cristo anuncia que eles vão ser seus "enviados", como ele é o Enviado do Pai. É um tema constante nos Evangelhos.

Eles são os "Apóstolos", os enviados. (Confira Mt 28,19; Jo 17,18.) Aquele que tem todo o poder nos céus e na terra os "envia" agora com uma missão concreta. Vão ser seus enviados com o poder de perdoar os pecados.

e) Que significa este gesto de Cristo, soprando sobre os Apóstolos? (v. 22)

Soprou. Gesto simbólico para indicar o dom do Espírito Santo. Com este sinal visível lhes comunica a graça invisível dos dons do Espírito Santo. Mediante o gesto simbólico de soprar sobre eles, quis significar que ia lhes comunicar o Espírito Santo, antecipação parcial do dom de Pentecostes. Soprou. É o símbolo com o qual se comunica a vida que Deus concede. Pela penitência, Deus vai comunicar seu perdão, que é dar aos homens o "serem filhos de Deus" (Jo 1,12): o poder de perdoar, que é dar vida divina. Por isso, com este sopro simbólico, explica seu sentido, que "recebam o Espírito Santo". Deus lhes comunica seu poder e sua virtude para uma finalidade concreta: perdoar os pecados.

f) Com que palavras Jesus instituiu o Sacramento da Confissão?

Foi com as palavras do versículo 23: "A quem vocês perdoarem os pecados, os pecados ficarão perdoados. A quem vocês não perdoarem, os pecados não ficarão perdoados".

Quando pronunciou estas palavras, os Apóstolos receberam o Espírito Santo. Não foi de modo visível como no dia de Pentecostes, nem com os mesmos efeitos. Aqui Jesus lhes concede somente o poder de perdoar e reter pecados. Os sacerdotes, em nome de Jesus Cristo, perdoam aos fiéis os pecados cometidos depois do Batismo. Os fiéis precisam ter as disposições necessárias para receber o perdão.

O sacramento do perdão foi instituído sob um duplo sentido: de paz do Salvador, e no dia mais alegre da história do mundo (o dia da Ressurreição) Cristo dá a seus Apóstolos o Espírito Santo, ou seja, a graça necessária para cumprir fielmente a missão que lhes foi confiada.

A Confissão é o sacramento que proclama a misericórdia do Senhor. Somente ele é capaz de desfazer a desordem causada pelo pecado e restabelecer no coração do homem a paz, a alegria e a segurança.

4. COMENTÁRIO

O Evangelho de São João, numa admirável síntese teológica, nos mostra Jesus ressuscitado a comunicar, com seu "sopro", o Espírito Santo e o poder de perdoar os pecados.
"A paz esteja com você", diz Jesus a seus Apóstolos.
Jesus lhes oferece a paz que acalma os corações, a paz que lhes faz perder o medo dos inimigos, a paz que é alegria da alma, a paz interior e exterior, o maior bem que podemos desejar neste mundo.
Esta é a saudação preferida de Jesus. Ele veio ao mundo para nos dar a paz. E isto ele sempre proporciona às almas, com sua presença.
Quando Jesus visita uma alma, mesmo que seja através de perturbações, enfermidades e dor, sempre a saúda com estas palavras: "A paz esteja com você".
E a Palavra de Cristo, por ser Palavra de Deus, sempre faz o que diz e produz a paz, em meio às maiores aflições.
No dia de Pentecostes, Jesus deu a seus Apóstolos o Espírito Santo, ou seja, a graça necessária para cumprirem fielmente a missão que receberam: transmitir a todos a paz. Resta a cada cristão assumir a sua parte: levar a paz por onde quer que ande.

5. PERGUNTAS PRÁTICAS

1. Em que consiste para você ser membro da Igreja?
2. O Espírito Santo age em você? Como? Quando?
3. Você procura ser imagem do Cristo vivente?
4. Você vê nos acontecimentos da vida a presença de Deus?
5. Para você o que é ter paz?

6. REVISÃO E PLANEJAMENTO DA AÇÃO

7. ORAÇÃO OU CANTO FINAL

SANTÍSSIMA TRINDADE

Jo 3,16-18

Seu amor é infinito!

1. ORAÇÃO INICIAL

2. LEITURA DA BÍBLIA

¹⁶Naquele tempo disse Jesus a Nicodemos: "Deus amou tanto o mundo que deu seu Filho, para que todo homem que nele crer não se perca, mas alcance a vida eterna. ¹⁷Pois Deus não enviou seu Filho ao mundo para condená-lo, mas para que o mundo seja salvo por meio dele. ¹⁸Quem nele crê está salvo; quem não crê já está condenado, porque não acreditou no nome do Filho único de Deus".

3. ESCLARECIMENTOS

a) Por que Deus nos mandou seu Filho único, Jesus? (v. 16-17)

Porque seu amor para conosco é grande demais. A palavra-chave é o Amor. O evangelista nos explica o mistério da pessoa de Jesus.
Penetrando agora na própria intenção de Deus Pai, antes de enviá-lo ao mundo, descobre o motivo que o levou a fazer tudo isto: o Amor.
Para que o mundo fosse salvo por ele! Estas palavras resumem a obra da Redenção.

b) Quem é o Filho único de Deus? (v. 16)

É Jesus, que foi entregue à morte. E Jesus, desde o início de sua pregação, mostra claramente que tem consciência de sua divindade e que é o Messias enviado por Deus Pai. Nunca houve alguém com tão grande distintivo: Filho Único de Deus. Só Jesus. E só dele se diz que é necessário crer em sua doutrina para alcançar a salvação.

c) Qual é a finalidade da Encarnação? (v. 17)

A finalidade da Encarnação é salvar os homens. Jesus exercerá o papel de juiz, mas somente para aqueles que rejeitarem seu sacrifício e seus ensinamentos. Sua função principal, contudo, não é esta. Como diz o evangelista, "Deus não enviou seu Filho ao mundo para julgar o mundo, mas para que o mundo seja salvo por ele".

d) Por que Jesus diz que quem não crê já está condenado? (v. 18)

Afirmando isso, Jesus quis lembrar a sentença geral que existe para os pecadores. E só podem se livrar dessa condenação pela fé em Jesus Redentor. Mas para isso é necessário observar a lei, é necessário crer. E quem não demonstra fé condena a si mesmo.

e) Em que consiste o julgamento? (v. 18)

O julgamento consiste na separação de Deus. No momento da Encarnação, Jesus começou a "dividir as águas". Não é Deus, mas o próprio homem que, por sua decisão negativa, pronuncia o seu julgamento.

Aquele que crê com fé viva e amor está unido a Deus. Possui já a vida eterna. Apenas serão condenados aqueles que voluntariamente rejeitarem os meios de salvação que Jesus nos oferece.

f) Todos crêem em Jesus?

Não. O amor de Deus para conosco não tem limites. Atinge seu ponto máximo ao sacrificar seu Filho Jesus por todos e cada um dos homens.

Portanto, Deus quer a salvação de todos. Todos os homens, se crêem em Jesus, têm a vida eterna.

Mas, conforme o modo de proceder, os homens se dividem: há os que crêem nele e serão salvos; e há os que não crêem. Esses se condenam porque rejeitam o único meio que os poderia salvar.

4. COMENTÁRIO

A Encarnação e a Redenção são manifestações do amor sem limites de Deus para com o homem: "Deus amou tanto o mun-

do..." Quis salvar-nos. Para nos salvar enviou seu Filho. Nós agradecemos essa grandeza do amor de Deus. E o melhor modo de agradecer é recebermos as graças que Jesus nos mereceu. A finalidade desta passagem do Evangelho é levar o leitor à fé em Cristo. Note o início do versículo 18: "Quem não crê..." o verbo está no presente. Isto indica que a fé não é uma decisão definitiva, de tal modo que quem acreditou uma vez já pode "cruzar os braços"! Pelo contrário. É preciso permanecer na fé. "Quem não crê está condenado." Isto indica que a recusa total da fé em Cristo constitui por si um julgamento definitivo. Jesus veio ao mundo não para julgá-lo, mas para o salvar. Por ele morreu na cruz. Enquanto vivermos, encontraremos sempre em Jesus o Salvador. Por mais graves e muitos que sejam nossos pecados, sempre conseguiremos o perdão se demonstrarmos sincero arrependimento.

Nosso Salvador será também nosso juiz. A misericórdia de Jesus termina para cada um de nós no dia de nossa morte. Depois, estaremos no reino da justiça. Enquanto vivermos, trabalhemos pela nossa salvação. Quem ama as trevas passa a fazer o mal, e quem faz o mal não vem para a luz, isto é, não crê em Jesus Cristo. As ações do homem revelam sua própria decisão interior, de tal modo que quem faz o mal está demonstrando com isso que não tem fé.

Procuremos fazer com que nossas obras estejam de acordo com nossas convicções. "Vive como pensas — escreve um autor — se não queres acabar pensando como vives."

5. PERGUNTAS PRÁTICAS

1. **Deus nos ama. Em que consiste esse amor?**
2. **Jesus nos salva. Em que consiste a salvação?**
3. **Você se lembra de pedir o dom da fé?**
4. **Dê exemplo de uma pessoa que você conhece que vive intensamente sua fé.**
5. **Cite um mistério da vida que você não entende, mas aceita normalmente.**

6. REVISÃO E PLANEJAMENTO DA AÇÃO

7. ORAÇÃO OU CANTO FINAL

8º DOMINGO DO TEMPO COMUM

Mt 6,22-34

Todo o resto vem como acréscimo!

1. ORAÇÃO INICIAL

2. LEITURA DA BÍBLIA

²²A lâmpada do corpo é o olho. Portanto, se o seu olhar estiver são, todo o seu corpo ficará iluminado; ²³mas, se o seu olho estiver doente, todo o seu corpo ficará escuro. Pois, se a luz que há em você são trevas, quão grandes serão as trevas! ²⁴Ninguém pode servir a dois senhores. Com efeito, ou odiará um e amará outro, ou se apagará ao primeiro e desprezará o segundo. Não se pode servir a Deus e ao dinheiro.
²⁵Por isso digo a vocês: Não se preocupem com sua vida, quanto a que haverão de comer, nem com o corpo, quanto a que haverão de vestir. Não é a vida mais do que o alimento e o corpo mais do que a roupa? ²⁶Olhem as aves do céu: não semeiam, nem colhem, nem ajuntam em celeiros. E, no entanto, o Pai celeste as alimenta. Ora, não valem vocês mais do que elas? ²⁷Quem dentre vocês, com suas preocupações, pode prolongar, por pouco que seja, a duração de sua vida? ²⁸E, com a roupa, por que andam preocupados? Aprendam dos lírios do campo, como crescem e não se matam de trabalhar, nem fiam. ²⁹E, no entanto, eu lhes asseguro que nem Salomão, em todo o seu esplendor, se vestiu como um deles.³⁰Ora, se Deus veste assim a erva do campo, que existe hoje e amanhã será lançada ao forno, não fará ele muito mais por vocês, homens fracos na fé? ³¹Por isso, não andem preocupados, dizendo: Que iremos comer? Ou, que iremos beber? Ou, que iremos vestir? ³²De fato, são os gentios que estão à procura de tudo isso. O Pai celeste sabe que vocês têm necessidade de todas essas coisas. ³³Busquem, em primeiro lugar, o Reino de Deus e a sua justiça, e todas essas coisas lhes serão dadas por acréscimo. ³⁴Não se preocupem, portanto, com o dia de amanhã, pois o dia de amanhã se preocupará consigo mesmo. A cada dia basta o seu mal.

3. ESCLARECIMENTOS

a) A que Jesus se refere falando do "olho doente"? (v. 23)

Santo Agostinho diz que o olho significa a intenção. Se a intenção é boa, as obras também o serão. Se é má a intenção, por melhores que pareçam, as ações serão más.

O olho a que Jesus se refere é interno: é o coração, a inteligência, a consciência, a intenção, a alma iluminada pela fé.

b) Jesus condena a posse de riquezas? (v. 24)

Jesus nos adverte de que é impossível servir a dois senhores que indicam caminhos opostos.

De um lado, há os caminhos de Deus, ensinando o desapego das riquezas, a renúncia, a humildade, a abnegação. De outro, o mundo atraindo para o egoísmo, para a conquista, a dominação pela força, a grandeza.

Jesus não condena a posse de riquezas, mas o apego exagerado a elas.

c) Qual a lição de Jesus apresentada no versículo 25?

Jesus nos ensina a nos preocuparmos com a vida futura. A vida presente é passageira, os bens temporais acabam. Os espirituais são eternos. A vida neste mundo é como que um tempo de preparação para a vida eterna. Quem vive neste mundo preocupado com as coisas de Deus pode dizer-se rico, rico para o Reino do céus.

d) Por que Jesus nos lembra as aves do céu? (v. 26)

Com este exemplo, Jesus mostra o cuidado com que Deus conserva tudo quanto criou. Os pássaros são simples, pequenos, meras criaturas destinadas só a uma vida terrestre. No entanto, Deus os sustenta a todos. Pois bem, se ele cuida assim dos pequeninos, muito mais ainda cuidará dos homens, que criou e escolheu para seus filhos.

e) Que tipo de riqueza devemos entesourar? (v. 26)

Os celeiros deste mundo podem estar cheios, mas ninguém poderá garantir a si muitos anos de vida. No fim, esperam-nos as dores, a destruição da morte e o juízo particular. E as riquezas deste mundo não nos acompanharão. A virtude é a única riqueza que nos acompanha ao partirmos desta vida.

Portanto, quem quer ser rico, segundo Deus, não acumule tesouros para si, mas saiba empregar bem tudo aquilo que possui.

f) Jesus nos adverte contra quê? (v. 27)

Contra as falsas preocupações.

Falando da natureza, Jesus leva o homem a olhar para si próprio. Lembra que, por nosso esforço exclusivo, nada conseguimos, por mais que nos esforcemos. Por mais que queiramos, nunca conseguiremos prolongar nossa vida. Somente Deus pode fazer isso.

g) Qual a lição que Jesus dá, falando dos lírios do campo? (v. 28)

Jesus nos lembra os lírios do campo. Mostra que eles brotam e crescem formosos, sem receber cuidados especiais. Nascem no campo e o campo enfeitam. Depois, o que acontece com as plantas nós sabemos: são queimadas, servem de gravetos para os pequenos fornos. No entanto, Deus cuida de tudo com carinho. Falando nisso, Jesus aos poucos eleva seus discípulos a uma doutrina mais perfeita. Ensina que não devemos ser avarentos. Ensina que não podemos viver preocupados demais com as coisas passageiras deste mundo.

h) Qual a lição que Jesus nos dá, pedindo que não nos preocupemos com comida e roupa? (v. 28-29)

Jesus não nos diz que a gente não deve trabalhar nem proíbe poupar para o futuro. Apenas diz que não devemos preocupar-nos demais com isso, pois há a Providência Divina, que nos acompanha com sua bênção e protege os bons.

A vida e o corpo são coisas de muito mais valor que o alimento e o vestido. E, se Deus nos deu o que é mais importante, nos dará também as outras coisas, se forem necessárias. Se Deus deu a vida, que vale mais, não deixará faltar alimento. Se formou o corpo, não permitirá que faltem as vestes.
Com essas palavras, Jesus não quer que cruzemos os braços, mas nos convida a trabalhar confiando na Providência Divina.

i) O que Jesus manda que procuremos em primeiro lugar? (v. 33)

Primeiro, o Reino de Deus.
Jesus não manda que procuremos exclusivamente o Reino de Deus, desprezando as necessidades materiais. Não proíbe que procuremos conseguir os meios de subsistência, pois isso é um dever natural. Ele pede que coloquemos em primeiro lugar as preocupações espirituais, mas sem desprezar as outras. Insiste que não vivamos como se tudo conseguíssemos sem Deus. O Reino de Deus consiste na justiça e santidade de vida. Os outros bens são acréscimos de pouca importância. O cristão deve trabalhar guiado pela fé, reconhecendo que tudo vem de Deus, e que o ser humano nada é sem a bênção divina.

4. COMENTÁRIO

Jesus nos fala das coisas materiais, da preocupação com as coisas deste mundo e da Providência Divina, que nos acompanha sempre.
Precisamos dos bens materiais para viver. Eles não são maus e Jesus não impede que trabalhemos para consegui-los, mas nos incentiva a nos sustentarmos com nosso trabalho.
Os bens terrenos são necessários, mas dentro de uma escala de valores. Acima do material está o espiritual. Antes da saúde do corpo vem a saúde da alma. E aqui Jesus nos adverte de que a preocupação exagerada com os bens terrenos nos leva a esquecer os bens da alma. Esquecemo-nos do principal e nos voltamos para o secundário.

Nosso coração facilmente se prende às coisas materiais. As riquezas nos impedem de voar para Deus. E quem se prende aos bens de cá não tem condições de apreciar os bens do espírito. O coração se materializa. Por isso Jesus nos adverte: "Não se pode servir a dois senhores!"
Deus cuida de tudo. A Providência Divina volta-se para os homens, para os animais, para as plantas. Mas cuida das pessoas com um carinho especial e espera que confiemos nela.
Jesus fala das aves e das plantas para mostrar que devemos ter confiança na Providência Divina. Se Deus cuida dos lírios do campo, não cuidará dos homens, criaturas racionais, criadas à sua imagem e semelhança?

5. PERGUNTAS PRÁTICAS

1. **Você consegue ver sempre o lado bom das coisas? É otimista?**
2. **Como julga seu próximo?**
3. **Você é luz para seu próximo?**
4. **Que lugar ocupam as coisas materiais em sua vida?**
5. **Quais são hoje suas principais preocupações?**

6. REVISÃO E PLANEJAMENTO DA AÇÃO

7. ORAÇÃO OU CANTO FINAL

9º DOMINGO DO TEMPO COMUM

Mt 7,21-27

Ouvindo a voz de Deus!

1. ORAÇÃO INICIAL

2. LEITURA DA BÍBLIA

²¹Disse Jesus: "Nem todo o que me diz: 'Senhor, Senhor' entrará no Reino dos céus; mas sim aquele que faz a vontade do meu Pai que está nos céus. ²²Muitos me dirão naquele dia: 'Senhor, Senhor, não foi em teu nome que pregamos? Não foi em teu nome que expulsamos demônios? Não fizemos milagres em teu nome?' ²³Então eu lhes direi: Não os conheço! Afastem-se de mim, vocês que praticam a iniqüidade!
²⁴Quem escuta as minhas palavras e as põe em prática é como o homem prudente que construiu sua casa sobre a rocha. ²⁵Caiu a chuva, vieram as enchentes, sopraram os ventos contra aquela casa; mas não caiu porque estava edificada sobre a rocha. ²⁶Mas todo aquele que ouve a minha palavra e não a põe em prática é semelhante ao homem tolo que construiu sua casa sobre a areia. ²⁷Caiu a chuva, vieram as enchentes e os ventos sopraram contra essa casa, e ela desabou. A sua ruína foi completa".

3. ESCLARECIMENTOS

a) O que Jesus quer? (v. 21)

Jesus não quer coisas exteriores, mas a prática sincera de sua doutrina. Não quer católicos "de nome". Por isso, detesta os que "não são nem carne nem peixe", isto é, aqueles que não se importam com a harmonia perfeita entre a vida interior e a exterior.

b) Para alcançar a vida eterna basta crer nas verdades reveladas por Deus? (v. 21)

Não. Não basta. É necessário observar o que Deus pede de nós e a Igreja nos propõe. A vida de fé demonstrada pela ação é como que a rocha sobre a qual se firmará e irá progredir nosso trabalho de edificação da vida espiritual. Crer e não viver conforme esses princípios é como que edificar sobre a areia.

c) O que é necessário para entrar no Reino dos céus? (v. 21)
Jesus diz que não é todo o que diz "Senhor, Senhor" que entrará no Reino de Deus. Isso só não basta. É necessário fazer a vontade de Deus. E ele veio ao mundo para ensinar aos homens qual é a vontade de Deus.
É necessário praticar o bem. A figueira estéril é para nós um terrível exemplo, pois só o que cumpre inteiramente a vontade de Deus entrará no Reino dos céus.

d) O que dirão muitos no dia do juízo final? (v. 22)
Fizemos milagres, dirão. Em teu nome profetizamos, expulsamos demônios e realizamos prodígios.
Esse modo de Jesus falar mostra que o fato de exercer funções sagradas e participar do ministério da salvação não é sinal de santidade, não dá direito à justificação. Da parte do homem é indispensável fidelidade e correspondência à graça.
As grandes obras, os prodígios, para serem realizados em nome de Jesus, devem vir acompanhados de boa intenção. Ninguém deve julgar-se superior, mas ser vigilante na prática do bem. "Enquanto temos tempo, pratiquemos o bem", aconselha o Apóstolo.

e) Qual será a atitude de Jesus? (v. 23)
"Não os conheço! Afastem-se de mim!" Jesus irá declarar que nunca conheceu tais pessoas. Nunca neles encontrou os verdadeiros traços que revelam se tratarem de ministros seus.
A atitude de Jesus será de condenação. Condená-los-á porque em vida praticaram iniquidades e na iniquidade viveram.

f) Jesus compara os que ouvem sua palavra a quê? (v. 24-25)
Jesus conclui seu discurso, comparando o homem que ouve suas palavras com o homem que edificou uma casa sobre a

rocha. Vêm o vento, a chuva, os rios, mas a casa permanece firme.
Essa rocha é Jesus. Para se conseguir o céu é necessário pôr em prática tudo o que ele ensinou.

g) Que árvore temos sido até agora no jardim de Deus?

Os frutos, isto é, a qualidade das obras que temos praticado, dão-nos a conhecer. Produzamos frutos para a vida eterna.

h) Que figura Jesus usa para falar do homem que não dá valor às suas palavras? (v. 26-27)

Jesus compara a uma construção sobre a areia. Ao primeiro contratempo, desmorona. Não basta ouvir a Palavra de Deus. É necessário colocá-la em prática.
Se a Palavra de Deus não for colocada em prática, grande será a ruína! É a advertência que Jesus faz.

i) Em que consiste o sentido da vida? (v. 21-27)

Jesus diz quem é o verdadeiro discípulo e como deve agir. O sentido da vida consiste em construir a casa sobre a rocha: ser mais e crescer, fazendo frutificar o dom que o Pai faz em Cristo. Ser discípulo, realizar a sua humanidade consiste em fazer a vontade do Pai. É o sentido da vida.

4. COMENTÁRIO

"Nem todo o que me diz: 'Senhor, Senhor' entrará no Reino dos céus." Não basta praticar os atos externos de piedade para se salvar. Os fariseus também os praticavam, contudo mereceram de Jesus as mais duras recriminações. Nem basta fazer coisas extraordinárias para se conseguir a salvação.
A única coisa que nos poderá salvar serão nossas boas obras, nossa conduta.
A santidade não consiste em dizer, mas em fazer. Não consiste em aparecer, mas em ser. O princípio de toda perfeição e santidade é fazer fielmente a vontade de Deus. Não há outro caminho para a salvação. E tudo é muito simples e claro. Não há

meias medidas, não há meio-termo, não há mais ou menos para Deus. Nosso exemplo, nosso testemunho são importantíssimos. Conta-se que Gandhi, procurando uma filosofia religiosa para implantar em seu país, depois de muito ler, deparou também com o Evangelho. Maravilhado com o que tinha descoberto, procurou um país cristão para ver como era vivido o Evangelho... Decepcionado com as brigas, os ódios, os escândalos dos cristãos, ele pôs de lado o Evangelho. "Os cristãos desfiguram o Evangelho", comentava ele.
E a Índia continuou pagã!
Se ele voltasse hoje para a nossa comunidade, o que diria?

5. PERGUNTAS PRÁTICAS

1. **Qual é a vontade de Deus a seu respeito?**
2. **Que tipo de bem você procura fazer?**
3. **Você escuta a voz de Deus? Quando e como ele lhe fala?**
4. **O que você faz corresponde ao que você diz?**
5. **A "casa" de seu coração está construída sobre a rocha?**

6. REVISÃO E PLANEJAMENTO DA AÇÃO

7. ORAÇÃO OU CANTO FINAL

10º DOMINGO DO TEMPO COMUM

Mt 9,9-13

Em busca de misericórdia!

1. ORAÇÃO INICIAL

2. LEITURA DA BÍBLIA

⁹Jesus, passando diante de uma banca de impostos, viu (sentado) um homem chamado Mateus, e lhe disse: "Siga-me". Ele levantou-se e seguiu Jesus.
¹⁰Estando Jesus à mesa na casa de Mateus, chegaram muitos cobradores de impostos e pecadores e sentaram-se à mesa com ele e seus discípulos.
¹¹Os fariseus, vendo isto, perguntaram aos discípulos: "Por que o mestre de vocês come com os cobradores de impostos e pecadores?"
¹²Jesus ouviu e disse-lhes: "Não são os que estão com saúde que precisam de médico, mas os doentes. ¹³Aprendam o sentido destas palavras: Eu quero a misericórdia e não o sacrifício. Na realidade, não vim chamar os justos, mas os pecadores".

3. ESCLARECIMENTOS

a) Onde estava Mateus quando Jesus passou? (v. 9)

Mateus estava sentado na banca de impostos. Ele era coletor de imposto, era publicano. Esta era a profissão que Mateus exercia antes de ser chamado por Jesus.

b) Por que os fariseus não gostavam dos publicanos?

Os publicanos eram detestados pelos fariseus e pelos escribas. Os publicanos cobravam as taxas pessoais e os direitos de alfândega. Eram odiados pelo povo por causa das extorsões que praticavam e porque eram partidários da dominação estrangeira, da qual recebiam o cargo de cobrar os impostos.

c) O que disse Jesus a Mateus? (v. 9)

Siga-me!
Jesus ia passando e fez um convite a Mateus. E é o próprio evangelista que, praticando a humildade, confessa estar exercendo a profissão odiada por todos quando Jesus o chamou.

d) Qual foi a atitude de Mateus? (v. 9)

Levantou-se e seguiu a Jesus.
Seguir a Jesus significa imitá-lo. Mateus, querendo seguir a Jesus pobre, abandona os próprios bens. Ele, que tão preocupado vivia com os bens dos outros.

e) Onde estava Jesus e com quem? (v. 10)

Jesus estava à mesa, na casa de Mateus. Presentes também estavam muitos cobradores de impostos e pecadores, e seus discípulos. Servindo uma refeição em sua casa, assentando-se à mesa com Jesus e os discípulos, Mateus mostra a sinceridade de sua conversão. Pratica também um preceito legal e religioso, acolhendo e dando de comer aos pobres e forasteiros, que são Jesus e seus discípulos.

f) Qual era a grande dúvida dos fariseus? (v. 11)

Queriam saber a razão de Jesus estar comendo com os cobradores de impostos e pecadores. É que os fariseus consideravam os publicanos como pecadores públicos e evitavam sua companhia para não se contaminarem.

g) Qual a resposta de Jesus? (v. 12)

Jesus ouviu a pergunta dos fariseus e se adiantou com a resposta. Responde por eles e diz por que age de tal modo: chama os pecadores de doentes e os justos de sãos.
E explica que anda com os pecadores porque têm necessidade de sua misericórdia.

h) Os fariseus são considerados justos?

Jesus chama os fariseus de justos por ironia. Em outra ocasião eles sentiram muito bem a classificação que lhes deu Jesus, quando os chamou de hipócritas, raça de víboras e sepulcros caiados.

i) Quais os ensinamentos que Jesus nos dá nessa passagem? (v. 12-13)

Jesus apresenta aqui as razões de seu modo de proceder:
— Lembra que os pecadores, os doentes da alma precisam de médico espiritual.
— A bondade é mais importante que os sacrifícios feitos sem espírito de caridade. Jesus quer misericórdia e mostra-se misericordioso em seus atos.
— A missão de Jesus na terra é salvar os pecadores. Com isso, ele nos ensina que podemos procurar os maus para lhes fazer o bem. O que não nos é permitido é nos unirmos a eles, participando de sua maldade.

j) Qual o fim principal da vinda de Jesus ao mundo? (v. 13)

A resposta que Jesus deu aos fariseus acentua que o fim principal de sua missão na terra foi apagar os pecados e salvar os pecadores. Jesus diz que todos aqueles que se reconhecem como pecadores mereciam mais atenção do que os que se tinham em conta de justos e não o eram.

4. COMENTÁRIO

Os encarregados de cobrar os impostos dos judeus em nome dos romanos eram chamados de publicanos. Os judeus estavam sob o domínio dos romanos.
Por essa razão, os cobradores de impostos não eram bem-vistos pelos judeus. Além disso, essa profissão se prestava a imoralidades. E esta era uma fama que existia com relação aos cobradores de impostos.
Estas, porém, não são razões que impeçam Jesus de escolher Mateus para seu discípulo. Deus escolhe a quem ele quer. Nenhuma profissão é obstáculo. A Deus não interessa a vida passada. Exige apenas que a pessoa corresponda ao chamado.
Ao escolher seus discípulos, Jesus não se deixa guiar por critérios humanos. E com isso nos manifesta que o apostolado é

obra exclusivamente sua e dá sua graça a quem ele quer. Os outros Apóstolos, sendo chamados por Jesus, continuaram exercendo o ofício de pescadores. Mateus não continuou com sua profissão, pois se o fizesse estaria exposto a muitas injustiças. Nossa vocação para o apostolado não exige que abandonemos nossa profissão, nossa vida normal, desde que seja honesta. Só devemos deixar aquilo que é obstáculo à nossa formação e santificação.

Os fariseus tinham-se em conta de santos porque cumpriam as exterioridades da lei. E consideravam pecadores aqueles que facilmente violaram as práticas externas. Para não se contaminarem, fugiam deles. Por isso, ficam surpresos vendo Jesus comendo com aqueles que eles chamam de pecadores. Jesus defende-se, mostrando aos fariseus que eles eram piores que os pecadores, pois exteriormente eram bons, contudo não possuíam a caridade. O Apóstolo deve ir em busca das almas como o médico vai ao encontro do enfermo. Mas tendo em mente que o mandamento básico do Cristianismo é o amor. A prática de atos, sem amor, de nada serve.

5. PERGUNTAS PRÁTICAS

1. **Você procura seguir a Jesus? Em que sentido?**
2. **Jesus acolhe a todos. Como você trata as pessoas? Dê algum exemplo.**
3. **Sua vida é uma mensagem positiva para os que precisam de apoio?**
4. **Você consegue usar de misericórdia para com todos?**
5. **Você pode dizer com sinceridade que acolhe bem a todos?**

6. REVISÃO E PLANEJAMENTO DA AÇÃO

7. ORAÇÃO OU CANTO FINAL

11º DOMINGO DO TEMPO COMUM
Mt 9,36—10,8

Dêem grátis o que grátis receberam!

1. ORAÇÃO INICIAL

2. LEITURA DA BÍBLIA

³⁶Olhando para a multidão, Jesus sentiu pena porque os homens se achavam cansados e abatidos. Pareciam ovelhas sem pastor. ³⁷Então disse a seus discípulos: "A colheita é grande, mas os trabalhadores são poucos. ³⁸Peçam ao dono do campo que mande operários para a colheita".
¹⁰,¹E, chamando os doze discípulos, Jesus lhes deu o poder de expulsar os espíritos impuros e de curar qualquer enfermidade ou doença. ²Estes são os nomes dos doze Apóstolos: Em primeiro lugar Simão, chamado de Pedro, e André, seu irmão; Tiago, filho de Zebedeu, e João, seu irmão; ³Filipe e Bartolomeu; Tomé e Mateus, o cobrador de impostos; Tiago, filho de Alfeu, e Tadeu; ⁴Simão, o cananeu, e Judas Iscariotes, que o traiu. ⁵Estes são os doze que Jesus enviou, depois de lhes dar as seguintes instruções: "Não tomem o caminho que conduz aos que não são judeus, nem entrem nas cidades dos samaritanos. ⁶Primeiro, vocês devem ir procurar as ovelhas perdidas da casa de Israel. ⁷Andando pelo caminho, anunciem que o Reino dos céus está perto. ⁸Curem os doentes, ressuscitem os mortos, limpem os leprosos, expulsem os demônios.
Vocês receberam de graça e é de graça que devem dar".

3. ESCLARECIMENTOS

a) Qual foi o sentimento de Jesus ao ver a multidão? (v. 36)

Olhando para a multidão Jesus sentiu pena. Estavam cansados e abatidos física e moralmente. Era uma multidão dolorosa.
Jesus teve compaixão, pois "pareciam ovelhas sem pastor".
O maior mal daquele povo era estar sem pastor, pois os pastores que tinham eram péssimos, só levavam para o mau caminho.

b) Qual o contraste que Jesus mencionou? (v. 37)

"A colheita é grande, mas os trabalhadores são poucos."
A *colheita* são os homens que esperam ser colhidos pelos pregadores da Boa-Nova.
A *colheita grande* significa a multidão dos povos, e o número pequeno de *trabalhadores*, o reduzido número de mensageiros do Evangelho.
Essa queixa de Jesus continua a ter eco nos dias de hoje.

c) Qual o conselho que Jesus deu? (v. 38)

Peçam ao dono do campo que mande operários! Jesus, com esse conselho, mostra que quer a colaboração dos homens, inclusive para a salvação das almas. As almas são a colheita. Jesus, o dono do campo, envia os continuadores de sua obra.

d) Quem Jesus chamou? (v. 1)

Jesus chamou os doze discípulos.
A palavra "discípulos" aqui não significa todos os seguidores de Jesus, mas só os doze escolhidos para serem seus colaboradores diretos na missão de levar a salvação ao mundo.

e) Que poderes Jesus lhes deu? (v. 1)

Jesus deu a eles o poder de expulsar os espíritos impuros e de curar enfermidades.
O dom de realizar tais milagres era necessário à propagação do Evangelho, para provar aos homens sua origem divina.

f) Qual o significado da palavra "Apóstolo"? (v. 2)

É uma palavra grega que significa "enviado". Os Apóstolos e seus sucessores são os enviados de Jesus. São os representantes, os embaixadores de Jesus, que vêm com seus poderes divinos, próprios para a salvação dos homens.

g) Cite o nome dos doze apóstolos. (v. 2-4)

Simão (chamado Pedro), André (irmão de Simão), Tiago (filho de Zebedeu), João (irmão de Tiago), Filipe, Bartolomeu, Tomé, Mateus (o cobrador de impostos), Tiago (filho de Alfeu), Tadeu, Simão (o cananeu) e Judas Iscariotes (que o traiu).

h) Como morreram os Apóstolos?

Pedro, depois de ter evangelizado a Síria e a Ásia Menor, morreu como Bispo de Roma, nas perseguições de Nero.
André, seu irmão, tendo evangelizado a Cítia, a Trácia, foi crucificado em Patrasso, na Grécia.
Tiago, irmão de João, foi morto por Agripa I, na Páscoa do ano 42.
João Evangelista, a quem foi confiada a Virgem Maria, morreu de velhice em Éfeso, na Ásia Menor.
Filipe foi martirizado na Frígia.
Bartolomeu foi esfolado vivo na Armênia e depois decapitado.
Tomé evangelizou o Oriente até a Índia.
Mateus, o evangelista, foi morto junto ao altar na Etiópia.
Tiago, filho de Alfeu, foi Bispo de Jerusalém, onde sofreu o martírio.
Simão, o cananeu, **Judas** e **Tadeu** foram martirizados na Pérsia.
Eis, em breves palavras, o que aconteceu com esses homens a quem devemos a fé, a vida da graça e a civilização cristã. Deles vêm todas as verdades que temos, enquanto de nós emana o que há de errado.

i) Por que Pedro é colocado em primeiro lugar? (v. 2)

Pedro é mencionado sempre em primeiro lugar. É nomeado em primeiro não por ter sido chamado antes dos outros, mas pela grande importância que teve junto dos Apóstolos. Ele foi escolhido para chefe da Igreja.

j) Por que a Igreja é "apostólica"?

A igreja é "apostólica" porque foi fundada por Jesus, por meio dos Apóstolos, tendo como chefe Pedro. A Igreja é governada pelos sucessores dos Apóstolos, que continuam a transmitir a doutrina e o poder de Jesus. Jesus não abandonou sua Igreja, mas vive atualmente na pessoa do Papa, dos Bispos, dos sacerdotes, dos religiosos e dos leigos.

k) Por que Jesus instruiu a seus discípulos que não entrassem nas cidades dos samaritanos? (v. 5)

Os samaritanos eram vistos com maus olhos pelos israelitas por causa da inclinação que tinham à idolatria, mesmo depois de convertidos ao judaísmo. Como viviam os samaritanos em contínua discórdia com os judeus, Jesus não quer que seus discípulos andem a pregar por lá. Mas esta ordem é provisória. A recomendação se refere somente àquela primeira missão que os Apóstolos iam iniciar. Mais tarde receberão a ordem de pregar também aos gentios e samaritanos.

l) Quem eram as "ovelhas perdidas da casa de Israel"? (v. 6)

As ovelhas perdidas eram os judeus.
Os samaritanos eram habitantes de uma região situada entre a Judéia e a Galiléia.
Era um povo descendente de Israelitas, do número dos cativos da Babilônia. Sem abandonar a lei de Moisés, tinham-se misturado ali com os pagãos e possuíam diversos ídolos.
Jesus recomenda que seus discípulos preguem primeiro aos judeus, pois entre eles nasceu o Messias, e fazem parte do povo escolhido. Era justo, pois, que fossem os primeiros a ouvir a mensagem da Boa-Nova. Israel ouviu por primeiro a Palavra de Deus, embora a tivesse rejeitado mesmo assim.

m) Qual a finalidade dos dons que os discípulos de Jesus receberam? (v. 7-8)

Os Apóstolos receberam poderes extraordinários para beneficiar o próximo, mas nunca para proveitos materiais próprios. "Receberam de graça e é de graça que devem dar", recomenda Jesus.
Os operários do Evangelho têm direito ao sustento, mas nada devem fazer pensando exclusivamente em receber algo em troca. Nenhum interesse terreno deve orientar as atitudes dos Apóstolos.
Eles realizavam muitos milagres. A razão disso é muito simples: por receio de que ninguém quisesse acreditar nestes homens simples e rudes que prometiam o Reino dos céus, Jesus lhes dava o poder de operar maravilhas.

4. COMENTÁRIO

Jesus se compadece do povo porque a multidão parecia "ovelhas sem pastor".
A colheita é grande. Muitos são os que não conhecem Cristo. E Jesus morreu por todos. Nosso dever é pedir ao Senhor que envie operários para a colheita. Que suscite vocações. Que com sua graça acompanhe os que trabalham.
Há cristãos vivendo como pagãos. São cristãos porque receberam o Batismo, mas vivem como pagãos. Não têm consciência da dignidade de filhos de Deus. Peçamos ao Senhor que mande operários para a colheita.
Jesus sabe que são poucos os operários. E recomenda um remédio importantíssimo: "Peçam ao dono do campo que mande operários para a colheita".
Jesus enviou seus discípulos a pregar o Reino de Deus e lhes concedeu o poder de fazer milagres. E, com uma comparação, explicamos a finalidade dos milagres: quando plantamos uma árvore, regamos com freqüência para que pegue, vingue. Quando já crescida, não precisa de muito cuidado, já tem condições de se manter.
Assim a graça de Deus no coração do homem. Quando adquire raízes se desenvolve, produz frutos.

5. PERGUNTAS PRÁTICAS

1. **Como você age quando encontra alguém cansado e abatido?**
2. **Você reza pelas vocações sacerdotais e religiosas?**
3. **O que mais você pode fazer pelas vocações?**
4. **Qual é sua vocação? Para que foi chamado por Deus?**
5. **Em que ocasiões e por meio de que você testemunha Cristo?**

6. REVISÃO E PLANEJAMENTO DA AÇÃO

7. ORAÇÃO OU CANTO FINAL

12º DOMINGO DO TEMPO COMUM

Mt 10,26-33

"Digam em plena luz!"

1. ORAÇÃO INICIAL

2. LEITURA DA BÍBLIA

²⁶Disse Jesus a seus discípulos: "Não tenham medo dos homens, porque não há nada de tão oculto que não seja um dia descoberto, nada é tão secreto que não venha a ser conhecido.
²⁷Digam em plena luz aquilo que lhes falo na escuridão. Anunciem de cima dos telhados aquilo que digo ao ouvido. ²⁸Não tenham medo daqueles que matam o corpo, mas não podem matar a alma. Tenham medo, sim, daquele que pode fazer a alma e o corpo perecer no fogo infernal.
²⁹Não se vendem dois pardais por um centavo? Entretanto nenhum deles cai ao chão sem permissão de Deus, que é Pai de vocês.
³⁰Até os cabelos da cabeça de cada um estão contados. ³¹Por isso, não tenham medo! Vocês valem muito mais do que um bando de pardais.
³²E, se alguém se declarar a meu favor diante dos homens, eu me declararei a favor dele diante de meu Pai que está nos céus.
³³Mas todo aquele que me renegar diante dos homens, eu o renegarei diante de meu Pai que está nos céus".

3. ESCLARECIMENTOS

a) Qual o primeiro conselho que Jesus dá nessa passagem do Evangelho? (v. 26)

Jesus instrui seus Apóstolos para que não tenham medo dos homens e pede que confiem nele.

Os Apóstolos não devem temer as acusações falsas de seus perseguidores, pois a verdade e a justiça triunfam e se manifestam sempre.

b) Qual a recomendação que Jesus faz? (v. 27)

"Digam em plena luz, anunciem de cima dos telhados!" Os telhados das casas, na Palestina, tinham um terraço feito de argila batida ou de pedra. E, quando as casas eram baixas, era fácil e cômodo pregar dos telhados. Jesus recomenda que seus discípulos se apresentem com entusiasmo, preguem sua doutrina.

c) De que os Apóstolos não devem ter medo? (v. 28)

Os Apóstolos não devem temer os homens que, quando muito, os poderão matar, mas não vencer. "Não tenham medo daqueles que matam o corpo, mas não podem matar a alma. Tenham medo, sim, daquele que pode fazer a alma e o corpo perecer no fogo infernal."
Para entender melhor essa passagem seria bom ler o que está no livro dos Atos dos Apóstolos. As autoridades de Jerusalém tinham proibido que os Apóstolos falassem sobre Jesus. Mas os Apóstolos falaram e foram novamente presos.
Então, as autoridades disseram: "Terminantemente nós já proibimos que vocês falassem em Jesus. E aí está: vocês encheram toda a Jerusalém com essa sua doutrina e querem atirar sobre nós a culpa pela morte desse homem".
Diante disso, Pedro e os Apóstolos responderam: "É preciso obedecer a Deus mais do que aos homens" (At 5,28-29).
É o que disse Jesus: Vocês não devem ter medo dos homens: o máximo que eles podem fazer é matar. Se é para ter medo, então vocês devem ter medo de Deus porque serão julgados.

d) De quem precisamente os Apóstolos devem ter medo? (v. 28)

"Tenham medo daquele que pode fazer a alma e o corpo perecer no fogo infernal."
Muitas traduções do Evangelho trazem em lugar de fogo infernal a palavra "geena", significando a mesma coisa.
"Geena" era um vale, uma grota, perto de Jerusalém. Era considerado um lugar impuro e amaldiçoado. Por isso, usavam

como figura do inferno, da condenação. Os Apóstolos devem ter medo daquele que pode fazer a alma cair nesse vale, símbolo do fogo do inferno.

e) Qual a comparação que Jesus faz no versículo 29?

Jesus usa uma comparação para mostrar que os Apóstolos devem ter confiança na Providência divina. Começa fazendo uma pergunta retórica: "Não se vendem dois pardais por um centavo?"
Mostra que um passarinho tem valor ínfimo e tira daí uma conclusão, afirmando que "nenhum deles cai ao chão sem permissão de Deus, que é Pai".

f) Qual a conclusão que Jesus tira ao falar dos pardais? (v. 30-31)

Se Deus cuida até dos passarinhos, cuidará muito mais ainda dos Apóstolos que são seus filhos. Por isso Jesus conclui afirmando: "Até os cabelos da cabeça de cada um estão contados. Não tenham medo. Vocês valem muito mais do que um bando de pardais". É a Providência divina que se manifesta na vida dos homens. É "Deus conosco" para nos orientar, nos amparar e cuidar de tudo o que está relacionado com o ser humano.

g) Qual o tipo de fidelidade que Jesus promete a seus discípulos? (v. 32-33)

Jesus insiste em dizer que os Apóstolos não precisam ter medo. Ele estará sempre com eles. "Se alguém se declarar a meu favor diante dos homens, eu me declararei a favor dele diante de meu Pai que está nos céus."
Aí está: se os Apóstolos forem fiéis a Jesus, ele será fiel para com eles. Esse compromisso não será rompido por Jesus.
Os que perseguirem os Apóstolos não poderão romper esse compromisso. Depende dos Apóstolos. Só eles é que poderão romper.
Os Apóstolos não devem temer os perseguidores. Devem apenas cuidar de manter a fidelidade, pois Jesus diz: "Aquele que

me renegar diante dos homens, eu o renegarei diante de meu Pai que está nos céus".
E aqui a gente poderia lembrar aquela frase dita por São Paulo (2Tm 1,12): "Eu sei em quem eu confiei..."

4. COMENTÁRIO

Apesar da perseguição de uns e outros, a doutrina de Jesus conquistou o mundo. Ele é a figura central da História da Humanidade.
Diante dele, é impossível existir indiferença. Uns o odeiam. Mas muitos o amam.
Os homens não nos podem causar um mal definitivo. Podem prejudicar nossa honra, podem discutir nossas intenções, podem matar nosso corpo, mas não podem nos tirar a graça, a amizade de Deus.
Não há razão para temermos. Deus em sua Providência cuida de tudo.
Quando Jesus nasceu, os anjos anunciaram seu nascimento prometendo a paz aos homens. Jesus sempre oferecia a paz: "A paz esteja com vocês".
Para conseguirmos a paz é necessário que lutemos contra as paixões. Para conseguir a paz familiar e social, é necessário vencer os egoísmos, os interesses particulares, combater o erro.
Jesus insiste em que seus Apóstolos devem ter confiança, devem falar abertamente, sem medo. Ele estará sempre presente.
E apresenta quatro motivos pelos quais os Apóstolos devem confiar:
1) não há força humana que possa impedir a propagação do Evangelho;
2) os homens não poderão causar um verdadeiro prejuízo aos Apóstolos;
3) os pregadores estão nas mãos de Deus;
4) Jesus será sempre solidário com os seus Apóstolos.
Por essas razões apresentadas, os Apóstolos de Cristo podem falar abertamente e sem medo.
Falem do Evangelho.

5. PERGUNTAS PRÁTICAS

1. **Qual sua atitude quando alguém lhe confia um segredo?**
2. **Você tem oportunidade de anunciar o Evangelho? Como e quando?**
3. **Você confia na Providência?**
4. **De que você tem medo?**
5. **Você professa publicamente sua fé?**

6. REVISÃO E PLANEJAMENTO DA AÇÃO

7. ORAÇÃO OU CANTO FINAL

13º DOMINGO DO TEMPO COMUM

Mt 10,37-42

Também um copo d'água terá recompensa!

1. ORAÇÃO INICIAL

2. LEITURA DA BÍBLIA

³⁷Aquele que ama pai ou mãe mais do que a mim não é digno de mim. E aquele que ama filho ou filho mais do que a mim não é digno de mim. ³⁸Aquele que não toma a sua cruz e me segue não é digno de mim. ³⁹Aquele que acha a sua vida vai perdê-la, mas quem perde sua vida por causa de mim vai achá-la.
⁴⁰Quem recebe vocês a mim me recebe e quem me recebe, recebe o que me enviou.
⁴¹Quem recebe um profeta na qualidade de profeta, receberá a recompensa própria de um profeta. E quem recebe um justo na qualidade de justo, receberá a recompensa própria de um justo.
⁴²E quem der, nem que seja um copo d'água fria, a um destes pequeninos, por ser meu discípulo, em verdade lhes digo que não perderá a sua recompensa.

3. ESCLARECIMENTOS

a) O que diz Jesus, referindo-se ao ambiente familiar? (v. 37)

Jesus deixa claro que sua mensagem causa divisão até dentro das famílias. Quem aceita a palavra de Jesus não procura a divisão, a separação. A separação não é um bem. A separação nasce do pecado, nasce da recusa de aceitar a palavra de Jesus. Mas ninguém deve deixar de aceitar a palavra de Jesus por causa de considerações humanas. Devemos amá-lo acima de tudo.

b) O que é necessário para ser discípulo de Jesus? (v. 38-39)

Jesus não é apenas um mestre que ensina uma doutrina. Ele exige de nós uma dedicação completa e total à sua pessoa. Ele quer ser o centro de nossa vida. Aqui ele fala e exige uma decisão plena, de modo especial dos apóstolos, dos que devem ser a continuação de sua presença entre nós.

Quem se converte para Jesus deve reconhecer que ele é o centro e a razão de tudo. E ele diz que ninguém pode ser seu discípulo se não estiver disposto a aceitar até a morte por causa dele.

c) O que Jesus entende por perder a vida? (v. 39)

Quem procurar organizar sua vida, colocando-se a si mesmo como centro e sentido de tudo, vai perder a sua vida, não conseguirá sua felicidade. Quem encontrar a sua vida, colocar sua felicidade numa vida baseada apenas em pontos de vista de sabedoria humana, quem der o supremo valor aos bens que passam — à riqueza, às satisfações, ao orgulho de um nome famoso —, esse perderá a sua vida, a vida verdadeira que o Cristo oferece.

d) O que significa perder a vida por Cristo? (v. 39)

Perder a vida por Cristo significa aceitar o Cristo como centro e razão de sua existência, procurar nele a felicidade, estar pronto a perder tudo por causa dele.

e) O que acontece a quem recebe um apóstolo de Jesus? (v. 40)

Entre Jesus e seus discípulos há quase que uma identidade. O apóstolo é mandado com a mesma autoridade do Cristo. O apóstolo é mandado como seu "procurador", seu representante. Portanto, quem acredita no apóstolo acredita em Jesus.

f) Como vemos a presença de Jesus nas pessoas que acolhemos? (v. 40)

Jesus mostra como Deus normalmente age para a nossa salvação. Para nos salvar, o Pai enviou seu Filho feito homem, e o Filho envia seus apóstolos. Assim como a humanidade de Cristo, sua presença entre nós como homem, é para nós a manifesta-

ção da força de Deus que nos salva, assim também outros homens, em tudo semelhantes a nós, serão os lábios, as mãos, a presença de Cristo em nosso meio.
É mais do que claro que essa identificação pode ser aceita somente pela fé.

g) O que acontece com quem hospeda um apóstolo de Jesus? (v. 40-42)

Quem acredita no apóstolo acredita em Jesus. Quem acredita em Jesus acredita no apóstolo. Quem hospedar o apóstolo estará hospedando o próprio Jesus. Vemos nos que falam em nome de Jesus a pessoa do próprio Salvador. Apesar das fraquezas e imperfeições humanas do apóstolo, nele vemos o Cristo.

h) Falando em profeta, justo e pequenino, a quem Jesus se refere? (v. 40-42)

Nas três frases, Jesus está falando do apóstolo ou do discípulo. Receber um profeta pode parecer grande coisa. Receber um justo também ainda é alguma coisa. O discípulo pode não parecer nem um profeta nem um justo.
Na última frase, Jesus apresenta o discípulo como "pequenino". Aqui, no Brasil, talvez se dissesse assim: "Quem receber um pobre coitado — em qualquer sentido — porque é meu discípulo não ficará sem recompensa, porque o está recebendo não como grande pregador, grande sábio, homem extraordinário. Recebe-o porque é meu discípulo: está, pois, recebendo a mim.

4. COMENTÁRIO

Em Lucas, capítulo 2, versículo 34, encontramos uma frase bem clara para ilustrar mais nossa reflexão de hoje.
José e Maria tinham levado o Menino ao templo. Ali um velho profeta, Simeão, tomando o menino em seus braços, disse: "Este menino está destinado a ser perdição e salvação de muitos em Israel. Ele será um sinal discutido".
Jesus veio anunciar a paz e a salvação. Mas diante dele cada um terá de tomar uma posição pessoal. Cada um deverá deci-

dir se o aceita ou não. Jesus veio provocar uma crise, veio colocar tudo em julgamento.
Ele não veio tranqüilizar o homem, veio despertá-lo para uma vida nova. Veio mostrar o pecado e a miséria em que estamos. Veio denunciar a mentira e o engano que tantas vezes parecem mais belos e atraentes do que a realidade.
Jesus não veio para apoiar o orgulho humano. Não veio para aceitar e garantir com sua autoridade o modo de pensar de todo o mundo. É natural, pois, que diante de sua palavra os homens se dividam.
Os apóstolos são enviados de Jesus. Atuam em seu nome. São como que a prolongação de sua pessoa. Por isso quem recebe a um deles recebe ao próprio Cristo.
Nós, quando exercemos o apostolado, não agimos em nome próprio nem somos nós próprios que agimos. É Jesus que atua por nosso intermédio.
O apóstolo deve ser uma prolongação da pessoa de Cristo em sua vida e em suas obras. Nossas palavras devem ser eco das palavras de Cristo. Nossa vida, reflexo fiel da vida de Cristo. E nada ficará sem a recompensa de Deus. Nem um copo d'água, dado em seu nome, ficará sem recompensa.

5. PERGUNTAS PRÁTICAS

1. **Você pode dizer que ama a Deus acima de tudo?**
2. **Qual é a cruz que Deus lhe deu? Como você age diante dela?**
3. **Cite um fato em que foi difícil para você ver Deus presente em seu próximo.**
4. **Se você fosse dar um exemplo de caridade para com o próximo, qual daria?**
5. **Como Deus recompensa um benefício que fazemos em nome dele?**

6. REVISÃO E PLANEJAMENTO DA AÇÃO

7. ORAÇÃO OU CANTO FINAL

SÃO PEDRO E SÃO PAULO, APÓSTOLOS
Mt 16,13-19

Escolhidos para servir!

1. ORAÇÃO INICIAL

2. LEITURA DA BÍBLIA

¹³Foi Jesus para os lados de Cesaréia de Filipe e perguntou aos discípulos: "Quem dizem os homens que é o Filho do homem?" ¹⁴Responderam-lhe: "Uns dizem que é João Batista; outros, Elias; outros, Jeremias ou algum dos profetas". ¹⁵"E vós", perguntou-lhes, "quem dizeis que eu sou?"
¹⁶Respondeu-lhe Simão Pedro: "Tu és o Messias, o Filho de Deus vivo". ¹⁷E Jesus respondeu-lhe: "Bem-aventurado és tu, Simão, filho de Jonas, porque não foi a carne ou o sangue que te revelou, mas meu Pai que está nos céus. ¹⁸Ora, também eu te digo: Tu és Pedro e sobre esta pedra edificarei a minha Igreja, e as portas do inferno não prevalecerão contra ela. ¹⁹Dar-te-ei as chaves do Reino dos céus, e o que ligares na terra ficará ligado nos céus e o que desligares na terra ficará desligado nos céus".

3. ESCLARECIMENTOS

a) O povo sabia quem era Jesus? (v. 13-14)
Jesus tinha falado muitas vezes ao povo, tinha feito muitos milagres. O povo, com exceção dos fariseus e saduceus, tinha chegado a algumas conclusões sobre Jesus. O povo colocou Jesus ao lado das grandes figuras do passado, pois ainda não tinham reconhecido claramente Jesus como "o Salvador" prometido, o Messias.

b) Quem foram João Batista, Elias, Jeremias e os profetas? (v. 14)
João Batista tinha causado forte impressão sobre o povo. Depois que foi assassinado por Herodes, alguns, que talvez pela

primeira vez viam Jesus ou ouviam falar sobre ele, imaginavam que ele fosse o grande profeta ressuscitado. Até Herodes pensou assim (cf. Mt 14,2). Mas João Batista foi simplesmente o precursor de Jesus, aquele que veio para preparar os caminhos do Messias.

Elias e Jeremias foram profetas do passado. Conforme as tradições populares, esses profetas deveriam voltar para anunciar a chegada do Messias prometido.

c) Quer dizer que o povo não tinha uma idéia clara sobre a pessoa de Jesus?

De fato não tinha. O povo não via claramente em Jesus o Messias prometido. Mas não devemos nos esquecer de que naquele tempo era muito viva a esperança do salvador prometido. Havia uma certeza bastante generalizada de que ele já estaria para chegar.

d) O que pensavam os discípulos a respeito de Jesus? (v. 15)

Os discípulos viviam mais perto de Jesus e dele recebiam uma pregação especial. Por isso, logo em seguida Jesus faz a eles uma pergunta. Jesus colocou-os diante de uma questão direta, que exigia uma tomada de posição.

e) Quem responde em nome dos discípulos? (v. 16)

Tomando a palavra, Simão Pedro disse: "Tu és o Cristo, o Filho de Deus vivo!"

Já notamos outras vezes como é quase sempre Pedro quem fala em nome dos outros discípulos.

f) Pedro reconheceu a divindade de Jesus? (v. 16)

Não há dúvida de que os evangelhos apresentam realmente Jesus como sendo o Filho de Deus, no sentido real e próprio. Podemos também dizer que nesta passagem o evangelista Mateus está querendo ensinar a divindade de Cristo.

Não há dúvida também de que Pedro, iluminado por Deus, poderia ter conhecido claramente a divindade de Jesus. Isso não iria impedi-lo de mais tarde, uma vez ou outra, ser infiel ao mestre.

Todos nós conhecemos muito bem a fraqueza humana. Também nós acreditamos que Jesus é nosso Salvador e Filho de Deus. Apesar disso, quantas vezes nós pecamos!
Mas não podemos dizer ao certo que Pedro naquele momento estivesse reconhecendo com toda a clareza a divindade de Jesus. Pode ser, mas não o sabemos ao certo. Mas isso também não vem muito ao caso no momento.

g) Pedro reconhece Jesus como o Messias. O que isso significava?

A palavra "Messias" corresponde a uma palavra hebraica — "Mâschiah" —, que quer dizer "Ungido".
Quando um rei ou sacerdote era escolhido, recebia uma "unção". Encontramos um exemplo no primeiro livro de Samuel (10,1): "Samuel tomou o vaso de óleo e o derramou sobre a cabeça de Saul..."
Essa palavra "Messias, Ungido" foi traduzida para o grego por "Cristós". Quando nós dizemos "Jesus Cristo", estamos dizendo "Jesus Messias", o que foi ungido por Deus, escolhido para ser nosso Salvador.

h) Será que dá para entender melhor a frase de Pedro: "Tu és o Cristo"? (v. 16)

Já podemos compreender um pouco melhor o sentido e o valor da declaração de Pedro: "Tu és o Cristo". Com outras palavras, Pedro está dizendo: "Nós acreditamos que tu és o Salvador prometido. Tu és aquele que vem com o poder de Deus para nos salvar".
Pedro, em nome dos discípulos, está declarando sua fé, sua confiança completa em Jesus.

i) Por que os outros do povo não chegaram a entender como os discípulos entendiam?
Será que os discípulos de Jesus eram mais espertos? (v. 17)

Muitos foram os que não chegaram a ver em Jesus o Salvador. É só lembrar os fariseus. A razão disso Jesus a dá.

Não foi pela sabedoria humana que Pedro reconheceu a Jesus como Salvador. Foi o Pai do Céu que fez Pedro e os discípulos reconhecerem isso. Uma revelação divina.
Na linguagem bíblica, "carne e sangue" indicam o homem com todas as suas limitações. Ninguém pode reconhecer Jesus como Salvador, a não ser que seja iluminado por Deus.

j) Qual é a função de Pedro na comunidade? (v. 18)

Pedro disse quem era Jesus. Jesus, por sua vez, disse quem era Pedro e qual a sua função na comunidade dos que acreditam: "Você é Pedro, e sobre esta pedra edificarei a minha Igreja".
"Pedra" não era nome de gente. Era como se Jesus estivesse lhe dando um apelido.
"Kefas", em hebraico, quer dizer *pedra*, ou melhor, *rochedo*, *pedra grande*. O apelido "pegou", como se diz. Aparece várias vezes nos evangelhos.
(A palavra "Pedra", feminina, não seria apropriada para apelido de um homem; foi, por isso, mudada para Petrós, Petrus, Pedro.)
A pedra, a pedra grande, o rochedo dão logo a idéia de coisa sólida, durável, inabalável.
O Apóstolo Simão recebeu o nome de "Pedra" porque foi escolhido por Deus para servir, para dar firmeza e solidez à comunidade dos que acreditavam em Jesus.
Essa comunidade será firme, estável, como uma casa construída sobre uma grande pedra, que resiste à força das águas e dos ventos.

k) O que Jesus disse que vai edificar? (v. 18)

Jesus diz: "Edificarei a minha Igreja". isso quer dizer que o povo de Deus é reunido por Jesus, forma uma unidade com ele, do mesmo modo como se ele dissesse: "Vou formar, vou reunir a minha família".
Jesus é o seu centro e o Senhor, ele a mantém unida e a faz uma comunidade de salvação.
Essa comunidade-Igreja será formada por aqueles que o Cristo chamou. É uma comunidade de homens que vivem neste mun-

do, que devem viver sua unidade, sua assembléia, também de um modo humano.
O fundamental, o mais importante nessa Igreja, é que os homens permanecem unidos ao Cristo e unidos entre si. Essa união deverá ser mantida pelo amor e pela caridade.

l) O que Jesus quer dizer com "portas do inferno"? (v. 18)

A porta é uma parte importante da casa: uma porta resistente protege tudo que está dentro de casa. Na maneira de falar da Bíblia, a palavra "porta" significa "poder, força": "Os poderes do inferno não poderão dominar sobre a Igreja".

m) Que significa "inferno" (v. 18)

Inferno era o nome da região dos mortos. Inferno indica também o poder do mal, do demônio. Por isso, nós podemos entender assim a frase de Jesus: "Os poderes da morte e do mal não poderão vencer a minha Igreja".
Com essas palavras, o Cristo está prometendo que sua Igreja, a sua comunidade reunida pelo amor existirá sempre, nunca irá desaparecer, nem será vencida pelo mal, pela falta de amor, pela desunião, pela mentira.

n) Qual o significado das "chaves do Reino dos céus"? (v. 19)

O "Reino dos céus" é formado por todos aqueles que nesta terra aceitam a salvação oferecida. Não vamos, então, imaginar Pedro com duas chaves grandes lá na porta dos céus, resolvendo quem entra e quem não entra.
Jesus dá a Pedro as chaves: as chaves sempre foram um sinal, um símbolo do poder, da autoridade na Igreja. Jesus está nomeando Pedro como seu representante aqui na terra.

4. COMENTÁRIO

Jesus é o Messias, o Salvador prometido. Ele veio para formar o novo povo de Deus, formado por povos de todas as terras. Veio reunir os homens todos em uma nova Igreja-comunidade.

Essa comunidade deve viver nesta terra, manifestar de um modo humano o poder divino que a formou e uniu pelo amor.
Pedro deverá ser o centro visível, humano, dessa comunidade de pessoas mantida pela força do Cristo sempre presente.
Pedro é a pedra sobre a qual está construída a comunidade de Cristo. Pedro é o ponto de união, o coração humano da comunidade, aquele que com suas palavras e orientações mantém a comunidade unida na caridade. Pode decidir, ensinar, dar ordens, enquanto isso for necessário para manter a união dos discípulos de Jesus.
Hoje, Pedro se faz presente na Igreja na pessoa do Papa.

5. PERGUNTAS PRÁTICAS

1. **Quem é Jesus para você?**
2. **Você respeita e vive em sintonia com a hierarquia da Igreja?**
3. **Você tem consciência de que o verdadeiro sentido da vida é o serviço?**
4. **Você procura solidificar sua formação cristã lendo, estudando?**
5. **Há muita união em sua comunidade?**

6. REVISÃO E PLANEJAMENTO DA AÇÃO

7. ORAÇÃO OU CANTO FINAL

14º DOMINGO DO TEMPO COMUM
Mt 11,25-30

A mansidão e a humildade levam a Deus!

1. ORAÇÃO INICIAL

2. LEITURA DA BÍBLIA

^{25}Naquele tempo disse Jesus:
"Pai, Senhor do céu e da terra, eu vos bendigo, porque ocultastes estas coisas aos sábios e eruditos e as revelastes aos simples.
^{26}Sim, Pai, esta foi a vossa vontade. ^{27}Tudo me foi entregue por Vós. Ninguém conhece o Filho senão o Pai e ninguém conhece o Pai senão o Filho e aquele a quem o Filho quiser revelar.
^{28}Venham a mim vocês todos, cansados e oprimidos, e eu os aliviarei. ^{29}Tomem sobre seus ombros o meu jugo e façam-se meus discípulos, porque eu sou manso e humilde de coração, e assim encontrarão repouso para suas almas: ^{30}pois meu jugo é de fato suave e meu peso é leve".

3. ESCLARECIMENTOS

a) Por que Jesus bendizia ao Pai? (v. 25)

Jesus se alegrava e bendizia ao Pai porque com o conhecimento de Deus via toda a maravilha do plano divino para a salvação.
Via como na salvação se manifestava a bondade infinita de Deus que quer salvar o homem por sua misericórdia. Jesus bendizia ao Pai pela bondade com que manifestava a salvação aos simples.

b) Deus oculta a salvação aos olhos dos sábios e eruditos? (v. 25)

A salvação não é uma felicidade que se possa conquistar com sabedoria ou prudência humana. Quem se julga sábio, quem acha que sabe por si mesmo como ser feliz não tem olhos para ver a felicidade que Deus oferece. Quem se julga prudente, quem acha que por si mesmo pode sair de sua miséria não pode compreender o Evangelho porque o Evangelho lhe parece loucura e estupidez.

Não é que Deus propriamente "oculte" a salvação aos olhos dos sábios e eruditos. Eles mesmos é que, levados pelo orgulho e pela confiança em si mesmos, fecham os olhos para a verdade.

c) O que Deus revelou aos simples? (v. 25)

O Evangelho. O Evangelho com tudo quanto nos ensina sobre Deus, sobre seu amor, sobre a união que ele quer estabelecer conosco, a felicidade que Deus nos quer dar. O Evangelho não é uma criação da sabedoria e da esperteza humana.

O homem jamais poderia sonhar e imaginar o que Deus oferece.

Se alguém aceita o Evangelho, isso pode acontecer somente pela bondade de Deus.

d) Jesus se apresenta como Filho de Deus? (v. 27)

Sim. Respondendo aos discípulos de João Batista, Jesus tinha dito que era o Salvador prometido. Agora ele dá mais um passo: apresenta-se como o Filho de Deus, aquele que nos pode fazer conhecer o Pai.

e) Como Jesus trata a Deus? (v. 27)

Jesus trata a Deus como "meu Pai" e não apenas "Pai".

Jesus diz que o seu Pai lhe entregou tudo. Tudo o que é do Pai é também de Jesus: todo o poder, toda a bondade, toda a sabedoria, tudo.

Ninguém teria coragem de fazer essa afirmação: tudo que é de Deus é meu; tudo que está em Deus está em mim.

Jesus praticamente está dizendo: tudo que o Pai é eu também sou.

f) Quem conhece o Filho? (v. 27)

"Ninguém conhece o Filho, senão o Pai."
Mas conhecer não é apenas saber alguma coisa do outro: é conhecer perfeitamente.
Só uma pessoa humana pode conhecer outra pessoa humana. Um animal nunca nos poderá conhecer realmente: entre nós e um animal nunca poderá haver comunicação de pessoa a pessoa.
Pois bem: Jesus diz que ninguém conhece o Filho — que é ele mesmo — a não ser o Pai. Só o Pai o pode conhecer, porque só o Pai é igual ao Filho.

g) Quem conhece o Pai? (v. 27)

"Ninguém conhece o Pai, senão o Filho."
Só o Filho pode conhecer o Pai, porque só o Filho está em íntima comunhão de vida com o Pai, só o Filho é igual a ele.
Se houve muita oposição quando Jesus se apresentou como o Messias prometido, podemos imaginar o escândalo que houve quando ele se apresentou como o Filho, que recebe do Pai todo o poder, tudo. Quando se apresentou como o único que poderia realmente conhecer o Pai.
Somente uma atitude de entrega total nos pode levar a aceitar essas palavras de Jesus.

h) Como conhecemos o Pai? (v. 27)

Pela revelação do Filho.
Não podemos realmente conhecer o Pai, a não ser que o Pai nos fale e nos revele, descubra para nós o seu segredo pessoal.
E o Pai nos fala, dá-se a conhecer a nós pela palavra e pela pessoa do Filho.
O Filho, o Cristo, pode nos fazer conhecer o Pai porque ele o conhece perfeitamente, é igual a ele, conhece-o face a face, numa convivência plena.
O Filho conhece o Pai por experiência, não por ouvir dizer. Ele e o Pai são um. E o Filho nos revela o Pai.

i) A quem o Filho revela o Pai? (v. 27)

O Filho revela o Pai a quem ele quiser revelar.
A revelação é gratuita, é um ato de amor.
Somente revelamos nossos segredos íntimos a quem nós amamos.
A revelação é uma manifestação livre feita por amor, para manifestar amor, para conquistar amor.
Assim, também o Filho revela para nós o Pai porque nos ama e nos quer como irmãos.

j) Qual o convite que Jesus faz nos versículos 28, 29 e 30?

Venham a mim vocês todos!
Venham a mim vocês que estão esmagados por uma religião formalista e cheia de exterioridades. Eu posso libertá-los: eu ensino uma religião que não é escravidão nem peso.
Em vez de um jugo insuportável — diz Jesus —, aceitem o meu jugo que é leve e que liberta. Aceitem a carga que eu imponho, porque não é carga pesada. É uma carga leve, porque é uma carga de amor, e o amor não pesa.
E Jesus continua: venham comigo, porque eu sou um mestre manso e humilde de coração.

k) Jesus diz que o peso dele é leve. É possível isso? (v. 30)

As coisas difíceis se tornam fáceis. É isso que Jesus quer dizer. E explicamos isso com um exemplo. Veja a obrigação de participar da Missa. Se a gente sabe o que é a Missa, se a gente sabe que a Missa é nosso encontro com Cristo e com os outros, se a gente sabe que pela Eucaristia nós crescemos na vida que o Cristo nos deu, então nós vamos querer participar da Missa. Talvez a gente não vá sentir gosto, mas a gente vai querer porque entende.
Uma mãe que se levanta à noite para cuidar de uma criança que chora, ela não sente nenhum "gostinho", mas ela se levanta com gosto, de boa vontade, porque ama seu filho.

Ela o faz com gosto, apesar de ter de se esforçar para vencer o comodismo.

É esse o alívio, o descanso que Jesus nos promete se o aceitamos como mestre, se estamos dispostos a viver com ele uma vida motivada pelo amor. Uma vida onde mesmo as menores coisas, as que parecem sem importância, têm um valor imenso porque motivadas pelo amor. Uma vida em que as coisas mais difíceis parecerão fáceis porque são feitas por amor.

4. COMENTÁRIO

Se houve muita oposição quando Jesus se apresentou como o Messias prometido, podemos imaginar o escândalo que houve quando ele se apresentou como o Filho que recebe do Pai todo o poder, tudo. Quando se apresentou como o único que podia realmente conhecer o Pai. Somente uma atitude de entrega total nos pode levar a aceitar essas palavras de Deus.
A revelação é gratuita, é um ato de amor.
Somente revelamos nossos segredos íntimos a quem nós amamos.
A revelação é uma manifestação livre feita por amor, para manifestar amor, para conquistar amor.
Diante de alguém que se abre conosco, que nos fala sobre si mesmo, sobre seu amor, seus planos, que nos pede amor e amizade, nós temos de tomar uma atitude: podemos aceitar ou recusar. Podemos nos abrir ao amor ou nos fechar.
A salvação, a vida eterna consiste em conhecer a Deus. Conhecer a Deus não é apenas ter ouvido falar sobre Deus. É ter um conhecimento de pessoa a pessoa. Nós podemos saber que existe fulano de tal, mas só podemos conhecer *esta pessoa quando tivermos contato com ela. Não é apenas questão de ver, é questão de conviver; pois bem, em Jesus, o Filho encarnado, o Pai conviveu em nosso meio.* Conhecendo Jesus, co-*nhecemos o Pai, experimentamos o seu amor, a sua bondade, o seu perdão.*

5. PERGUNTAS PRÁTICAS

1. **Qual é a verdadeira sabedoria?**
2. **Você conhece alguém que é ignorante e sábio? Em que sentido?**
3. **O que você faz para conhecer Deus e suas coisas?**
4. **Você sabe encontrar descanso em Deus? Ou é daqueles que se afastam de Deus porque estão cansados?**
5. **Você é humilde? Em que consiste sua humildade?**

6. REVISÃO E PLANEJAMENTO DA AÇÃO

7. ORAÇÃO OU CANTO FINAL

15º DOMINGO DO TEMPO COMUM

Mt 13,1-9

Terreno fértil

1. ORAÇÃO INICIAL

2. LEITURA DA BÍBLIA

¹Naquele dia, saiu Jesus de casa e foi para a beira do lago. ²Não demorou muito e juntou-se ao redor dele tanta gente que ele subiu num barco e lá se assentou. O povo ficou ao longo da praia. ³Jesus falou-lhes, então, muitas coisas em parábolas. Disse-lhes: ⁴"Um semeador saiu para semear. Quando semeava, algumas sementes caíram à beira do caminho e vieram os passarinhos e as comeram. ⁵Outras caíram por entre as pedras onde não havia muita terra e brotaram logo, porque a terra não era profunda; ⁶mal saiu o sol, ficaram queimadas e secaram, porque não tinham raízes. ⁷Outras ainda caíram por entre espinheiros; os espinheiros cresceram e elas foram sufocadas. ⁸Uma parte delas, entretanto, caiu em terra boa e deu fruto: umas cem, outras sessenta e outras trinta por um. ⁹Quem tem ouvidos para ouvir ouça".

3. ESCLARECIMENTOS

a) Jesus falava muito em parábolas. O que é parábola? (v. 3)

Jesus gostava de falar em parábolas. Parábola é uma comparação em forma de pequena história tomada da vida cotidiana, que tem por finalidade apresentar uma doutrina.

O sistema de falar em parábolas era muito usado pelos judeus. As parábolas de Jesus são das mais perfeitas que conhecemos, das mais bem contadas, embora a gente encontre muitas parábolas contadas por outras pessoas.

b) É fácil uma pessoa entender as parábolas?

Não. É preciso certo esforço para se compreender o que a parábola quer ensinar, é preciso certa disposição.

E isso é evidente: se mesmo as palavras com as quais a gente procura dizer claramente as coisas podem ser mal interpretadas ou mesmo não ter sentido para alguém, isso acontece muito mais com a parábola.

Principalmente porque a parábola muitas vezes apresenta alguma doutrina que vai contra a nossa maneira comum de pensar e exige de nós uma mudança de comportamento.

c) O que Jesus diz na parábola do semeador e que é fácil de a gente entender? (v. 3-9)

Vamos nos colocar no lugar dos que ouviram Jesus. A história que ele conta, todos nós compreendemos. Sabemos que a semente cai em terra boa ou em terra que não presta. Sabemos que os passarinhos gostam de comer as sementes e, por isso, quem prepara um canteiro dá um jeito de espantar os pardais e outros sócios.

d) O povo entendeu a parábola?

Ouvindo a última frase de Jesus —"Quem tem ouvidos para ouvir ouça"—, certamente que o povo tinha de ficar pensando: o que será que ele quer dizer? Certamente que muitos continuaram pensando. E os discípulos, sem entender, acabaram perguntando a Jesus o significado da parábola.

e) Nessa parábola do semeador Jesus se refere ao Reino de Deus?

Em geral, nas parábolas, Jesus começa dizendo: "O Reino dos céus é semelhante..." Mas nessa do semeador ele não faz essa introdução. Mas sabemos que se refere ao Reino.

Quando Jesus anunciava a chegada do "Reino de Deus", anunciava a presença do poder de Deus que nos salva, que nos coloca em uma nova situação, que nos leva em direção a uma plena realização no futuro.

f) Um semeador saiu para semear. O semeador representa Deus? Ele faz alguma coisa? (v. 3)

O semeador representa Deus. É dele que parte a iniciativa da salvação. Foi ele quem decidiu salvar-nos: não porque nós fôssemos bons, mas porque ele é bom, apesar de sermos maus. O semeador enche a mão e atira as sementes em todas as direções. Em sua bondade, Deus oferece o Reino, a salvação a todos os homens, a todos oferece a possibilidade.

g) Deus impõe a salvação no coração dos homens? (v. 4-8)

Uma parte da semente caiu à beira da estrada, ou em terreno pedregoso, ou entre espinheiros, ou em terra boa. O Reino de Deus é oferecido. A salvação não é uma coisa automática ou mágica. Deus convida e, diante desse convite, os homens devem tomar uma atitude livremente assumida por obediência e por amor.

A semente é a Palavra de Deus: Deus vem apresentar-nos o seu plano de salvação. Vem dizer-nos quem ele é, onde está a nossa felicidade, como podemos viver unidos a ele, na vida nova que nos oferece.

Deus vem manifestar-nos o seu coração para conquistar o nosso amor obediente.

A salvação não é uma imposição: é uma palavra que podemos aceitar ou recusar ou, como diz o Evangelho, podemos entender ou não entender.

h) Entender o Cristianismo é como decorar uma fórmula e pronto?

Não basta ouvir a palavra. Não basta também apenas entender com a inteligência o seu significado: é preciso entender com o coração, isto é, com a vida.

É preciso que nós, aceitando o convite de Deus, deixemos que sua palavra tome conta de nós, tome conta de nossa vida, tenha valor para nós. Nós podemos saber com a inteligência o que significa amar, mas só compreendemos isso realmente quando amamos, quando "experimentamos".

Compreendemos o Reino de Deus somente à medida que nos deixamos arrastar pelo Cristo para uma vida nova. O Cristianismo não é alguma coisa que a gente "aprende de cor", como se aprende a recitar uma poesia. O Cristianismo a gente vive, vivendo na união com Cristo e com os outros.

i) Quem representa a semente que caiu à beira do caminho? (v. 4)

"Algumas sementes caíram à beira do caminho": a terra é dura, o coração está fechado, a semente não penetra. E por isso a pessoa não entende: continua presa a seu orgulho, a seu egoísmo. Prefere continuar pensando e vivendo "como todo o mundo".
Não se compromete com a vida nova que lhe é oferecida.
A semente do Reino nem chega a brotar. São os corações duros, orgulhosos.

j) O que representam as sementes que caíram por entre pedras? (v. 5)

Representam aqueles que ouvem o anúncio do Reino, ficam entusiasmados durante algum tempo, mas se esquecem de que a vida nova exige decisões sempre renovadas a cada momento.
É a cada momento que precisamos tomar decisão por Jesus.
É fácil a gente pensar que vai indo muito bem, que já é forte. Mas as raízes estão à flor da terra: vem o sol das dificuldades, das tentações, e nós murchamos porque a nossa conversão era superficial.

k) O que aconteceu com as sementes que caíram por entre espinheiros? (v. 7)

Foram sufocadas.
Aceitar o Reino de Deus significa mudar muita coisa em nossa vida, não dar importância a muitas coisas que antes nos pareciam importantes e de valor absoluto: a riqueza, o prazer, o sucesso na sociedade, o estar "na onda". Ou aceitamos totalmente o Cristo e pomos a cabeça acima de todas essas coisas, ou acabamos sendo sufocados pelos valores falsos da vida.

4. COMENTÁRIO

O evangelista São Mateus apresenta diversas parábolas que nos devem ajudar a entender um pouco mais o sentido do Reino de Deus. A parábola é uma pequena narração tomada da vida do dia-a-dia, usada para ensinar alguma coisa. O fato é apresentado de maneira viva e atraente. Mas isso não é dito claramente. A gente precisa prestar atenção, precisa procurar o sentido. A parábola desperta a curiosidade e o interesse e ajuda a guardar o que foi ensinado.

Os Apóstolos pediram e Jesus deu o sentido dessa parábola do semeador. Vamos ler essa explicação, tomando um pedaço de cada evangelista que a narra em seu Evangelho: "Vocês não compreenderam essa parábola? Como, então, vão compreender as outras? (Mc). A semente é a Palavra de Deus (Lc). A beira do caminho representa aqueles nos quais a palavra é semeada (Mc), mas não a compreendem (Mt). Logo vem satanás e tira a palavra que neles foi semeada (Mc) para que não acreditem e, portanto, não se salvem (Lc). Do mesmo modo, o terreno pedregoso em que caem as sementes representa os que, ao ouvir a palavra, logo a recebem com alegria. Mas não têm raízes. São inconstantes. Quando depois vêm as dificuldades e as perseguições por causa da palavra, caem logo (Mc).

A semente que caiu entre os espinhos representa os que ouvem, mas são sufocados pelos cuidados das coisas do mundo, pelas riquezas e pelos prazeres da vida. Não produzem frutos amadurecidos (Lc).

Aquele, porém, que recebeu a semente em terra boa é o homem que ouve a palavra e a compreende e dá fruto. Este, produzindo cem, aquele sessenta, aquele outro produzindo trinta por um (Mt)".

5. PERGUNTAS PRÁTICAS

1. **Jesus falou em parábolas. Você procura entendê-las?**
2. **Você semeia o bem? Dê um exemplo.**
3. **Seu coração é uma terra fértil onde a Palavra de Deus frutifica?**
4. **Cite um exemplo de alguém que é um terreno muito fértil para fazer frutificar as coisas de Deus.**
5. **Você sabe agradecer a Deus pelos bens recebidos ou é daqueles que só sabem pedir?**

6. REVISÃO E PLANEJAMENTO DA AÇÃO

7. ORAÇÃO OU CANTO FINAL

16º DOMINGO DO TEMPO COMUM

Mt 13,24-43

Os justos brilharão

1. ORAÇÃO INICIAL

2. LEITURA DA BÍBLIA

[24]Naqueles tempos, Jesus disse ao povo uma parábola: "O Reino dos céus é semelhante a um homem que semeou boa semente em seu campo. [25]Mas, enquanto todos dormiam, veio o inimigo, semeou joio no meio do trigo e foi-se embora. [26]Quando a planta cresceu e deu fruto, então apareceu o joio. [27]Os empregados procuraram, então, o patrão e lhe disseram: "O senhor não semeou boa semente em seu campo? Donde apareceu o joio?" [28]O patrão respondeu: "Foi um inimigo que fez isso!" Os empregados insistiram: "Quer que vamos arrancá-lo?" [29]"Não, respondeu ele, não façam isso, porque, ao arrancarem o joio, vocês arrancarão também o trigo. [30]Deixem que cresçam juntos até a colheita. E, por ocasião da colheita, eu direi aos que colhem: "Colham primeiro o joio e façam feixe para queimá-lo; e depois colham o trigo para guardar no celeiro".
[31]Propôs-lhes ainda outra parábola:
"O Reino dos céus é semelhante ao grão de mostarda que o homem toma e semeia em seu campo. [32]É a menor de todas as sementes, mas, quando brota, é a maior de todas as hortaliças e se torna uma árvore, a ponto de os pássaros do céu virem morar nos seus ramos".
[33]E lhes disse outra parábola:
"O Reino do céu é semelhante ao fermento que uma mulher toma e mistura em três medidas de farinha até que toda a massa tenha crescido".
[34]Tudo isso dizia Jesus às multidões em parábolas, e não lhes falava senão em parábolas [35]a fim de se cumprir o que o profeta dissera: "Eu abrirei a boca em parábolas e proclamarei o que estava escondido desde a origem do mundo". [36]Então, despedida a multidão, voltou para casa.
Os discípulos acercaram-se dele e disseram: "Explica-nos a parábola do joio no campo". [37]Respondeu ele: "Quem semeia a boa semente é

o Filho do homem. ³⁸O campo é o mundo. A boa semente são os filhos do Reino. O joio são os filhos do maligno. ³⁹O inimigo que o semeou é o demônio. A colheita é o fim do mundo e os que colhem os anjos.
⁴⁰Do mesmo modo que se recolhe o joio e se queima no fogo, assim será o fim do mundo. ⁴¹O Filho do homem enviará os seus anjos, que apanharão do seu reino todos os escandalosos e malfeitores ⁴²e os lançarão na fornalha ardente. Aí haverá choro e ranger de dentes. ⁴³Então os justos brilharão como o sol no Reino do Pai. Quem tem ouvidos ouça!"

3. ESCLARECIMENTOS

a) O que é o joio? (v. 25)

O joio é uma planta bastante semelhante ao trigo e até da mesma família. Seus grãos, é claro, não servem para comer; são bem pequenos. É uma espécie de mato que cresce no meio da plantação.

b) Por que os discípulos pediram a Jesus que explicasse a parábola do joio? (v. 36)

No versículo 36 e seguintes, vemos que os Apóstolos, aproveitando que estavam a sós com Jesus, pediram que ele explicasse essa parábola. Jesus aproveitou a oportunidade, a tranqüilidade do momento, e explicou detalhadamente aos discípulos.

c) Por que Deus permite que os maus continuem existindo?

Essa era uma preocupação dos discípulos de Jesus e é a nossa. Muitos judeus esperavam que, quando Deus viesse para salvar o seu povo, fosse começar pela destruição de todos os maus. Uma idéia semelhante a essa nos domina: por que Deus permite que continuem existindo os maus? (E você já reparou como a gente sempre se coloca entre os bons?)
Outra pergunta também poderia perturbar nossa mente: por que Deus não converte todo o mundo logo de uma vez?
Jesus é muito simples e prático em suas respostas. Conta uma historinha, uma parábola, para dizer: Com o Reino de Deus acontece o mesmo que aconteceu numa plantação!

d) Todos os homens aceitam a salvação?

Diante da oferta da salvação, dividem-se os homens: uns aceitam o Reino, outros não. Uns aceitam totalmente o Reino, outros o aceitam mais ou menos.

Acabar agora com os maus, essa não é a solução. Porque os homens podem mudar e Deus tem paciência: os que hoje se recusam a aceitar o Reino podem aceitá-lo amanhã.

e) Os bons já estão com a salvação garantida?

Não. Os bons ainda não atingiram o momento da colheita: ainda não estão maduros. Eles ainda podem mudar, logo devem continuar lutando para permanecerem fiéis, porque ainda não estão garantidos.

Deus espera a decisão de cada um: não força ninguém. Tem paciência e é capaz de nos ir conquistando pouco a pouco.

f) Participar do Reino exige uma definição nossa?

O Reino, a salvação, é obra de Deus: não somos bons por nossas próprias forças. Somos bons na medida em que somos sementes lançadas por Deus. Deus faz a semeadura e fica esperando o resultado: a semente pode brotar e chegar a dar fruto, ou pode murchar e morrer amarelada. Os que são maus não são maus porque Deus quer que sejam maus. É que se entregam ao poder do demônio. Recusam ser filhos de Deus para serem filhos do maligno.

Mas vai chegar o momento da decisão definitiva, que já não poderá ser modificada: é a hora, o tempo da colheita. Só depois dessa decisão definitiva de cada um de nós é que Deus realiza a separação.

g) O que acontece com o grão de mostarda e por que Jesus o compara com o Reino dos céus? (v. 31-32)

Nos provérbios dos judeus, muitas vezes aparecia a semente de mostarda como figura de coisa pequena e de pouco valor. No entanto, a pequena semente crescerá, será árvore. O Reino de Deus também parece coisa de pouca importância.

Aqueles que esperavam que Deus viesse fazer a salvação de seu povo de um modo brilhante e estrondoso deviam estar meio decepcionados com Jesus. Ele tinha anunciado a presença da força de Deus que salva, mas eles não estavam vendo nada de extraordinário.

Não havia relâmpagos e trovões; não parecia que fosse haver uma espetacular vitória contra os inimigos e opressores do povo. Aparentemente, o Reino é uma coisa pequena e fraca. É como uma pequena semente que a gente facilmente despreza. É um valor oculto.

Mas o Reino de Deus é uma força que nada e ninguém pode impedir de conseguir os seus fins.

A semente viva, por menor que seja, lançada à terra germina por uma força interior. Assim também o Reino de Deus. Não é uma força que se possa medir pelo sucesso aparente, mas é uma força que vem de Deus. Vai conquistando cada vez mais pessoas para uma maneira nova de viver.

Em pouco tempo a ação de Deus iria provocar uma transformação no mundo, iria mudar de fato a História da humanidade.

h) Os pássaros moram nos ramos da árvore. Que comparação podemos fazer com o Reino de Deus? (v. 32)

O profeta Ezequiel tinha anunciado que Deus iria plantar o seu povo, que se tornaria um grande cedro, e todos habitariam à sua sombra. Assim será com o Reino de Deus: a pequena semente crescerá, será árvore, será o lugar de encontro para todos que procuram o Senhor.

O Reino irá atingir os homens de todos os tempos e de todas as raças: fará com que todos reencontrem a casa do Pai.

i) Qual a outra parábola que Jesus apresenta? (v. 33)

Jesus chama nossa atenção para outro aspecto do Reino. Fala do fermento. É uma realidade caseira, principalmente quando a cada dia a dona-de-casa deve providenciar o pão.

Mesmo agora, porém, em nossos tempos, qualquer menina já sabe o que acontece se ela se esquece de colocar o fermento na massa.

j) O que aparece em maior quantidade: o fermento ou a massa? (v. 33)

É claro que a massa para o pão ou o bolo é em proporção muito maior. Serve de fermento um pouco de massa fermentada que sobrou do dia anterior ou uma pequena colher de pó Royal.
No entanto, apesar dessa desproporção aparente, a massa toda é influenciada e transformada pelo fermento.
Aliás, essa mesma consideração já apareceu na parábola do grão de mostarda: a força do Reino parece antes uma fraqueza. Mas é a força de Deus: transforma a pessoa e a humanidade.

k) O fermento é misturado à massa. O que ele realiza? (v. 33)

O fermento é misturado à massa e a massa, de certo modo, se transforma no fermento. E uma parte dessa massa poderá, por sua vez, ser fermento para outras medidas de farinha.

l) O fermento transforma a massa. Nós podemos transformar alguma coisa?

O Reino de Deus atinge o interior de cada um de nós. Se aceitamos esse Reino, somos realmente transformados, somos feitos realmente filhos de Deus. Nós, transformados, podemos transformar os outros.

4. COMENTÁRIO

A força de Deus que salva, o Reino, penetra todas as realidades humanas para transformá-las: o nosso trabalho, o nosso descanso, a nossa vida e família, o estudo, a política, tudo enfim. Tudo tem valor à medida que agirmos como pessoas misturadas com o fermento de Deus.
Esta ou aquela pessoa podem se recusar a aceitar o Reino de Deus, mas a história da humanidade não é a mesma desde que Deus resolveu salvar o homem. Com a sua força, com a força do seu amor, Deus transformou a humanidade.
Desde o começo, apesar do pecado, Deus está agindo sobre a humanidade para transformá-la. Com a vinda de Cristo essa ação de Deus que salva atingiu seu ponto alto.

Podemos ter esperança, apesar de todas as misérias do passado e do presente. Deus não nos abandonou em nossa miséria: a salvação é uma realidade presente entre nós.
Vamos mudar o mundo não tanto pelas nossas palavras e pelas nossas ações extraordinárias, mas principalmente pela nossa presença.
Não vamos querer resolver tudo a ferro e fogo. Deus está mais interessado em fazer com que todos sejam trigo do que em arrancar e queimar o joio. Não vamos, então, fazer logo um "juízo final" contra todos os que consideramos pecadores... Afinal, será que nós podemos ver o interior de cada um para darmos um julgamento justo?
Se somos tão fáceis em julgar, não seria porque sempre nos consideramos boa planta?

5. PERGUNTAS PRÁTICAS

1. **Pode-se dizer de você que é alguém que sempre procurou semear o bem?**
2. **Qual é sua atitude com relação àqueles que semeiam o mal?**
3. **Em suas amizades você sabe separar o joio do trigo?**
4. **Você procura ser fermento de Deus em seus ambientes?**
5. **Sua vida é a boa semente de Deus que frutifica no mundo?**

6. REVISÃO E PLANEJAMENTO DA AÇÃO

7. ORAÇÃO OU CANTO FINAL

17º DOMINGO DO TEMPO COMUM

Mt 13,44-52

A pedra mais preciosa que há

1. ORAÇÃO INICIAL

2. LEITURA DA BÍBLIA

Naquele tempo, Jesus disse à multidão: ⁴⁴"O Reino dos céus é semelhante a um tesouro escondido num campo. Um homem o descobre, esconde-o de novo e, cheio de alegria, vai, vende tudo quanto tem e compra aquele campo.
⁴⁵O Reino dos céus é também semelhante a um negociante que anda à procura de pérolas preciosas. ⁴⁶Encontrando uma de grande valor, vai, vende tudo o que possui e a compra.
⁴⁷O Reino dos céus é também semelhante a uma rede que se lança ao mar e que apanha peixes de toda qualidade. ⁴⁸Quando está cheia, os pescadores puxam-na para a margem, sentam-se e recolhem em cestos o que é bom, mas o mau jogam fora.
⁴⁹Assim será no fim do mundo: virão os anjos, separarão os maus do meio dos justos ⁵⁰e os lançarão na fornalha de fogo onde haverá choro e ranger de dentes.
⁵¹Compreenderam tudo isto?" Eles responderam: "Sim".
Disse-lhes ele: ⁵²"É por isso que todo mestre instruído sobre o Reino dos céus é semelhante a um pai de família que tira de seu tesouro coisas novas e coisas velhas".

3. ESCLARECIMENTOS

a) Quais as duas parábolas que Jesus apresenta nos versículos 44 e 45 e o que ele quer dizer com elas?

Nos versículos 44 e 45 do capítulo 13 do Evangelho de São Mateus, encontramos mais duas parábolas que nos apresentam outro aspecto importante do Reino de Deus.

São duas parábolas muito curtas, em que a "história" está reduzida ao mínimo necessário: a parábola do tesouro escondido e a das pérolas que o negociante procura.

b) Por que Jesus compara o Reino do céu com um tesouro? O que um tesouro realiza na vida de uma pessoa?

Jesus sabia fazer a nossa imaginação funcionar. Basta a palavra *tesouro* para despertar o nosso sonho. Quem ainda não imaginou um tesouro escondido: ouro, moedas, pedras preciosas, jóias, tudo dentro de um cofre de ferro, bem enterrado, ou escondido numa caverna, ou escondido no fundo do mar?
Pois bem. Jesus diz que o Reino dos céus é como um tesouro: é um grande valor, pode mudar completamente a nossa vida.

c) Por que o Reino do céu é um tesouro oculto?

É um tesouro oculto: somente Deus é que nos poderia fazer descobrir essa felicidade.

d) O que acontece com o homem que encontra um tesouro? (v. 44)

O homem que encontra um tesouro vai e vende tudo que tem. Seus parentes e seus vizinhos não conseguem compreender essa sua loucura. Vender tudo apenas para comprar um campo que aparentemente nada tem de extraordinário.

e) Qual o maior tesouro que pode existir?

O maior tesouro é o Reino de Deus.
Quem descobriu a felicidade, a grandeza da vida nova que Deus nos oferece, está pronto também a sacrificar tudo. Para ele, o supremo valor passa a ser o Reino de Deus: tudo o mais é secundário. Se for preciso, abandona riquezas, posição, conveniências.
Deixa tudo para aceitar a vida nova. Sua decisão nem sempre será bem compreendida. Haverá sempre quem o julgue exagerado e fanático.

f) O que fez o negociante? (v. 45-46)

O negociante está procurando belas pérolas. Viaja, indaga, entrega-se a mil trabalhos. Quando encontra uma pérola extraordinária, dá tudo por ela.

Os outros ficam espantados, mas ele sabe o que está fazendo. Tem certeza do negócio, sabe que nada irá perder, porque deixa tudo por tudo. Ou melhor, deixa tudo que é nada por um valor que é tudo.

g) Por que o Reino dos céus é semelhante a uma rede? (v. 47-48)

Jesus apresenta mais uma comparação, mais uma parábola tomada da vida de seus ouvintes. É a parábola da pesca com a rede. Deus lança sua rede, oferece a salvação para todos. Diante desse oferecimento do Reino, cada um tem de tomar sua decisão. Estamos todos na rede, mas não compete a nós fazer a separação entre bons e maus. Nós julgamos apenas pelo exterior. É Deus que no momento certo fará a separação. Enquanto não chega esse momento do julgamento, o que devemos fazer é trabalhar para que todos aceitem o Reino. É só lembrar a parábola do fermento.

h) Como será no fim do mundo? (v. 49-50)

Cada um escolhe ser peixe bom ou peixe inútil. Deus apenas irá respeitar nossa escolha. Como diz Jesus: no fim do mundo virão os anjos e farão a separação entre os maus e os justos.
O Reino de Deus é oferta de misericórdia, é oferta de vida. A quem recusa a vida, resta apenas receber a morte. Quem recusa a misericórdia vai-se encontrar infalivelmente com a justiça.

i) Jesus pergunta se seus discípulos compreendem as parábolas. Em que consiste compreender? (v. 51)

Jesus, novamente a sós com seus discípulos, mostra a eles que entender a doutrina do Reino é muito mais do que saber repeti-la: é saber vivê-la. É fazer com que essa doutrina se torne parte de nós mesmos, que nos oriente, que nos dê as medidas justas para julgar as coisas e os acontecimentos, dando-lhes o devido valor.

j) Por que os discípulos são considerados por Jesus como mestres instruídos? (v. 52)

Entre os judeus, os mestres instruídos conheciam a Sagrada Escritura e as tradições. Eram mestres da religião. Agora, depois de anunciado o Reino, os Apóstolos, os discípulos serão os "mestres" encarregados de transmitir aos outros a doutrina que receberam de Jesus. Era uma coisa um pouco estranha chamar de mestres aos Apóstolos que, em sua grande maioria, eram homens sem instrução, simples pescadores. É como se agora chamássemos de "doutor" a um homem sem instrução.

Acontece, porém, que a sabedoria que os discípulos devem ensinar não é uma sabedoria humana. Eles devem ensinar aos outros uma maneira nova de viver a vida que aprenderam do próprio Cristo.

4. COMENTÁRIO

As parábolas de Jesus que vimos hoje chamam nossa atenção para o supremo valor que devemos dar à salvação. A vida nova que Deus nos oferece não pode ser sacrificada por nenhum outro valor humano.

Chamam também nossa atenção para a coragem que devemos ter, a prontidão com que devemos aceitar a oferta de Deus. Quem duvida perde o negócio. Quem não tem coragem de tomar decisões corajosas poderá perder a oportunidade de felicidade que Deus oferece.

O homem que encontrou o tesouro e o negociante que encontrou uma pérola extraordinária são tomados de uma grande alegria. E nós? Nem sempre aceitamos alegremente o Reino de Deus. Até parece, às vezes, que estamos fazendo um mau negócio. Será que nós acreditamos realmente que Jesus está oferecendo para nós a felicidade, a verdadeira alegria?

O Reino dos céus é para nós um tesouro que encontramos ou é um mau negócio que lamentamos?...

O Reino de Deus é oferta de misericórdia, é oferta de vida. A quem recusa a vida resta apenas receber a morte. Quem recusa a misericórdia vai-se encontrar infalivelmente com a justiça.
Os discípulos de Jesus devem ensinar a partir de sua própria experiência de vida. Não podem ensinar sem terem vivido o que ensinam. De um tesouro só o que estiver guardado ali. Os discípulos não devem ensinar belas doutrinas inventadas; devem passar para os outros o seu próprio tesouro, coisas novas e velhas; quer dizer, tudo, toda a doutrina de Cristo, sem nada esconder, sem nada inventar. Mais tarde Jesus dirá também: "Quem ouvir a vocês está ouvindo a mim".

5. PERGUNTAS PRÁTICAS

1. **Você cuida bem do tesouro da fé que pelo Batismo foi colocado em seu coração?**
2. **O Reino de Deus é de fato uma verdadeira pedra preciosa em sua vida?**
3. **Seus amigos e familiares podem dizer que você é uma pedra preciosa na vida deles?**
4. **Como você encara o fim desta vida?**
5. **Se você fizesse um agradecimento a Deus agora, o que diria?**

6. REVISÃO E PLANEJAMENTO DA AÇÃO

7. ORAÇÃO OU CANTO FINAL

18º DOMINGO DO TEMPO COMUM

Mt 14,13-21

No repartir o pão encontramos o sentido para a vida!

1. ORAÇÃO INICIAL

2. LEITURA DA BÍBLIA

¹³A esta notícia, Jesus partiu dali numa barca para se retirar a um lugar deserto, mas o povo soube e a multidão das cidades o seguiu a pé. ¹⁴Quando desembarcou, vendo Jesus esta numerosa multidão, moveu-se de compaixão por ela e curou seus doentes. ¹⁵Caía a tarde. Agrupados em volta dele, os discípulos disseram-lhe: "Este lugar é deserto e a hora é avançada. Despede esta gente para que vá comprar víveres na aldeia". ¹⁶Jesus, porém, respondeu: "Não é necessário: dai-lhes vós mesmos de comer". ¹⁷"Mas, disseram eles, nós não temos aqui mais que cinco pães e dois peixes". ¹⁸"Trazei-os" — disse-lhes ele. ¹⁹Mandou, então, a multidão assentar-se na relva, tomou os cinco pães e dois peixes e, elevando os olhos aos céus, abençoou-os. Partindo em seguida os pães, deu-os aos discípulos, que os distribuíram ao povo. ²⁰Todos comeram e ficaram fartos e dos pedaços que sobraram recolheram doze cestos cheios. ²¹Ora, os alimentados foram aproximadamente cinco mil homens, sem contar as mulheres e crianças.

3. ESCLARECIMENTOS

a) Por que João Batista morreu? (v. 13)

João Batista morreu porque teve coragem de denunciar o mal, mesmo quando praticado pelos poderosos. Mesmo diante da morte, não recuou. Deu sua vida pela missão que tinha recebido. São Mateus, no capítulo 14, versículo 1 a 11, narra os motivos da morte do Batista de uma maneira bem clara.

b) Para onde Jesus foi? O povo o deixou sossegado? (v. 13-14)
Jesus foi para um lugar mais sossegado, possivelmente para estar a sós com seus discípulos. Mas não conseguiu ficar só com os discípulos: a multidão foi ao encontro dele.

c) Por que a multidão seguiu Jesus? (v. 13)
A multidão deixou as cidades e o seguiu a pé. A razão é muito simples. Explica-se a presença dessa multidão pelos milagres que Jesus realizava e que faziam crescer sua fama. No meio dessa multidão, estavam os "nacionalistas" que sondavam Jesus e alimentavam a esperança de proclamá-lo rei.

d) Qual foi a atitude de Jesus ao ver a multidão? (v. 14)
Uma grande multidão saiu atrás de Jesus. Sabiam para onde ele ia, chegaram antes e ficaram esperando.
Vendo-os, Jesus encheu-se de compaixão diante da sede com que o procuravam. Curou os doentes e ficou falando com o povo até o cair da tarde.

e) O que Jesus disse? (v. 16)
O povo nem viu o tempo passar e estava com fome. Os discípulos devem ter sentido um susto muito grande quando Jesus mandou que eles dessem comida para o povo.

f) O que é que eles tinham de comida? (v. 17)
Praticamente não têm nada para dar ao povo. Cinco pães e dois peixes, a única coisa que havia. Os discípulos devem ter ficado olhando para Jesus sem saber o que pensar ou dizer. Nada podem fazer.

g) Qual foi a ordem de Jesus? (v. 18-19)
Pediu que trouxessem a ele os pães e os peixes. Mandou que o povo se assentasse. Os Apóstolos ainda deviam estar sem saber o que pensar diante das ordens de Jesus.

h) O que Jesus fez ao tomar os pães e os peixes? (v. 19)
São as mesmas palavras que São Marcos, São Lucas e São João usam para o começo da consagração da Eucaristia. Era

também um costume judeu. Jesus tomou os pães e os peixes, ergueu os olhos para o céu e os benzeu. Nas refeições, o pai de família, depois que todos estavam à mesa, abençoava o pão, partia e dava um pedaço para cada um. Jesus ocupa agora o lugar do pai de família. Possivelmente usou uma das fórmulas de bênçãos tradicionais.

i) Que lição podemos tirar disso para a nossa vida?

A principal é saber agradecer a Deus que, em sua bondade infinita, nos dá tanta coisa, nos dá o alimento de cada dia. Para isso é tão importante sabermos rezar às refeições e rezar em todos os momentos de nossa vida. E não só nas horas de dificuldades.

j) O que aconteceu depois? (v. 20-21)

Não vamos ficar imaginando como se deu a multiplicação dos pães. Simplesmente temos o fato com os pormenores narrados por São Mateus: "e todos comeram à vontade". O que sobrou foi recolhido e encheu 12 cestos.

E os que tinham comido eram mais ou menos cinco mil homens, sem contar as mulheres e crianças,

k) O que significa a sobra de "doze cestos"? (v. 20)

Significa a abundância dos tempos messiânicos, pois o número doze indica plenitude, abundância. Isso contradiz as cenas que o povo viveu no deserto, onde só podia colher o *maná* necessário para aquele dia.

Aqui, todos comem até ficarem saciados.

Como em Caná houve vinho em abundância e melhor que o anterior, aqui também há pão em abundância. Lá faltava vinho; aqui, pão.

Lá a água se transformou em vinho delicioso. Aqui o pão se transforma e se multiplica.

4. COMENTÁRIO

O evangelista não faz maiores comentários sobre o milagre da multiplicação dos pães. Mas tanto os Apóstolos como o povo deviam estar se lembrando dos milagres que Deus tinha feito para seu povo no deserto. Também eles estavam colocados agora diante da misericórdia de Deus: perceberam a sua mão bondosa. Nem era preciso refletir muito: estavam vendo. Mateus, ao narrar esse milagre, está a nos indicar que Jesus é o Salvador prometido: aquele junto do qual podemos encontrar as riquezas todas de Deus. Mateus está pensando também na Igreja, a família dos filhos de Deus, onde estamos reunidos em volta de Jesus que nos dá o pão da vida eterna: o pão de sua palavra, o pão de sua presença entre nós. Estamos em volta de Jesus, que nos une ao Pai e aos irmãos.

Esse milagre é também para nós a imagem da felicidade perfeita que nos espera, quando estaremos todos reunidos, face a face com Deus, quando cessarão todas as nossas necessidades, quando Jesus matará completamente nossa fome de felicidade.

Jesus prepara o povo para aceitar com fé o milagre da Eucaristia: Aquele que alimenta "uma grande multidão" com cinco pães e dois peixes será capaz também de transformar o pão em sua carne e o vinho em seu sangue.

A imensa multidão que vem a Jesus para ter o que comer representa todos os homens espiritualmente esfaimados de um alimento espiritual; todos os homens que procuram um alimento que seja capaz de saciar sua fome de justiça, de amor e de paz; representa aqueles que crêem na força vivificante da Eucaristia.

5. PERGUNTAS PRÁTICAS

1. **Você sabe se retirar um pouco das correrias do dia-a-dia? Como e quando?**
2. **Você encontra tempo para ouvir a voz de Deus?**
3. **Você se preocupa com aqueles que passam fome?**
4. **Você sabe repartir seu pão? Seu amor? Sua amizade?**
5. **Que lugar ocupa a Eucaristia em sua vida?**

6. REVISÃO E PLANEJAMENTO DA AÇÃO

7. ORAÇÃO OU CANTO FINAL

A TRANSFIGURAÇÃO DO SENHOR

Mt 17,1-9

Colaboradores na transfiguração do mundo!

1. ORAÇÃO INICIAL

2. LEITURA DA BÍBLIA

¹Um dia, Jesus chamou Pedro, Tiago e seu irmão João, foi com eles para um lugar afastado, a um monte alto. ²E lá se transfigurou diante deles: seu rosto ficou brilhante como o sol e suas vestes brancas como a luz. ³Apareceram Moisés e Elias e falavam com Jesus. ⁴Pedro, tomando a palavra, disse a Jesus: "Senhor, como é bom estarmos aqui! Se quiseres, farei aqui três tendas: uma para ti, outra para Moisés e outra para Elias". ⁵Pedro ainda estava falando quando uma nuvem luminosa os envolveu. Do meio da nuvem saiu uma voz que dizia: "Este é o meu Filho muito amado, em quem ponho a minha complacência. Ouçam-no!"
⁶Os discípulos, quando ouviram estas palavras, caíram com o rosto em terra e ficaram cheios de grande medo. ⁷Mas Jesus aproximou-se deles, tocou-lhes nos ombros e disse-lhes: "Levantem-se! Não tenham medo!"
⁸E eles ergueram os olhos e não viram mais ninguém, a não ser Jesus. ⁹Quando desciam do monte, Jesus lhes deu uma ordem: "Não contem a ninguém essa visão, enquanto o Filho do Homem não ressuscitar dos mortos".

3. ESCLARECIMENTOS

a) Para onde Jesus foi? (v. 1)

Dirigiu-se para um lugar afastado, a um monte alto.
Trata-se do monte Tabor, monte da Transfiguração, na Galiléia. Está situado a 562 metros acima do nível do mar e fica a dez quilômetros de Nazaré.

b) Quem foi com Jesus? (v. 1)
Ele chamou Pedro, Tiago e João.
Jesus não se transfigurou diante de todos os discípulos porque queria que o fato ficasse em segredo. E reservou a Pedro, Tiago e João o privilégio de presenciá-lo por serem eles talvez os mais sábios e os que se mostravam mais delicados com a pessoa do Mestre.
Foram esses ainda os discípulos que Jesus quis como testemunhas da ressurreição da filha de Jairo (cf. Mc 5,37) e da sua agonia no Getsêmani (Mt 26,37).

c) O que aconteceu com Jesus quando estavam lá no monte? (v. 2)
Transfigurou-se, mostrando aos Apóstolos sua glória. Dessa mesma glória participaremos nós, depois da nossa ressurreição.
A finalidade desta transfiguração foi encorajar os discípulos a que não se deixassem vencer pelas provações que viriam em breve com a paixão de seu Mestre. Em lugar das qualidades do corpo mortal que tomara para se fazer em tudo semelhante a nós e por nós sofrer, Jesus revestiu-se dos dotes gloriosos. Este corpo glorioso era a conseqüência natural de que gozava a alma de Jesus, devido à sua união com o Verbo divino.

d) Quem apareceu falando com Jesus? (v. 3)
Apareceram Moisés e Elias. Simbolizavam todo o Antigo Testamento. Moisés representava a lei. Jesus se dá a conhecer como o Senhor dos vivos e dos mortos, adorado e servido por Moisés, que no passado fora o libertador e guia do povo escolhido.
Elias representava os profetas. Jesus se apresenta como aquele que é objeto das profecias.
A lei e as profecias dão testemunho de sua missão divina e se curvam em sua presença.
Os discípulos conhecem Moisés e Elias ou porque são divinamente esclarecidos ou pelo que dizem a Jesus.

e) O que Pedro disse? (v. 4)

"É bom estarmos aqui!"
Pedro, extasiado ante a visão, quer prolongá-la. Quer erguer três tendas. O costume da época era mais ou menos esse. Quando iam para a festa dos Tabernáculos, por exemplo, erguiam tendas com ramos de árvores. Com razão Pedro quer permanecer ali. É um desejo natural de todos os homens: permanecer onde nos sentimos felizes.

f) Qual a voz que se fez ouvir? (v. 5)

"Este é o meu Filho muito amado."
Jesus é Filho de Deus Pai. Deus costumava manifestar sua presença particular numa nuvem luminosa (cf. Êx 16,10.19, 9.24,15). Agora, na presença desses discípulos de Jesus, o Pai dá um testemunho solene. Foram as mesmas palavras que se ouviram quando Jesus se fez batizar por João Batista.

g) Por que Jesus proíbe os três Apóstolos de contarem aos outros o que houve? (v. 9)

A razão por que Jesus proíbe aos três Apóstolos de falar a respeito da visão é evitar agitações populares.
Jesus, em vez de responder à proposta de Pedro, ao descer a montanha volta a lembrar aos discípulos o que predissera sobre a sua Paixão, ordenando-lhes que "não digam a ninguém o que viram, enquanto o Filho do Homem não ressuscitar dos mortos".
Jesus com isso indica que lhes manifestou sua majestade para que não perdessem a fé, quando vissem seus sofrimentos na Paixão.
Queria também significar que as revelações de seu poder e glória devem ser conhecidas junto com as horas difíceis do sofrimento.
A conclusão seria evidente: a glória é uma coroa dos que sofrem e o sofrimento neste mundo é a condição para se alcançar a glória celeste.

4. COMENTÁRIO

Jesus falou claramente a seus Apóstolos de sua paixão e morte. Ensinou-lhes o caminho do sacrifício que deverão seguir para alcançar o céu.
Dias depois de ter dito isso, transfigurou-se diante deles, manifestando-lhes sua glória. Como Jesus antes convidara os Apóstolos a seguir o caminho do sacrifício, era conveniente que manifestasse a eles também a glória da transfiguração, da qual eles participariam.
A transfiguração de Jesus é uma imagem de transformação que se realiza na alma em estado de graça.
Jesus é o Verbo, isto é, a Palavra de Deus. É a verdade e a norma suprema de sabedoria. Por isso o Pai nos diz, por meio daquela voz misteriosa, que o ouçamos, isto é, que obedeçamos a ele.
Jesus nos fala com sua doutrina, com seus milagres, com seus exemplos, com seu silêncio. Jesus nos fala pela Igreja.
A obediência a Jesus supõe a fé, isto é, crer em tudo o que Deus nos revelou e a Igreja nos propõe.
A transfiguração de Jesus é um apelo a nós, homens, para que lutemos pela transformação e transfiguração do homem e do mundo.

5. PERGUNTAS PRÁTICAS

1. **Você participa com alegria da vida da Igreja?**
2. **Você ouve a Palavra de Deus? Quando e como?**
3. **Você tem medo? De quê?**
4. **Em momentos difíceis onde você encontra força e coragem?**
5. **O que você faz para ajudar a melhorar, a transformar o mundo?**

6. REVISÃO E PLANEJAMENTO DA AÇÃO

7. ORAÇÃO OU CANTO FINAL

19º DOMINGO DO TEMPO COMUM

Mt 14,22-33

Jesus nos dá coragem

1. ORAÇÃO INICIAL

2. LEITURA DA BÍBLIA

²²Depois de o povo saciar a fome, Jesus mandou que os discípulos subissem na barca e fossem esperá-lo na outra margem, enquanto ele ficava despedindo o povo. ²³Despedido o povo, Jesus subiu a um monte para rezar na solidão.

Quando a noite chegou, ele estava ali só. ²⁴Entretanto a barca já estava a boa distância da margem e as ondas, provocadas por um vento que vinha em direção oposta, agitavam a barca. ²⁵Lá pelas três horas da madrugada, Jesus, andando sobre as águas, foi ao encontro deles. ²⁶Quando os discípulos o viram caminhando sobre as águas, ficaram com medo e disseram: "É um fantasma!" E, apavorados, começaram a gritar.

²⁷Mas Jesus, aproximando-se, imediatamente lhes disse: "Fiquem tranqüilos! Sou eu. Não tenham medo!"

²⁸Então Pedro respondeu: "Senhor, se sois vós, fazei com que eu vá até aí, andando sobre as águas". ²⁹"Venha", disse-lhe Jesus. Pedro saltou da barca e, andando sobre as águas, caminhava na direção de Jesus.

³⁰Mas, vendo o vento forte, ficou com medo e começou a afundar. Gritou logo: "Salve-me, Senhor".

³¹Jesus estendeu-lhe a mão, segurou-o e disse-lhe: "Homem de pouca fé, por que você duvidou?"

³²Quando subiram na barca, o vento se acalmou e ³³os que nela estavam vieram lançar-se aos pés de Jesus, dizendo: "Vós sois realmente o Filho de Deus!"

3. ESCLARECIMENTOS

a) Por que Jesus mandou que seus discípulos fossem esperá-lo na outra margem? (v. 22)

Diante do milagre da multiplicação dos pães, tanto o povo como os discípulos ficaram entusiasmados e pensaram em proclamar Jesus como rei. Para evitar que os Apóstolos se deixassem dominar por esse entusiasmo fácil, Jesus obrigou-os a embarcar e mandou que o fossem esperar do outro lado do lago.

b) Por que de madrugada os Apóstolos ainda estavam no lago? (v. 24-25)

Para atravessar o lago, os Apóstolos tinham de viajar uns 11 quilômetros. Com o tempo bom, isso seria feito em duas ou três horas. Com o vento contrário, a coisa era diferente. De madrugada, eles ainda estavam lutando com as ondas.

No tempo de Jesus, os judeus dividiam a noite em quatro partes, que eram chamadas "vigílias": das 6 às 9; das 9 às 12; das 12 às 3; das 3 às 6.

De madrugada, pois, entre 3 e 6 horas, quando ainda estavam sendo sacudidos pela tempestade, Jesus veio ter com eles. Vinha andando sobre a água.

c) O que aconteceu com os Apóstolos? (v. 26)

Jesus vinha andando sobre a água. Ainda não tinha clareado o dia e os Apóstolos viram apenas um vulto que se aproximava. O evangelista São Mateus conta vivamente a reação deles: ficaram com medo e gritaram, pensando que fosse algum fantasma.

d) Por que os discípulos se acalmaram? (v. 27)

Bastou uma palavra de Jesus: "Fiquem tranqüilos, sou eu". Reconheceram Jesus e se acalmaram. Já não tinham medo, principalmente porque Jesus, o Filho de Deus feito homem, agia diretamente sobre eles e lhes dava coragem.

e) Jesus pode dar coragem?

Jesus não é como os outros que apenas podem falar, tentando dar-nos coragem ou consolo. Aliás, os outros não nos podem dar nem consolo nem coragem. Podem apenas dizer e convidar: "Não tenha medo, não se desespere". Nós é que temos de arranjar coragem e consolo. Com Jesus é diferente. Ele pode realmente dar-nos coragem e consolo: pode fazer-nos mais fortes, mais firmes.

f) Os Apóstolos podiam duvidar do que estava acontecendo?

Os Apóstolos estavam diante de um fato do qual não podiam duvidar: estavam no meio do lago, o vento soprava forte, as ondas subiam e desciam e eles certamente já estavam molhados e um tanto preocupados.
E, ao mesmo tempo, estavam diante de outro fato: Jesus andava sobre as águas como se fosse sobre a terra firme.

g) O que os Apóstolos poderiam pensar ao ver Jesus andando sobre as águas?

Antes de saber que era Jesus, a reação dos Apóstolos foi clara: gente não anda assim sobre a água; deve ser um fantasma, coisa do outro mundo. Quando viram que era Jesus, eles necessariamente tinham de perceber que Jesus era alguém muito especial. Tanto mais que ainda estavam impressionados com o que tinham visto na véspera: com cinco pães ninguém é capaz de dar de comer para muita gente; no entanto, cinco mil homens tinham comido à vontade.

h) O que aconteceu com Pedro? (v. 28-31)

Pedro quis ir ao encontro de Jesus. Não é fácil saber a razão por que Pedro quer ir ao encontro de Jesus andando sobre as águas. Será que estava querendo uma prova de que realmente era o Senhor que estava ali?
Mas, se estava duvidando, não tinha sentido ele saltar para as água agitadas do mar.

Estaria sendo levado por uma confiança absoluta no Senhor, como se estivesse dizendo: "Se és tu, Senhor, tenho coragem de ir ao teu encontro por sobre as águas!"
É difícil a gente saber. Talvez nem mesmo Pedro o soubesse claramente. O certo é que, quando lhe disse Jesus: "Venha!", ele saltou para a água e foi andando. Mas, como tinha sido rápido em saltar para fora da barca, assim também foi rápido em passar da confiança para a dúvida e para o medo: Vendo o vento forte, ficou com medo e começou a afundar. Gritou então: "Salvai-me, Senhor!"

i) Pedro tinha a quem recorrer? (v. 30)

Os ventos que sopravam forte, as ondas que subiam e desciam lhe davam a impressão de estar a ponto de afundar. Perdeu a coragem e num grito cheio de confiança chamou por Jesus. Pelo menos sabia a quem recorrer quando já não tinha confiança em si mesmo.

j) Qual foi a atitude dos outros Apóstolos depois do ocorrido? (v. 32-33)

Os discípulos de Jesus tinham visto muita coisa em pouco tempo: Jesus que andava sobre as águas, depois Pedro que, a seu chamado, também tinha andado sobre o lago agitado pelo vento, e a tempestade que de repente desapareceu mal Jesus tinha subido para a barca. Estavam tomados de admiração diante de Jesus.
Em Jesus estavam vendo o que nunca tinham visto em ninguém: um poder imenso. Tinha alimentado, com cinco pães, mais de cinco mil pessoas, tinha completo domínio sobre as ondas e o vento.
Diante disso tudo, a única coisa que os discípulos poderiam fazer era reconhecer a grandeza e o poder de Jesus. Inclinados diante dele, fazem um ato de fé: "Vós sois realmente o Filho de Deus!"
Reconheceram Jesus como o Salvador prometido.

4. COMENTÁRIO

Depois da multiplicação dos pães, Jesus mandou que seus discípulos atravessassem o lago. Veio a tempestade, ficaram apavorados e de repente viram Jesus que vinha andando sobre as águas. Isso foi para eles uma manifestação da grandeza de Jesus.

Foi assim que, aos poucos, Jesus se foi manifestando como o Salvador prometido: foi aos poucos que os discípulos foram compreendendo o que significava a presença de Jesus entre eles. Jesus presente. Ele aparece aos discípulos, no lago. Naquele momento, o que eles poderiam pensar sobre Jesus? O que você pensaria se estivesse no lugar deles?

O que é que nós pensamos de Jesus? Nós, que já vimos tudo quanto ele fez em nossa vida? Acho que já aconteceu em sua vida você ter de enfrentar situações e tomar decisões que evidentemente estavam acima de suas forças. A única explicação que podemos encontrar para esses momentos é o apoio e a força que nos vêm de Cristo.

Ao mesmo tempo que acreditamos em Jesus, vamos também experimentando o seu poder. Isso é verdade, mesmo se há momentos em que a gente, de certo modo, tem de fechar os olhos e saltar no vazio, confiados apenas na fé, confiando que o Cristo estará preparado para nos segurar.

Os Apóstolos, quando Jesus subiu na barca, reconheceram Jesus como o Salvador prometido. Mas talvez alguém pudesse perguntar: Se agora reconheceram que Jesus era o Salvador, por que outras vezes se mostraram ainda inseguros? Por que o abandonaram no momento em que foi entregue na mão dos inimigos?

Basta olhar para nossa própria vida: nós também temos momentos em que vemos as coisas claramente, tudo nos parece seguro, temos confiança absoluta em Deus. Mas também há outros momentos em que toda a nossa certeza parece desaparecer, tudo parece duvidoso.

Estamos sujeitos a esses altos e baixos. Assim também os Apóstolos. O importante é que nos altos e baixos da vida não es-

queçamos que o Cristo está sempre ao nosso lado, sempre pronto a atender nosso pedido de socorro.

Sempre pronto também a nos acolher quando, depois de termos fraquejado, voltamos a ele. Também na fé iremos crescendo aos poucos. Cristo não se espanta com isso. Ele nos conhece muito bem.

5. PERGUNTAS PRÁTICAS

1. **Você encontra tempo para a oração pessoal, íntima com Deus?**
2. **Você se lembra de colocar sua vida sempre nas mãos de Deus?**
3. **O que você pede a Deus?**
4. **Como é sua fé?**
5. **Você confia realmente em Deus?**

6. REVISÃO E PLANEJAMENTO DA AÇÃO

7. ORAÇÃO OU CANTO FINAL

ASSUNÇÃO DE NOSSA SENHORA

Lc 1,39-56

Maria em nossa vida

1. ORAÇÃO INICIAL

2. LEITURA DA BÍBLIA

[39]Por aqueles dias, Maria se pôs a caminho e dirigiu-se às pressas para uma cidade de Judá, situada na região montanhosa. [40]Ao entrar na casa de Zacarias, saudou Isabel.
[41]No momento em que Isabel ouviu a saudação de Maria, a criança que estava em seu seio exultou de alegria. Isabel ficou cheia do Espírito Santo e exclamou com voz forte: [42]"Bendita és tu entre as mulheres e bendito é o fruto do teu ventre! [43]Que mérito tenho eu para que a mãe do meu Senhor me venha visitar? [44]Logo que meus ouvidos ouviram tua saudação, a criança exultou de alegria em meu seio. [45]Feliz és tu, que acreditaste na realização de todas as coisas que o Senhor te disse". [46]Maria disse, então: "Minha alma engrandece o Senhor [47]e meu espírito se alegra em Deus, meu Salvador, porque [48]ele olhou para a condição humilde de sua serva. Por isso, de agora em diante, todas as gerações dirão que sou feliz! [49]O Todo-poderoso fez em mim coisas maravilhosas: Santo é seu nome. [50]De geração em geração ele derrama sua misericórdia sobre aqueles que o temem. [51]Manifestou a força de seu braço e dispersou os homens que tinham orgulho no coração. [52]Derrubou os poderosos de seus tronos e elevou os de condição humilde. [53]Enriqueceu de bens os que têm fome e despachou os ricos de mãos vazias. [54]Lembrando-se de sua misericórdia, abriu os braços para acolher Israel, [55]seu servo, conforme tinha prometido a nossos pais, a Abraão e a seus filhos para sempre".
[56]Maria ficou com Isabel por uns três meses e depois voltou para sua casa.

3. ESCLARECIMENTOS

a) Por que razão Maria vai às pressas? (v. 39)

O evangelista pretende demonstrar o empenho e a preocupação com que a Virgem Maria foi visitar sua prima Isabel. Mostra a disposição interior de Maria em cumprir a indicação divina e em felicitar e ajudar Isabel. Foi amável de natureza. Estava desejosa de repartir com seus parentes aquelas graças celestiais que, quais fontes de água viva, lhe irrompiam da alma. Por isso, pôs-se a caminho com solicitude.

b) Há alguma atitude de humildade no fato de Maria ir visitar Isabel? (v. 40)

Sim. Notamos que é alguém superior que vai visitar o inferior, para prestar sua ajuda. É Maria indo visitar Isabel. Em Cristo também encontramos esta atitude humilde quando ele se dirige a João Batista. Finalmente, consideramos o Todo-poderoso, nosso Deus, que se dirige ao homem. Na verdade, escreve Santo Ambrósio, bem depressa se fazem sentir a presença de Maria e os benéficos efeitos da presença divina.

c) O que narra o versículo 41?

Narra os efeitos prodigiosos da visita de Maria a Isabel.
João exultou porque o Salvador estava presente em Maria. João percebeu a vinda do Senhor. Isabel sentiu a presença de Maria, através de sua saudação.

d) Qual foi a atitude de Isabel?

Isabel, iluminada pela luz do alto, reconheceu e, com júbilo e reverência, saudou a Mãe do Salvador.
Isabel chama Maria de "bendita entre as mulheres", "Mãe de meu Senhor", e felicita-a porque acreditou no que foi anunciado.

e) Maria era, de fato, de condição humilde? (v. 48)

Maria atribui a obra da Encarnação à pura bondade de Deus, que olhou para a "humildade" de sua "serva".

Foi realmente pura escolha de Deus. Deus olhou para uma mulher de condição social despercebida.

Maria era uma jovem socialmente desconhecida, residente num lugarejo igualmente desconhecido.

Mas Deus não quis para mãe do Messias uma rainha. Escolheu uma "serva" desconhecida para Mãe do triunfador e socialmente vitorioso que se esperava.

Embora fosse Maria de família humilde, Deus a elevou à altíssima dignidade de Mãe de Deus.

f) Qual a mensagem dos versículos 51 a 53?

Trazem as grandes idéias bíblicas: misericórdia de Deus, preferência pelos pobres e humildes, poder de santidade. Maria canta a graça de Deus para com ela; canta o poder e a misericórdia de Deus, que se revelam na História.

Estes versículos são uma recordação do poder, da justiça e da bondade de Deus.

g) Por que Maria entoou esse hino de glória a Deus? (v. 46 a 55)

O cântico é uma resposta de Maria à felicitação de Isabel. É como se dissesse: "Não há razão para me felicitar. Tudo é obra de Deus. Minha felicidade consiste em ele ter-se dignado fixar-se em uma criatura tão pequena como eu!" Maria, exaltada pelos anjos e pelos homens, humilha-se e exalta a bondade de Deus para com ela.

Com esse cântico, Maria agradece a Deus o grande favor que lhe concedeu e, ao mesmo tempo, agradece todos os benefícios que a Encarnação vinha trazer à humanidade.

h) Que lição podemos tirar para nossa vida?

Maria muito nos ensina com estas suas atitudes. Em primeiro lugar, aprendemos a lição da humildade. Com Maria, iremos ao encontro de nossos irmãos, visitando os parentes, ajudando-os quando se encontram em necessidade. Aprendemos a crer e a viver esta profunda verdade: onde entra Maria, estão Jesus, o Espírito Santo, a paz e a alegria. Nas horas de sofrimento, de doenças, de contrariedades, quando o desânimo quiser tomar conta de nossa vida, lembremo-nos de Maria e invoquemos a proteção materna de nossa mãe. Sejamos, um dia, exaltados à feliz companhia de nossa Mãe celeste.

4. COMENTÁRIO

Maria corre à casa de sua prima, desejosa de lhe comunicar sua alegria e interessada em lhe dedicar as atenções de que necessitava. Essa atitude de Maria é um exemplo para nós, que tanto nos esquecemos dos deveres que o parentesco nos impõe. Nossa condição de apóstolos cristãos nos leva a cumpri-los com amor, afeto e caridade.

Maria Santíssima responde aos louvores de sua prima, dando graças a Deus pelos benefícios recebidos. Louva a Providência divina, que confunde os soberbos e exalta os humildes. "Minha alma glorifica ao Senhor!..." A verdadeira humildade não consiste em desconhecer os benefícios, mas em atribuí-los a Deus, que tanto bem nos faz.

A humildade da Santíssima Virgem é a causa de sua grandeza! Porque ela se humilhou até reconhecer sua insignificância e seu nada, o Senhor a exaltou à mais alta dignidade, pela qual será bendita por todas as gerações. Se queremos ser grandes aos olhos de Deus, sejamos pequenos diante dos homens. Se queremos que o Senhor nos eleve, reconheçamos nossa pequenez e nosso nada.

5. PERGUNTAS PRÁTICAS

1. **Que lugar ocupa Nossa Senhora em sua vida?**
2. **Você visita os doentes e aqueles que têm necessidade de uma presença e de uma palavra amiga?**
3. **Você é feliz? Em que consiste a felicidade?**
4. **Que tipo de devoção a Nossa Senhora mais lhe agrada?**
5. **Por que você tem devoção a Nossa Senhora?**

6. REVISÃO E PLANEJAMENTO DA AÇÃO

7. ORAÇÃO OU CANTO FINAL

20º DOMINGO DO TEMPO COMUM

Mt 15,21-28

Grande é tua fé!

1. ORAÇÃO INICIAL

2. LEITURA DA BÍBLIA

²¹Jesus partiu e retirou-se para os arredores de Tiro e Sidônia. ²²E eis que uma cananéia, originária daquele país, gritava: "Senhor, Filho de Davi, tem piedade de mim! Minha filha está cruelmente atormentada por um demônio". ²³Jesus não lhe respondeu palavra alguma. Seus discípulos vieram a ele e lhe disseram com insistência: "Despede-a: ela nos persegue com seus gritos". ²⁴Jesus respondeu-lhes: "Não fui enviado senão às ovelhas perdidas da casa de Israel". ²⁵Mas aquela mulher veio prostrar-se diante dele, dizendo: "Senhor, ajuda-me!" ²⁶Jesus respondeu-lhe: "Não convém jogar aos cachorrinhos o pão dos filhos". ²⁷"Certamente, Senhor", replicou-lhe ela, "mas os cachorrinhos ao menos comem as migalhas que caem da mesa de seus donos..." ²⁸Disse-lhe então Jesus: "Ó mulher, grande é tua fé! Seja feito como desejas". E, na mesma hora, sua filha ficou curada.

3. ESCLARECIMENTOS

a) Para onde foi Jesus? (v. 21)

Jesus se encontrava em Cafarnaum, na planície de Genesaré. Retirou-se para o território de Tiro e de Sidônia, região do norte da Galiléia.

A intenção era preocupar-se mais intensamente com a instrução dos discípulos. Jesus não ia pregar o Evangelho nessa região, mas ali, retirado, sem ser percebido, pretendia, com uma instrução mais perfeita, preparar seus discípulos para resistirem às perseguições dos fariseus, além de proporcionar a eles o necessário descanso.

O evangelista São Marcos (7,24) diz que Jesus "entrou numa casa e não queria que ninguém o soubesse", esperando que, estando em território estranho, se acalmasse o entusiasmo da multidão que, depois da primeira multiplicação dos pães, queria proclamá-lo rei.

b) De que a mulher chama Jesus? (v. 22)

"Filho de Davi!" Parece estranho que ela, mulher pagã, assim chame a Jesus.

Contudo, nesta época, Jesus já estava em seu terceiro ano de vida pública e sua fama tinha-se espalhado para fora da Palestina, como notamos nas narrativas do Evangelho. Ela conhecia este título que os judeus estavam dando a Jesus.

c) Qual o problema que a mulher traz a Jesus? (v. 23)

"Minha filha está atormentada pelo demônio!"
Não é necessário que se pense tratar-se de uma verdadeira possessão diabólica. Os gentios atribuíam muitas enfermidades aos espíritos malignos, quando muitas vezes se tratavam de males físicos apenas. Aqui, porém, é um caso de possessão, pois o mesmo fato é narrado por São Marcos (7,29), que cita as seguintes palavras de Jesus: "Vai, o demônio saiu de tua filha!"

d) Como se comportaram os discípulos de Jesus? (v. 23)

O evangelista São Mateus narra de modo muito realista a reação dos discípulos de Jesus. Como Jesus se calasse, talvez a mulher tivesse se dirigido a seus discípulos. E estes se preocupam somente em livrar-se do incômodo, sugerindo a Jesus que a despache, concedendo o que pede.

e) Para quem Jesus diz que foi enviado? (v. 24)

Jesus veio para anunciar o Evangelho a todo o mundo.
Mas ele, pessoalmente, só iria pregar em um único país, a Palestina, a chamada "casa de Israel".
Seus Apóstolos é que seriam mais tarde encarregados de pregar por toda a terra, eles pessoalmente e através de novos discípulos.

f) Por que Jesus faz alusão aqui aos cachorrinhos? (v. 26)

Jesus entende por filhos os israelitas que no Antigo Testamento eram considerados como filhos de Deus.

Por causa da idolatria e da corrupção dos costumes, os gentios eram apelidados de cachorros pelos judeus. As palavras de Jesus parecem ser duras. Mas, levando em consideração o costume dos judeus e o diminutivo da palavra usada, a frase, que era uma espécie de expressão proverbial, não possuía nenhum sentido de ofensa. A alusão aos cachorrinhos é uma colocação histórica e tradicional, mas cheia de delicadeza.

g) Jesus foi atencioso com a mulher cananéia? (v. 23-26)
Não. De início, Jesus nada lhe responde. Mostra-se indiferente e de uma dureza que serve para pôr a mulher à prova e a humilhar.
Ela, que ainda era pagã, que pertencia aos inimigos tradicionais de Israel, mostra sua fé ainda inicial e revela uma atitude de oração perseverante.

h) Diante da expressão forte de Jesus, qual foi a reação da mulher? (v. 27)
A mulher não desanima. Inesperadamente, muda a parábola em seu proveito próprio. Concorda com o que Jesus diz e, numa atitude humilde, lembra que os cachorrinhos se alimentam das migalhas que caem da mesa do dono. Qual cachorrinho, também ela quer ir em busca das migalhas da mesa, quer ser digna de um pouco de atenção, embora saiba que o povo judeu é mais importante e merece mais atenção por parte de Jesus.
Ela confia na misericórdia de Jesus, para quem conceder esta graça é como permitir que um cachorrinho coma as migalhas de pão que caem da mesa.

i) Depois desse diálogo, como se comportou Jesus? (v. 28)
O coração de Cristo não conseguiu resistir. A fé, a perseverança na oração, a humildade daquela mulher gentia conquistaram de Jesus o que ela queria.

4. COMENTÁRIO

Esta cena é uma das mais emocionantes páginas do Evangelho. Aconteceu na região pagã de Tiro e Sidônia, território

fenício que ficava ao norte da Galiléia. Jesus se dirigiu para lá, deixando a terra israelita para dar oportunidade de descanso a seus discípulos.
Uma mulher cananéia saiu ao encontro de Jesus, quando notou que ele passava. Seguiu-o, gritando atrás dele e dos Apóstolos. Estes, incomodados com os gritos da mulher, pedem ao Mestre que a mande embora. Jesus dá a entender que nada tem a ver com ela. Entraram numa casa, provavelmente para tomar refeição. A mulher entra atrás dele, ajoelha-se diante de Jesus e insiste em seu pedido. Ela sofre e implora. A mulher revela uma fé profunda e essa fé vence as barreiras da raça.
Inesperadamente, muda a parábola apresentada por Jesus em proveito próprio. Como mãe, ela sabe que de nenhum modo faltará o pão a seus filhos. E conhece também os costumes à mesa e como fazem os donos da casa ao limpar a mesa.
A fé persistente e firme da mulher, resistindo à prova, ganha o coração de Jesus. O amor vence.
Voltando para casa, ela encontra sua filha curada.
Importante foi a fé, a confiança que aquela mulher trazia no coração. Fé e confiança que Jesus tinha notado desde o início. Mas era preciso que também os discípulos, aqueles judeus, aprendessem que Deus não se importa com a nossa origem ou os nossos títulos.
O que importa para Deus é a nossa fé, a confiança com que nos entregamos a ele. Era preciso que os discípulos, vendo a fé e a confiança daquela mulher, aprendessem também a ter fé e confiança, apesar de tudo. Jesus não conclui com nenhum discurso, mas a lição é bem clara para nós.

5. PERGUNTAS PRÁTICAS

1. **Você acolhe bem a todos?**
2. **O que significa o próximo para você?**
3. **Você é perseverante na oração?**
4. **Você é humilde?**
5. **Como é sua fé?**

6. REVISÃO E PLANEJAMENTO DA AÇÃO

7. ORAÇÃO OU CANTO FINAL

21º DOMINGO DO TEMPO COMUM

Mt 16,13-20

Quem é Jesus?

1. ORAÇÃO INICIAL

2. LEITURA DA BÍBLIA

¹³Naquele tempo foi Jesus à região de Cesaréia de Felipe e ali perguntou a seus discípulos: "Quem diz o povo que é o Filho do homem?" ¹⁴Eles responderam-lhe: "Uns dizem que é João Batista; outros, que é Elias; outros, ainda, que é Jeremias ou algum dos profetas". ¹⁵Disse-lhes Jesus: "E para vocês, quem sou eu?" ¹⁶Respondeu-lhe Simão Pedro: "Tu és o Cristo, o Filho do Deus vivo". ¹⁷Jesus lhe disse, então: "Feliz, você, Simão, filho de Jonas, porque não foi a carne nem o sangue que lhe revelaram isto, mas meu Pai que está nos céus. ¹⁸E agora eu lhe digo: você é Pedro, e sobre esta pedra construirei minha Igreja e as portas do inferno nada poderão contra ela. ¹⁹Eu lhe darei as chaves do Reino dos céus, e tudo o que você ligar na terra será ligado no céu, e tudo o que você desligar na terra será desligado no céu". ²⁰Depois disso, mandou que os discípulos não dissessem a ninguém que ele era o Cristo.

3. ESCLARECIMENTOS

a) O que Jesus perguntou a seus discípulos? (v. 13)

Jesus perguntou pela opinião do povo. Sentimos nessa passagem do Evangelho um momento muito importante.
Já tinham acontecido muitas coisas. Jesus tinha falado muitas vezes ao povo, realizado muitos milagres. O povo estava surpreso com Jesus. Muitos perguntavam quem era ele. Outros comentavam que "nunca se viu coisa igual" (Mt 12,23) tal era a extraordinária grandeza com que Jesus se apresentava. Diante dessa situação, Jesus pergunta a seus discípulos o que é que o povo andava dizendo dele.

b) O que o povo pensava de Jesus? Tinha chegado a alguma conclusão? (v.14)

O povo, com exceção dos fariseus e saduceus, colocou Jesus ao lado das grandes figuras do passado.
Alguns diziam que Jesus era João Batista. João Batista causara uma grande impressão sobre o povo. Depois que foi assassinado por Herodes, alguns, que talvez pela primeira vez viam Jesus ou ouviam falar sobre ele, imaginavam que ele fosse o grande profeta ressuscitado.
Herodes também pensava assim (Veja Mt 14,2). Outros julgavam que Jesus fosse Elias ou Jeremias, profetas do passado. Esses profetas, conforme as tradições populares, deveriam voltar para anunciar a chegada do Messias.
Alguns ainda julgavam que Jesus fosse "algum dos profetas".

c) O que pensavam a respeito de Jesus os discípulos? (v. 15-16)

Os discípulos estavam convivendo bem perto de Jesus e dele recebiam uma pregação toda especial. Era evidente que pensassem de maneira extraordinária a respeito de Jesus. E a pergunta que Jesus lhes faz logo em seguida coloca-os diante de uma questão direta, que exige uma tomada de posição clara e definida.

d) Quem era Jesus para Pedro? (v. 16)

"Tu és o Cristo, o Filho do Deus vivo."
Os evangelhos apresentam Jesus como sendo o Filho de Deus, no sentido real e próprio. E, nesta passagem do Evangelho, São Mateus está querendo ensinar a divindade de Cristo.
Pedro poderia muito bem ter reconhecido claramente a divindade de Jesus, embora mais tarde, uma vez ou outra, fosse infiel ao mestre.
Todos nós conhecemos a fraqueza humana. Também nós acreditamos que Jesus é nosso Salvador e Filho de Deus; apesar disso, quantas vezes nós pecamos!

Não podemos dizer ao certo que, naquele momento, Pedro estivesse reconhecendo com toda a clareza a divindade de Jesus. Pode ser.

e) Pedro reconhece Jesus como o Cristo, o Messias. O que significava isso?

A palavra "Messias" corresponde a uma palavra hebraica — "Maschiah" —, que quer dizer "Ungido".
Quando um rei ou sacerdote era escolhido, recebia uma "unção". Encontramos um exemplo no primeiro livro de Samuel (10,1): "Samuel tomou o vaso de óleo e o derramou sobre a cabeça de Saul..."
Essa palavra "Messias", ungido, foi traduzida para o grego: "Cristós". Quando nós dizemos "Jesus Cristo", estamos dizendo "Jesus Messias", o que foi ungido por Deus, escolhido para ser nosso Salvador.

f) Ao dizer "Tu és o Cristo", o que Pedro está querendo dizer? (v. 16)

Com sua declaração, Pedro está dizendo o seguinte: "Nós acreditamos que tu és o Senhor prometido; tu és aquele que vem com o poder de Deus para nos salvar". Pedro, em nome dos discípulos, está declarando sua fé, a confiança completa em Jesus.

g) Pedro e os discípulos eram mais espertos que os outros? (v. 17)

Uma multidão muito grande conheceu Jesus; no entanto, não chegaram a ver nele o Salvador. Os fariseus, por exemplo, não conseguiram compreender quem era Jesus. Mas isso não quer dizer que Pedro e os discípulos fossem mais espertos que os outros. O próprio Jesus responde a essa pergunta. Depois da declaração de Pedro, ele disse: "Não foi a carne nem o sangue que lhe revelaram isto..." Pedro chegou a esse conhecimento pela revelação divina.

h) O que significa a expressão "carne e sangue"? (v. 17)
Na linguagem bíblica, "carne e sangue" indicam o homem com todas as suas limitações. Ninguém pode reconhecer Jesus como Salvador a não ser que seja iluminado por Deus.

i) Por que Jesus diz: "Você é Pedro, e sobre esta pedra construirei a minha Igreja?" (v. 18)
A pedra, a pedra grande, o rochedo dão logo idéia de coisa sólida, durável, inabalável. Podemos concluir que o Apóstolo Simão recebeu o nome de "Pedro" porque foi escolhido por Deus para servir, para dar firmeza e solidez à comunidade dos que acreditaram em Jesus. Essa comunidade será firme, estável, como uma casa construída sobre uma grande pedra, que resiste à força das águas e dos ventos.

j) Qual o significado da expressão de Jesus: "construirei a minha Igreja"? (v. 18)
Jesus diz: "construirei a minha Igreja". Isso quer dizer que o povo de Deus, reunido por Jesus, forma uma unidade com ele, como se ele dissesse: "Vou formar, vou reunir a minha família".
Ele é o centro, o Senhor. Ele é quem mantém a comunidade unida.

k) Por que Jesus diz: "as portas do inferno nada poderão contra ela"? (v. 18)
A porta era importante nas cidades antigas, que eram cercadas por muralhas. O mais importante era defender as portas da cidade, por onde os inimigos tentariam entrar. Por aí podemos compreender como, na maneira de falar da Bíblia, a palavra "porta" pode significar "poder, força". Poderíamos então traduzir: "Os poderes do inferno nada poderão contra ela".

l) Qual o significado da palavra "inferno"? (v. 18)
Inferno era o nome da região dos mortos. Inferno indica também o poder do mal, do demônio. Por isso podemos entender

assim a frase de Jesus: "Os poderes da morte e do mal não poderão vencer a minha Igreja".

m) Por que Jesus dá a Pedro as chaves? (v. 19)
As chaves sempre foram um símbolo do poder, da autoridade. Ainda nos dias de hoje, quando um visitante ilustre chega a uma cidade, muitas vezes ele recebe do prefeito as "chaves simbólicas" da cidade. Mais ou menos como nós dizemos para um hóspede: "A casa é sua!" Jesus está dizendo que Pedro terá autoridade na Igreja.

n) Por que Jesus proíbe dizer que ele era o Cristo? (v. 20)
Jesus não queria que sua missão fosse mal interpretada.
Por isso proibiu os Apóstolos de falar qualquer coisa a seu respeito. Só aos poucos é que poderia ir fazendo os discípulos e o povo compreender o sentido da salvação que ele oferecia.

4. COMENTÁRIO

Estamos hoje diante de uma passagem do evangelho riquíssima de mensagens. Distinguimos o seguinte:
* Jesus pergunta pela opinião do povo; os Apóstolos respondem.
* Jesus pergunta a opinião dos próprios Apóstolos; Pedro responde.
* Jesus afirma que Pedro conheceu a realidade por uma revelação divina.
* Jesus diz que Pedro vai desempenhar uma função na sua Igreja.
* Jesus proíbe que os discípulos anunciem que ele é o Messias. O povo ainda não tinha chegado a ver claramente em Jesus o Salvador prometido.
Ele veio para formar o novo povo de Deus, formado por povos de todas as nações. Veio reunir os homens todos em uma nova Igreja-Comunidade. Essa Comunidade deve viver nesta terra, manifestar de um modo humano o poder divino que a formou e uniu pelo amor.

Pedro deverá ser o centro visível, humano, dessa comunidade de pessoas mantida pela força do Cristo sempre presente.

5. PERGUNTAS PRÁTICAS

1. **Quem é Jesus para você?**
2. **Você procura ser fiel a seu Evangelho?**
3. **Você confia em Deus, colocando sua vida em suas mãos?**
4. **Você pode dizer a Jesus em relação à sua vida: "Entre, a casa é sua"?**
5. **Você tem muito amor na "casa" de seu coração?**

6. REVISÃO E PLANEJAMENTO DA AÇÃO

7. ORAÇÃO OU CANTO FINAL

22º DOMINGO DO TEMPO COMUM

Mt 16,21-27

Nos caminhos do Senhor

1. ORAÇÃO INICIAL

2. LEITURA DA BÍBLIA

²¹Naquele tempo começou Jesus a declarar abertamente aos discípulos que teria de ir a Jerusalém e aí receber muitos maltratos da parte dos anciãos, dos chefes dos sacerdotes e dos escribas; de morrer e, ao terceiro dia, ressuscitar.
²²Pedro, chamando-o para o lado, começou a repreendê-lo com estas palavras: "Deus vos livre disso, Senhor! Isso jamais vos acontecerá!"
²³Jesus, porém, olhou para Pedro e lhe disse: "Afaste-se de mim, satanás! Você está sendo um estorvo para mim, porque não pensa nas coisas de Deus, mas nas dos homens".
²⁴Depois disso, Jesus disse a seus discípulos: "Aquele que quiser seguir-me, renuncie a si mesmo, carregue sua cruz e me acompanhe.
²⁵Pois aquele que quiser salvar sua vida perdê-la-á; mas aquele que perder sua vida, por amor de mim, achá-la-á. ²⁶Pois que adianta ao homem ganhar o mundo inteiro se perder a sua vida? O que o homem poderá dar em troca de sua alma? ²⁷Porque o Filho do Homem virá na glória de seu Pai, com seus anjos, e, então, dará a cada um de acordo com suas obras".

3. ESCLARECIMENTOS

a) O que Jesus passa a dizer a seus discípulos agora? (v. 21)

Nas passagens do Evangelho, que precedem a essa, vemos como os discípulos, representados por Pedro, fizeram uma nítida declaração de sua fé na messianidade de Jesus. Acreditavam de fato que Jesus era o Messias. De agora em diante, Jesus irá levando os Apóstolos a uma compreensão mais profunda e real da missão que tinha recebido do Pai.

b) Os discípulos aceitaram as afirmações de Jesus sobre sua morte? (v. 22)

Apesar de Jesus falar claramente até sobre o drama do Calvário, os discípulos não chegaram a uma perfeita compreensão. Para eles a morte de Jesus seria uma grande provação.

Apesar de Jesus lhes anunciar antecipadamente o seu sacrifício, para eles foi muito grande o choque diante da realidade nua e crua da paixão de Jesus.

Isso mais ou menos acontece em nossa vida: aceitamos teoricamente as exigências do Evangelho. Mas, quando chega o momento de vivê-las realmente, aí é que percebemos o seu alcance.

c) O Messias seria um rei glorioso como muitos esperavam? (v. 21-22)

O Messias não seria o rei glorioso que muitos esperavam.

A salvação que Deus oferece não coincide com os planos de grandeza humana. A felicidade consiste na união com Deus e com os outros, e poderá exigir, e quase sempre exige, o sacrifício até mesmo da própria vida.

Foi pela aceitação da morte que Jesus viveu sua entrega total nas mãos de Deus, sua entrega total pelos homens. E Jesus tornou-se Salvador, vivendo até as últimas conseqüências essa sua fidelidade ao amor do Pai e dos homens.

d) Que cena acontece entre Pedro e Jesus? (v. 22-23)

Pedro novamente fala em nome de todos, e numa reação pronta e imediata. Vemos bem claro o espanto, o horror de Pedro: "Deus vos livre disso!"

Os pensamentos dos homens são bem diferentes dos planos de Deus. Mas, se Pedro falou forte, repreendendo a Jesus, Jesus também usou uma linguagem que bem pode parecer dura: "Afaste-se de mim, satanás!"

Jesus queria bem a seu discípulo Pedro. Mas nem por isso permite que ele se interponha como um obstáculo que o impeça de ser fiel e obediente ao Pai.

e) O que é necessário para seguir a Jesus? (v. 24)

Jesus precisava explicar aos discípulos como deveriam seguir o Messias para chegar à salvação.
Há bastante tempo já que os discípulos estavam acompanhando Jesus. E ser discípulo queria dizer justamente isso: participar da vida de Jesus, aceitar seu modo de pensar e de agir. Ser discípulo de Jesus é aceitar e viver a salvação, o Reino de Deus, que ele oferece.

f) Qual o sentido da expressão "renuncie a si mesmo"? (v. 24)

Jesus leva seus discípulos um pouco mais adiante. Já estavam com ele há mais tempo, já deveriam poder compreender um pouco mais as exigências do seguimento: *"renuncie a si mesmo!"*
Renunciar a si mesmo quer dizer: a salvação, a vida nova de união com Deus e com os irmãos deve ser o supremo valor para nós.
Em outras passagens do Evangelho, Jesus nos lembra que nem as coisas, nem as pessoas, ainda que sejam parentes, devem ter para nós maior valor que o Reino de Deus. É preciso deixar tudo e todos que possam ser um obstáculo para a nossa entrega a Deus e aos irmãos.
A renúncia a si mesmo implica em não pensar em nós mesmos, em desprezar mesmo aquilo que à primeira vista poderia parecer um bem para nós.

g) Os discípulos entenderam a recomendação de Jesus: "carregue sua cruz e me acompanhe"? (v. 24)

Sabemos que os ouvintes de Jesus podiam perfeitamente entender essa maneira de falar. Conta-nos a História que um governador romano da Palestina, certa ocasião, mandou pregar na cruz 2.000 judeus. O povo já vira muitas vezes os condenados à morte carregando sua cruz até o lugar da execução.

Assim, eles poderiam entender que, para alguém ser discípulo de Jesus, deve estar pronto a aceitar até mesmo a morte, e a morte mais horrível.

h) Jesus nos convida a acompanhar a quem? (v. 24)

"... e me acompanhe."
Jesus exige muito de nós, é verdade. Mas está exigindo o que ele mesmo fez. Ele também "tomou a sua cruz" e foi andando na frente. Pois que estava totalmente entregue nas mãos do Pai, porque não se importava consigo mesmo, porque amava seus irmãos. Por isso, enfrenta até mesmo a morte. Deu-nos a maior prova de amor. E ele nos convida a segui-lo.

i) Qual o sentido das palavras "alma" e "vida"? (v. 25-26)

Para nós, alma é a parte espiritual do homem em oposição ao corpo. Na maneira de falar dos judeus, alma é a mesma coisa que vida. Alma não é uma parte do homem: é o homem todo. O homem vivo, segundo os planos de Deus.

j) O que significa "salvar a alma"?

"Salvar a alma" significa conseguir a vida verdadeira e continuar vivendo dessa vida. *"Salvar a alma"* é conseguir a verdadeira felicidade agora e para sempre. Nós poderíamos, pois, entender assim as palavras do Evangelho: "... que adianta ao homem ganhar o mundo inteiro e não conseguir a felicidade verdadeira? O que o homem poderá dar em troca para reconquistar a felicidade?"

k) Qual é a felicidade que o Messias veio nos trazer?

A felicidade, a salvação que o Messias veio nos trazer em nome de Deus não é a libertação política, a saúde, a riqueza, numa palavra, o mundo inteiro.
Cristo veio trazer-nos uma felicidade, uma salvação superior. Cristo veio trazer-nos a *vida nova*. Uma vida que supera tudo quanto poderíamos conseguir ou esperar. E é somente essa *vida nova* — de união com Deus e com os irmãos — que poderá dar sentido e valor a tudo quanto pudermos ter neste mundo.

4. COMENTÁRIO

Estamos vendo as condições para seguir Jesus na vida de comunidade, na vida de Igreja. Viver na Igreja é viver em comunhão de vida com o Pai e com os irmãos.
Estamos diante de uma proposta. É preciso tomar uma decisão: não há como fugir. É uma decisão de suma importância. Estão em jogo a vida e a felicidade, e a nossa decisão será respeitada por Deus.
Jesus exige de nós uma entrega completa, uma confiança absoluta. Nenhum homem teria o direito de exigir de nós o que ele exige. Mas ele pode exigir porque é Deus. Oferece tudo, mas exige tudo. Não aceita meias medidas.
Nós, cristãos, temos de saber se estamos realmente dispostos a enfrentar essa exigência.
Ser cristão é entregar-se, confiar totalmente na pessoa de Jesus. É a maior sabedoria, o maior amor. Ser cristão é aceitar as palavras de Jesus, suas idéias, como norma para nossa vida; é viver como ele viveu; é segui-lo como seguimos a um guia de absoluta confiança, até o fim, até as últimas conseqüências. Cristo exige muito de nós, mas está exigindo o que ele mesmo fez.

5. PERGUNTAS PRÁTICAS

1. **Você procura consolar os aflitos e desesperados ou foge das situações?**
2. **Você coloca as coisas de Deus em primeiro plano?**
3. **Cite uma cruz de sua vida.**
4. **Como você consegue levar suas cruzes?**
5. **As propostas de Deus para sua vida são muito pesadas?**

6. REVISÃO E PLANEJAMENTO DA AÇÃO

7. ORAÇÃO OU CANTO FINAL

23º DOMINGO DO TEMPO COMUM

Mt 18,15-20

Em busca de Deus

1. ORAÇÃO INICIAL

2. LEITURA DA BÍBLIA

Naquele tempo, disse Jesus a seus discípulos: ¹⁵"Se seu irmão pecar contra você, vá à procura dele e chame-lhe a atenção em particular. Se ele atender, você conquistou seu irmão. ¹⁶Mas, se ele não atender, leve uma ou duas pessoas para que, sob a palavra de duas ou três testemunhas, seja resolvida a questão. ¹⁷Se ele não quiser atendê-las, diga-o à comunidade. E, se não quiser atender nem mesmo à comunidade, considere-o como pagão e um publicano.
¹⁸Em verdade eu lhes digo: tudo o que vocês ligarem na terra será ligado no céu; e tudo o que desligarem na terra será desligado no céu. ¹⁹Digo-lhes mais ainda: se dois de vocês na terra pedirem juntos qualquer coisa que seja, esta lhe será concedida por meu Pai que está nos céus. ²⁰Porque, onde dois ou três estão reunidos em meu nome, ali estou eu no meio deles".

3. ESCLARECIMENTOS

a) Jesus fala de alguém que erra. Quem é essa pessoa citada? (v. 15)

A primeira coisa que nos chama a atenção nesta passagem do Evangelho é que aquele que erra é sempre o nosso irmão. Essa palavra "irmão" vai dar o clima para toda a situação. Se não consideramos o outro como irmão, será impossível ajudá-lo a corrigir-se.

b) Qual deve ser nossa primeira atitude ao ver nosso irmão pecar? (v. 15)

É preciso que a gente seja muito justo ao julgar o outro: devemos procurar ver a coisa em si, na sua realidade. Não podemos achar que o irmão está errado só porque não procede conforme nossos gostos ou nossos preconceitos. Não podemos supor que ele está agindo de má vontade. Em outras palavras: vamos julgar o erro e não condenar a pessoa. Se o irmão de fato está agindo mal, que o nosso interesse seja realmente ajudá-lo. Para isso não adianta nada ir logo falar com outros: a primeira coisa a fazer é falar com ele mesmo.

Aqui vale uma advertência: devemos agir sempre com caridade, principalmente quando o outro é nosso parente, pois, no caso, ele é duas vezes irmão.

c) Jesus fala em procurar erro no irmão para o acusar?

Talvez nem fosse necessário insistir nisso. Não se trata de acusar o irmão, nem basta dizer apenas: "Você está errado". É preciso mostrar por que está errado; é preciso ajudar o irmão a perceber o erro.

d) Qual a conclusão importante da conversa com o irmão? (v. 15)

"Se ele atender, você conquistou seu irmão", diz o Evangelho. Ganhamos o irmão para o bem, e ganhamos também o seu amor e o seu reconhecimento. O importante, então, é "ganhar o irmão". E é tão bom quando ganhamos o irmão que mora na mesma casa que nós, que pertence à mesma comunidade, que é irmão de Cristo.

e) Se ele não me atender, que devo fazer? (v. 16)

Se não conseguimos levar o irmão de volta para o bem, então, segundo a gravidade da falta, vamos repetir a tentativa diante de outras pessoas. Vamos conversar com ele na presença de outros.

O importante não é que eles sejam testemunhas: o importante é que possam nos ajudar a ganhar o irmão.

Por isso, vamos escolher pessoas prudentes, ponderadas, pessoas que tenham a confiança e a simpatia do outro. Percebemos como essa doutrina de Jesus supõe que na comunidade exista um clima de grande amor, confiança e sinceridade. Mas também é certo que nenhuma comunidade merece o nome de cristã, se não for uma comunidade em que os irmãos possam enfrentar assim os problemas. E nenhum lar será lar se lá não existir muito diálogo e compreensão.

f) Jesus aconselha que a gente vá "dizer à comunidade". Em que consiste isso? (v. 17)

"Dizer à comunidade" não é o mesmo que dizer para todo mundo. É recorrer à autoridade da comunidade, é pedir socorro àqueles que na comunidade podem realmente ajudar na conversão do irmão. O primeiro ambiente de comunidade nós encontramos na família.

g) Por que quem não atender à comunidade deverá ser considerado como pagão ou publicano? (v. 17)

Quem não quiser ouvir os conselhos da comunidade, quem não quiser acreditar no que ela diz, esse estará faltando com a fé que devemos ao próprio Cristo. Ele está separando-se dos irmãos, está agindo como um pagão ou um pecador público. Terá feito a sua escolha, e só nos restará pedir com mais insistência ainda que Deus lhe converta o coração. Deus ajuda os que falham para que em nossas famílias reine o amor.

h) Qual o sentido da expressão "ligar-desligar"? (v. 18)

Essa expressão "ligar-desligar" era bastante usada entre os judeus. Significava declarar que alguma coisa era ou não permitida. Referia-se ao fato de alguém ser perdoado, voltando a participar da vida de comunidade

i) É possível que alguém volte para Deus sem voltar à Comunidade-Igreja ?

É impossível que alguém volte para Deus sem voltar à Comunidade-Igreja. Nunca será demais repetir: a vida na Comunidade-Igreja é para nós a salvação. A Comunidade-Igreja é o "lugar" de nosso encontro com Cristo, com Deus e com os irmãos.

j) O que significa dizer que a Igreja é uma comunidade de vida?

A Igreja é uma comunidade de vida: isso quer dizer que todos somos responsáveis pela salvação de cada um. Por isso, temos de fazer tudo para trazer de volta para o bom caminho o irmão que errou. O pecado, o erro, não prejudica só ao pecador; de certo modo traz prejuízo para a vida de toda a comunidade. Pecar é o mesmo que separar-se da comunhão de vida. E o único meio de voltar para a vida da salvação é voltar humildemente para a comunidade de salvação, que é a Igreja.

k) Como Jesus quer que seja nossa oração? (v. 19)

Jesus quer que nossa oração seja comunitária.

Quando a Igreja, ainda que seja a comunidade de duas ou três pessoas, pede alguma coisa a Deus, é o próprio Cristo que está apresentando um pedido a seu Pai. E, se o Cristo pede, o Pai jamais deixará de atender. Quando algum membro da Igreja faz a sua oração, toda a Igreja, e portanto também o Cristo, reza com ele.

Já sabemos que na Igreja formamos um só corpo, uma só pessoa. Mas não podemos nos esquecer de que a Igreja é uma comunidade de pessoas que vivem aqui e agora, neste mundo. É uma comunidade de pessoas que participam da mesma vida nova, que se manifesta na participação dos mesmos trabalhos, das mesmas alegrias, das mesmas preocupações e das mesmas orações. Não basta a gente dizer: nós somos uma comunidade. É preciso viver como comunidade. Essa vida começa em nossa casa.

l) O que significa estar reunidos em nome de Jesus? (v. 20)

A Igreja é uma comunidade, um grupo de pessoas reunidas "em nome de Jesus". É preciso entender bem essa expressão "em nome". Não significa apenas que a comunidade está reunida pela lembrança de Jesus ou pela aceitação da doutrina de um mestre do passado. Estar junto, ser comunidade reunida em "nome de Jesus" quer dizer que a Igreja é uma comunidade de pessoas, que aqui e agora existe porque o Cristo está presente aqui e agora, e com o seu poder divino reúne essas pessoas numa comunidade de vida nova.

4. COMENTÁRIO

O que faz a Igreja não é o número de pessoas reunidas. O que faz a Igreja é o fato de essas pessoas terem sido reunidas por Cristo, estarem unidas a ele e nele. O que faz uma família não é um grupo de muitas pessoas; é o amor.
É preciso viver como comunidade, trabalhar como comunidade, rezar como comunidade. Quanto maior e mais intensa for a nossa união espiritual com os outros, tanto maior deverá ser também a nossa união visível, humana, social com os outros. E também o contrário é verdadeiro: quanto mais a gente viver em união visível, humana e social com os outros irmãos, tanto mais vai crescer a nossa união espiritual com eles e com Cristo. Podemos ver assim como são realmente importantes certas coisas que nós, muitas vezes, consideramos como imposição sem sentido. Por exemplo: a obrigação de participar, a obrigação da comunhão pelo menos na Páscoa. Ninguém poderá dizer que está participando da vida da comunidade se, sem motivo verdadeiro, deixa de participar da missa pelo menos no domingo, quando a comunidade se reúne solenemente.
Confessar os pecados, por quê? Pois aí está. Para voltarmos a participar da vida da comunidade. É só à medida que estamos prontos a voltar para a comunidade que seremos perdoados. Confessando o pecado à comunidade e ouvindo suas palavras de perdão é que nós ouvimos também as palavras do perdão de Deus.
Tudo se encaixa perfeitamente, se olhamos para a Igreja como comunidade de vida. Na Igreja não se mede a importância das

pessoas conforme o nosso modo humano de julgar. Devemos estar atentos para não ser ocasião de pecado para os outros; devemos ter preocupação pelo nosso irmão que erra; devemos procurar trazê-lo para o bom caminho; devemos aceitar a orientação dada pela comunidade; devemos rezar juntos. Tudo isso porque somos uma comunidade de vida e salvação.

5. PERGUNTAS PRÁTICAS

1. Você consegue corrigir caridosamente os que erram?
2. Como você encara os que lhe fazem correções?
3. Você pede a ajuda de Deus?
4. Você sabe agradecer?
5. Quando e em que circunstâncias você reza o Pai-nosso?

6. REVISÃO E PLANEJAMENTO DA AÇÃO

7. ORAÇÃO OU CANTO FINAL

24º DOMINGO DO TEMPO COMUM

Mt 18,21-35

A linguagem do coração

1. ORAÇÃO INICIAL

2. LEITURA DA BÍBLIA

²¹Então Pedro se aproximou dele e perguntou: "Senhor, quantas vezes devo perdoar a meu irmão, quando ele pecar contra mim? Até sete vezes?"
²²Responde-lhe Jesus: "Não te digo que até sete vezes, mas até setenta vezes sete".
²³Por isso, o Reino do céu assemelha-se a um rei que quis ajustar contas com os seus servidores. ²⁴Quando começou a exigir a prestação de contas, foi-lhe apresentado um que lhe devia dez mil talentos.
²⁵Não tendo com que pagar, ordenou o senhor que o vendessem como escravo e também a esposa, os filhos e tudo o que possuía, para saldar a dívida.
²⁶O servidor, porém, lançando-se a seus pés, permanecia prostrado, dizendo: "Senhor, tem paciência comigo, e eu te pagarei tudo". ²⁷Compadecido daquele servo, o senhor o deixou ir livre e perdoou-lhe a dívida.
²⁸Depois que saiu, aquele servidor encontrou um de seus companheiros de serviço que lhe devia cem denários.
Agarrando-o, sufocava-o, dizendo: "Entrega-me o que me deves".
²⁹E o companheiro, lançando-se a seus pés, suplicava, dizendo: "Tem paciência comigo, e eu te pagarei". ³⁰Mas ele não o atendeu. Foi e mandou encerrá-lo na prisão até que pagasse a dívida.
³¹Vendo o que se passava, seus companheiros de serviço ficaram profundamente sentidos e foram contar ao senhor tudo o que acontecera. ³²Então o senhor o fez vir de novo à sua presença e lhe disse: "Servidor mau, perdoei-te toda esta dívida, porque me suplicaste.
³³Não devias tu, também, ter compaixão de teu companheiro, como eu tive compaixão de ti?"
³⁴Cheio de ira, o senhor o entregou aos algozes, até que pagasse toda a dívida.
³⁵Assim também vos tratará meu Pai celeste, se, no íntimo de vossos corações, não perdoardes cada um a seu irmão.

3. ESCLARECIMENTOS

a) O que Pedro quer saber com a pergunta que faz a Jesus? (v. 21)

A pergunta de Pedro equivale a se ter de perdoar sempre. E Jesus responde que há necessidade de um perdão sem limites.
A vida está repleta de caídas.
Nossa vida social é submetida a perdões indefinidos também.
Deus tem uma disposição sincera de sempre perdoar.
O cristão precisa viver também nessa disposição.

b) Por que Jesus narra, logo em seguida, uma parábola? (v. 23-34)

Para tornar mais clara esta obrigação de perdoar. Para destacar os motivos em que se apóia e tornar claro o plano do Pai sobre os que não perdoam, Jesus expõe aqui uma de suas mais lindas parábolas.

c) O que aconteceu com o servo que devia uma grande quantia? (v. 24)

Levado à presença do rei, não tendo com que pagar, ordena o rei que sejam vendidos: ele, sua mulher, seus filhos e todos os seus bens.
O direito antigo permitia essas vendas que tanto ofendem a nossa civilização.

d) Qual é a atitude do rei, depois da súplica do servo? (v. 27)

A parábola quer nos mostrar a misericórdia. Perante a cena do servo suplicante, o rei, com uma magnanimidade excessiva, revoga sua ordem e perdoa-lhe tudo.

e) Qual o segundo quadro que esta passagem do Evangelho nos apresenta? (v. 28-30)

Apresenta um contraste total em relação à dívida e à conduta do credor. Ao sair este servo da presença do rei com toda sua dívida fabulosa perdoada, encontrou-se com um companheiro que lhe devia uma quantia irrisória.

f) Qual foi a atitude deste servo? (v. 28)
Protestou contra aquele que lhe devia. Caiu sobre ele, exigindo que lhe pagasse logo a dívida.

g) O companheiro tinha condições de pagar? (v. 29)
Não. Tanto assim que pediu paciência. Implorou que aguardasse algum tempo. Ele pagaria depois. Mas não foi ouvido. Acabou indo para a cadeia.

h) Depois disso, o que aconteceu? (v. 31-34)
O terceiro quadro da parábola é este: os conhecidos deste servo, que sabiam o que o rei lhe havia feito, ao notarem sua conduta desumana e sem misericórdia, foram contar ao rei. Este o chama, censura-o e castiga-o.

i) Que ensinamento podemos tirar dessa parábola?
O grande ensinamento é sobre o perdão. Perdão que se deve conceder. Perdão que este servo sem misericórdia devia conceder ao seu colega, como o rei havia-se compadecido dele.

j) Que conclusão podemos tirar para nossa vida de união a Deus? (v. 35)
"Assim procederá convosco meu Pai celestial, se cada um de vós não perdoar do fundo do coração a seu irmão." Esta é a conclusão que a parábola nos traz.
Precisamos perdoar como Deus nos perdoa. Se não perdoarmos, não seremos perdoados.

k) Em que oração falamos a Deus sobre o perdão?
Na oração do Pai-nosso: "Perdoai nossas ofensas assim como nós perdoamos a quem nos tem ofendido".
É o ensinamento que Cristo nos traz: perdoar aos inimigos por amor a Deus. Deus faz cair a chuva sobre os justos e pecadores. O sol existe para todos. Continuamente somos convidados a ser perfeitos como nosso Pai celestial é perfeito (Mt 5,43-48).

4. COMENTÁRIO

Somos todos servos de Deus. Cada um de nós recebeu milhares de talentos. Muitíssimas vezes, por causa de sua infinita misericórdia, Deus perdoou e continua perdoando nossas dívidas. Nossas dívidas são nossos pecados!
Permaneçamos com nossas contas em dia. Continuamente Deus está batendo à nossa porta, pedindo que paguemos o que devemos. Vamos estar em dia fazendo penitência, vivendo o ideal do amor que Deus nos propõe.
Você gosta de ser perdoado? — Perdoe também. "Com a medida com que medirdes os outros, sereis medidos", diz Jesus. Meditemos nessas palavras quando o rancor, o ódio, a vingança surgirem em nosso coração. Nosso irmão sempre merece ser perdoado. Amemo-nos como Cristo nos amou.
Deus nos perdoa, mas com uma condição: que nos perdoemos mutuamente. Jesus Cristo veio nos trazer a reconciliação.
O Pai nos dá sua misericórdia a fim de podermos repartir com nossos irmãos que necessitam de perdão.

5. PERGUNTAS PRÁTICAS

1. **Você perdoa?**
2. **É fácil não guardar rancor?**
3. **Conhece alguém que poderia ser citado como exemplo de pessoa de bom coração?**
4. **Você deve para alguém? Alguém lhe deve?**
5. **Você tem alguém como subalterno? Como se relaciona? É subalterno? Como encara a autoridade?**

6. REVISÃO E PLANEJAMENTO DA AÇÃO

7. ORAÇÃO OU CANTO FINAL

EXALTAÇÃO DA SANTA CRUZ

Jo 3,13-17

Cruz = Glória e Exaltação de Jesus

1. ORAÇÃO INICIAL

2. LEITURA DA BÍBLIA

¹³Ninguém subiu ao Céu, senão o Filho do Homem que desceu do Céu. ¹⁴Como no deserto foi levantada num poste uma serpente por Moisés, assim também deverá ser levantado o Filho do Homem, ¹⁵a fim de que todo aquele que crer nele tenha a vida eterna. ¹⁶Pois Deus amou tanto o mundo que entregou à morte seu Filho único, a fim de que todo mundo que nele crer não se perca, mas tenha a vida eterna. ¹⁷Deus não enviou seu Filho ao mundo para julgar o mundo, mas para que o mundo seja salvo por ele.

3. ESCLARECIMENTOS

a) **Procure entender e explicar o versículo 13.**

Jesus começa a explicar o mistério de sua pessoa. Diz quem ele é: o único revelador das coisas do céu. Em outras palavras, este versículo diz o seguinte: Ninguém subiu ao céu para que nos possa revelar as coisas de lá. Portanto, só o Filho do Homem, Jesus, que desceu do céu é quem pode revelar.

b) **O que era a serpente? (v. 14)**

Trata-se de um fato narrado no livro dos Números 21, 4-9. Os israelitas foram castigados no deserto com serpentes mortíferas. Atendendo às súplicas, Deus mandou que Moisés fizesse uma serpente de bronze e levantasse no meio do povo. Olhando para aquela serpente, ficavam curados todos os que tivessem sido picados pelas serpentes venenosas.

c) A que Jesus se compara? (v. 14)

Ele se compara à serpente. Diz que também ele será levantado na cruz e que sua morte trará a salvação para todos os que crerem nele. Assim como os judeus, feridos pelo animal venenoso, precisavam olhar para a serpente com fé, assim também nós, que fomos feridos pela serpente infernal, pelo pecado, devemos crer em Jesus se quisermos ter a vida eterna.

d) Qual o sentido da expressão "vida eterna", no Evangelho de São João? (v. 15)

Esta expressão significa vida futura que teremos lá no céu. Mas não é só isso. A vida eterna é a Vida Nova que os cristãos recebem a partir do instante que recebem o batismo. O adjetivo "eterna" não indica tempo, mas qualidade: vida eterna é a vida do próprio Deus.

e) Por que Deus nos mandou seu Filho único, Jesus? (v. 16-17)

Porque seu amor para conosco é grande demais. A palavra-chave é o amor. O evangelista nos explica o mistério da pessoa de Jesus.
Penetrando agora na própria intenção de Deus Pai, antes de enviá-lo ao mundo, descobre-se o motivo que o levou a fazer tudo isto: o amor. Para que o mundo fosse salvo por ele! Estas palavras resumem a obra da Redenção.

f) Em que consiste o julgamento? (v. 17)

O julgamento consiste na separação de Deus. No momento da Encarnação, Jesus começou a "dividir as águas". Não é Deus, mas o próprio homem que, por sua decisão negativa, pronuncia o seu julgamento.
Aquele que crê com fé viva e amor está unido a Deus.
Possui já a vida eterna. Apenas serão condenados aqueles que voluntariamente rejeitarem os meios de salvação que Jesus nos oferece.

g) Em quem devemos crer? (v. 16)

Na passagem do Evangelho que meditamos hoje, São João explica o momento central e mais importante do ato de fé, chamado de "o motivo da fé" ou "o foco da decisão". Este foco é Jesus Cristo, morto e ressuscitado. O principal da fé não é crer em uma doutrina ou num conjunto de dogmas, mas é crer em Jesus Cristo.

A fé não é uma decisão definitiva, de tal modo que quem acreditou uma vez já pode "cruzar os braços". Pelo contrário. É preciso permanecer na fé.

4. COMENTÁRIO

"Celebramos a festa da cruz: por ela as trevas são repelidas e volta a luz. Celebramos a festa da cruz e, junto com o Crucificado, somos levados para o alto para que, abandonando a terra com o pecado, obtenhamos o céu. A posse da cruz é tanta e de tão grande valor que quem a possui possui um tesouro. Ao que há de mais belo entre os bens, pelo conteúdo e pelo nome, a isto chamo com razão de tesouro, no qual, por quem e para quem se guarda toda a nossa salvação, que é estabelecida em seu primeiro estado. Se não houvesse a cruz, Cristo não seria crucificado. Se não houvesse a cruz, a vida não seria pregada ao lenho com cravos. Se a vida não tivesse sido cravada, não brotariam do lado as fontes da imortalidade, o sangue e a água, que lavam o mundo; não tivesse sido rasgado o documento do pecado, não seríamos declarados livres, não provaríamos da árvore da vida, não se abriria o paraíso. Se não houvesse a cruz, a morte não teria sido vencida e não derrotado o inferno. É, portanto, grande e preciosa a cruz. Grande, sim, porque por ela grandes bens se tornaram realidade; e tanto maiores quanto, pelos milagres e sofrimentos de Cristo, mais excelentes quinhões serão distribuídos. Preciosa também porque a cruz é paixão e vitória de Deus: paixão, pela morte voluntária nesta mesma paixão, e vitória porque o diabo é ferido e com ele a morte é vencida. E, arrebatadas as prisões dos infernos, a

cruz também se tornou a comum salvação de todo o mundo. É chamada ainda de glória de Cristo, e dita a exaltação de Cristo. Vemo-la como o cálice desejável e o termo dos sofrimentos que Cristo suportou por nós. Que a cruz seja glória de Cristo, escuta-o a dizer: 'Agora, o Filho do homem é glorificado e logo o glorificará'. E de novo: 'Glorifica-me, tu, Pai, com a glória que tinha junto de ti antes que o mundo existisse'. E repete: 'Pai, glorifica teu nome'. Desceu, assim, do céu uma voz: 'Glorifiquei-o e tornarei a glorificar', indicando aquela glória que então alcançou na cruz.

Que ainda a cruz seja a exaltação de Cristo, atente ao que ele próprio diz: 'Quando eu for exaltado, atrairei todos a mim'. Bem vês que a cruz é a glória e a exaltação de Cristo" (Dos Sermões de Santo André de Creta, bispo, Oratio 10 in Exaltatione sanctae crucis, p. 97. 1018-1019. 1022-23).

5. PERGUNTAS PRÁTICAS

1. **Jesus se queixa de ser pouco aceito no mundo. Que podemos fazer para lhe provar nosso amor?**
2. **O que é Fé para você?**
3. **O que você faz para que sua Fé aumente? Reza?**
4. **Você pode dizer sinceramente que suas ações correspondem ao que você diz?**
5. **O que a cruz de Cristo representa para você? Você vê a cruz freqüentemente. Que significado tem para você?**

6. REVISÃO E PLANEJAMENTO DA AÇÃO

7. ORAÇÃO OU CANTO FINAL

25º DOMINGO DO TEMPO COMUM

Mt 20,1-16a

Operários do Senhor

1. ORAÇÃO INICIAL

2. LEITURA DA BÍBLIA

Naquele tempo disse Jesus esta parábola: ¹O Reino do Céu é semelhante a um proprietário que, logo de manhã, saiu para contratar trabalhadores para sua vinha. ²Combinou com eles o salário do dia e levou-os para a sua vinha. ³Pelas nove horas viu mais alguns que andavam pela praça sem fazer nada e ⁴disse-lhes: "Vão também vocês trabalhar na minha vinha e eu lhes darei o que for justo".
⁵Eles foram. Lá pelo meio-dia, como também pelas três da tarde, o homem saiu de novo e fez o mesmo. ⁶Ao sair pelas dezessete horas, encontrando mais gente, disse-lhes: "Por que vocês estão aqui o dia todo, sem trabalhar?" ⁷Eles responderam: "Porque ninguém nos contratou". Disse-lhes ele: "Vão também vocês trabalhar na minha vinha".
⁸Ao cair da tarde, o dono da vinha falou a seu administrador: "Chame os trabalhadores e pague-lhes o salário. Comece pelos últimos e termine nos primeiros". ⁹Chegaram, então, os que vieram às dezessete horas e cada um recebeu o salário de um dia. ¹⁰Chegada a vez dos primeiros, eles pensavam que iriam receber mais, mas receberam também o salário de um dia. ¹¹Ao recebê-lo, começaram a reclamar contra o proprietário e diziam: ¹²"Esses últimos trabalharam apenas uma hora, e tu dás a eles a mesma quantia que a nós que suportamos todo o cansaço do dia e o calor".
¹³Ele respondeu a um deles: "Meu amigo, eu não estou sendo injusto com você. Você não combinou comigo de receber o salário de um dia? ¹⁴Pegue o que é seu e vá embora. A esse último eu quero dar tanto quanto a você. ¹⁵Não tenho direito de fazer com meus bens o que eu quiser? Ou o seu olho é mau porque eu sou bom?"
¹⁶ªAssim, os últimos serão os primeiros e os primeiros serão os últimos.

3. ESCLARECIMENTOS

a) Você seria capaz de apresentar a parábola com suas próprias palavras?

Um proprietário sai a contratar operários para trabalhar em sua vinha. Convida uns logo cedo, outros lá pelas 9 horas, outros ao meio-dia e finalmente outros ao cair da tarde. No fim do dia, paga salário completo a todos, igualmente.
Os que trabalharam durante todo o dia reclamaram. O proprietário justifica-se. Diz que com essa atitude não lesa a justiça, pois o dinheiro é seu e pode fazer dele o que quiser.

b) Quem está representado na figura deste proprietário?

Deus. É ele que sai à procura dos homens ociosos. Convida todos a trabalhar na santificação de suas almas. Deus convida os homens a entrarem para seu santo serviço e cumprirem seus deveres.

c) Que significa a vinha?

A Igreja. É a vinha do Senhor, que ele fundou. Esta vinha é aberta a todos os homens de boa vontade. É formada pelos homens que aceitaram o batismo e assumiram as responsabilidades da vida cristã. Todos os homens são chamados a pertencer a esta vinha e nela trabalharem.
Os que aceitam a Igreja formam o povo de Deus, são membros atuantes.

d) Quem são os operários das várias horas?

São os homens que são chamados a pertencer à Igreja. Uns desde a infância, outros no auge da vida, outros quase à hora da morte.
Deus convida todos. Quer que todos entrem para seu santo serviço, mas cada um a seu tempo. Os homens, chamados por Deus à santificação de suas almas, encontram-se em circunstâncias, situações, estados e trabalhos muito diversos. Mas, dentro deste trabalho, seja lá qual for, devem esforçar-se para chegar à meta indicada.

e) Que representa aquele operário que reclamou? (v. 12)

Representa aqueles que pensam que Deus é obrigado a distribuir suas graças de acordo com as obras dos homens, num rigor matemático.

Nós nos esquecemos muitas vezes de que Deus considera não só o tempo de trabalho, mas principalmente a intensidade de nossa dedicação.

O mérito de um serviço, o valor de uma obra, não se deve medir pelo tempo que se consumiu, nem pelo esforço material que custou. Tudo depende de nosso espírito de amor e dedicação.

f) Como se manifesta a generosidade de Deus?

A generosidade de Deus se manifesta de acordo com a nossa. Se correspondermos à graça de Deus, ele estará ao nosso lado. E é tão generoso que paga a todos nós com a vida eterna. A todos remunera com justiça e liberalidade. Todos os que colaboram com Cristo recebem salário igual: o Reino do Céu. Todos serão bem pagos pela presença e amizade de Cristo, que é a felicidade em pessoa.

g) Que aplicação podemos fazer desta parábola com relação ao apostolado?

Uma ótima aplicação. O pai de família, que é Deus, chama todos os cristãos para trabalharem em sua vinha, que é a Igreja, por meio do exercício do apostolado. Não importa a hora, não importam as qualidades, meios ou posição social. O que é indispensável em todos é a disposição de trabalhar pelo Reino de Deus.

4. COMENTÁRIO

Esta parábola contém o grande mistério da livre eleição de Deus. Olhando para o tempo de nossa vida passada, verificamos que tudo recebemos gratuitamente de Deus.

Por que Deus nos deu tanta coisa e não deu também a tantas outras pessoas? Ele é injusto? Não, porque pelo menos o mínimo de graça para se salvarem todos receberam.

Também, durante a nossa vida, Deus traça um plano para nós e nos dirige por um caminho que às vezes nem nós conhecemos, mas que nos leva à felicidade. No plano sobrenatural, esta parábola nos ensina bastante humildade: mostra que não há proporção entre o que fazemos e o que recebemos de Deus. O Céu não será o salário de nossas obras, mas dom gratuito de Deus.
O que Deus quer é que cada um cumpra sua missão. A Igreja é como o corpo humano: cada pessoa tem uma função. O importante é que cada um desempenhe seu trabalho bem e com perseverança.
Há alguns que começam cedo: servem a Deus desde criança. Mas numa época da vida julgam que já fizeram "muito" e têm direito de "descansar".
Isto é falta de amor. Significa que todo o trabalho anterior foi feito não por amor, mas tendo em vista uma recompensa.
A única razão de ser do Evangelho é a bondade de Deus. Precisamos compreender o comportamento misericordioso de Deus, que é muito diferente de nosso modo de ser estreito e bilateral.

5. PERGUNTAS PRÁTICAS

1. **Você é generoso?**
2. **Você procura colaborar para que haja justiça?**
3. **Você é humilde?**
4. **Cite um exemplo de uma pessoa humilde.**
5. **Você cumpre fielmente seus deveres?**

6. REVISÃO E PLANEJAMENTO DA AÇÃO

7. ORAÇÃO OU CANTO FINAL

26º DOMINGO DO TEMPO COMUM

Mt 21,28-32

Decisão por Cristo

1. ORAÇÃO INICIAL

2. LEITURA DA BÍBLIA

²⁸"Mas que vos parece? Um homem tinha dois filhos. Chegou-se ao primeiro e disse: 'Meu filho, vai hoje trabalhar na minha vinha'. ²⁹E o filho respondeu: 'Sim, senhor, eu vou'. Mas não foi. ³⁰Chegou-se ao outro e disse a mesma coisa. Este respondeu: 'Não quero'. Mas depois, tocado de arrependimento, foi. ³¹Qual dos dois fez a vontade do pai?"
"O último", responderam-lhe. Diz-lhes Jesus: "Em verdade vos digo que os publicanos e as meretrizes terão precedência sobre vós no Reino do céu. ³²Porque veio a vós João, no caminho da justiça, e não acreditastes nele, mas os publicanos e as meretrizes creram nele. E, nem vendo isto, fizestes depois penitência para crerdes nele".

3. ESCLARECIMENTOS

a) **Por que Jesus conta mais uma parábola? (v. 28)**

A intenção de Jesus era sempre levar o povo a aceitar sua mensagem.
Muitos motivos, porém, afastavam o povo das palavras de Jesus, não permitindo que o reconhecessem como o Salvador enviado por Deus. Jesus, mais uma vez, usando de uma parábola ou comparação, aponta um dos motivos por que muitos não o aceitam: a falsa idéia que tinham da religião.

b) **Qual dos dois filhos fez a vontade do pai? (v. 29-30)**

A história contada por Jesus está reduzida ao mínimo possível. Apresenta uma cena que todos nós já presenciamos mais de uma vez. Mesmo nós já assumimos compromissos que não cumprimos, ou nem mesmo tínhamos intenção de cumprir. Há uma grande diferença entre falar e fazer, entre a teoria e a prática, entre os princípios e as conclusões. As palavras e as promessas não resolvem nada, não valem nada. Diante da comparação, os fariseus e escribas não tiveram dúvida: É claro que fez a vontade do pai aquele filho que, mesmo tendo recusado inicialmente, acabou indo fazer o trabalho.

c) Quem Jesus diz que estará na frente no Reino de Deus? (v. 31)

Jesus fez logo a aplicação da história que contara. Os publicanos, que eram os cobradores de impostos, e as meretrizes eram desprezados por todos, principalmente pelos fariseus. Pois bem. Esses cobradores de impostos, que eram considerados pecadores, e as prostitutas, consideradas como as mais afastadas de Deus, é que estão recebendo de braços abertos a salvação oferecida por Deus.

d) Quem não acreditou em João Batista? (v. 32)

Jesus diz: "não acreditastes nele". Refere-se aos sacerdotes, aos fariseus, aos escribas, que viviam dizendo "sim, senhor", conheciam perfeitamente as escrituras, eram mestres de religião, viviam anunciando a salvação, eram considerados como os justos e honestos. No entanto, viviam apenas de idéias e de palavras. Quando chegou realmente o Salvador prometido, não o quiseram aceitar. Quando ouviram sua doutrina, não tiveram coragem de acreditar. Eram orgulhosos, estavam confiantes em si mesmos, estavam interessados somente em seu prestígio religioso e social.

e) Jesus falava por falar ou apresentou algum fato? (v. 32)

Jesus não ficou só em palavras: foi muito claro, citou fatos. E eles não podiam negar. Todos ouviram a mesma Boa-Nova de salvação anunciada por João Batista: fariseus e publicanos, sacerdotes e prostitutas.

f) Quem é comparado ao filho que obedeceu e quem, ao que não obedeceu? (v. 31-32)

Os escribas e os fariseus vangloriavam-se de seguir fielmente a lei de Deus, mas não aceitaram João Batista que, por missão divina, ensinava o caminho da justiça. Fizeram-se semelhantes ao filho que se mostrou pronto, mas não obedeceu. Muitos pecadores públicos, no entanto, aceitaram os ensinamentos do precursor João Batista e fizeram penitência. E estes são comparados ao filho que se arrependeu e cumpriu as ordens do pai.

g) Como os publicanos e as meretrizes vão poder participar do Reino de Deus? (v. 32)

Nesta parábola simples e breve, Jesus põe em evidência a falsidade e a culpabilidade dos fariseus, simbolizados no filho que promete e não cumpre. E, por isso, são excluídos do Reino de Deus. Por outro lado, os publicanos e as meretrizes, considerados como os mais desprezíveis pecadores, simbolizados no filho que primeiro se recusa, mas que acaba obedecendo, fizeram penitência e, por isso, foram convidados a participar do Reino de Deus.

h) João Batista quando pregava vinha com alguma exigência? (v. 32)

De todos João Batista exigia as mesmas atitudes: convidava à fé, ao arrependimento, à mudança de vida. Recebeu a salvação quem de fato acreditou, reconheceu seu pecado e mudou de vida.

i) Basta ouvir a mensagem da Boa-Nova?

A doutrina ensinada por Jesus é sempre a mesma, em todas as oportunidades. Deus não leva em conta as aparências; as simples palavras nada resolvem: "Não é aquele que diz: 'Senhor, Senhor' que entrará no Reino dos céus. Vai entrar só quem fizer a vontade de meu Pai que está nos céus", disse Jesus (Mt 7,21). Não basta ouvir a pregação, o anúncio da salvação e dizer: "Que bom!", "Isso mesmo!" O importante é viver a vida nova. E para ensinar isso Jesus usa freqüentes comparações.

4. COMENTÁRIO

*Jesus quer mostrar a falta de sinceridade dos escribas e fariseus e para isso se serve de uma parábola. Seu significado está bem claro. Como sempre, traz-nos uma mensagem prática: diante de Deus, nada valem as boas palavras se não forem acompanhadas das obras, do fiel cumprimento da vontade de Deus.
Ser cristão, pertencer a uma comunidade, participar de reuniões não basta. Se não realizamos obras dignas de um cristão, de um apóstolo, veremos com grande desilusão que muitos outros, que pareciam menos dignos, nos precederão no Reino dos céus.
É muito fácil acumular bons propósitos. O mundo está cheio deles: promessas e mais promessas. O difícil é cumpri-los fielmente. E é isso que interessa.
É melhor que nossas promessas sejam poucas e pequenas, insignificantes até, mas que sejam cumpridas de fato. Assim estaremos dando o primeiro passo para a perfeição.*

5. PERGUNTAS PRÁTICAS

1. **Você é firme e decidido em suas opiniões ou freqüentemente muda de idéia?**
2. **Em que ocasiões você faz ato de fé?**
3. **Você tem como colaborar para que haja justiça no mundo?**
4. **Você é justo para com o próximo?**
5. **Você faz penitência? Citaria um exemplo de penitência?**

6. REVISÃO E PLANEJAMENTO DA AÇÃO

7. ORAÇÃO OU CANTO FINAL

27º DOMINGO DO TEMPO COMUM

Mt 21,33-43

O Senhor da vinha

1. ORAÇÃO INICIAL

2. LEITURA DA BÍBLIA

Naquele tempo, dirigindo-se aos chefes dos sacerdotes e aos anciãos do povo, disse Jesus:

^{33}"Ouçam esta parábola: Certo homem, dono de um campo, plantou uma vinha. Rodeou-a com cerca, construiu nela um lagar e ergueu uma torre. Arrendou-a a alguns cultivadores e depois viajou para longe.

^{34}Quando chegou o tempo da colheita, ele mandou seus servos para receberem dos cultivadores a parte que lhe tocava.

^{35}Estes, porém, agarraram os servos e bateram num, apedrejaram outro e a outro mataram. ^{36}O dono mandou novamente outros servos, em número maior que na primeira vez, e foram tratados do mesmo modo que os primeiros. ^{37}Então enviou seu próprio filho, pensando consigo: 'A meu filho eles respeitarão'. ^{38}Os cultivadores da vinha, entretanto, quando viram o filho, disseram uns aos outros: 'É o herdeiro, vamos matá-lo e ficaremos com sua herança'. ^{39}Agarraram-no e, atirando-o fora da vinha, mataram-no. ^{40}Quando o dono da vinha voltar, que fará com esses cultivadores?"

^{41}Responderam eles a Jesus: "Matará esses criminosos e arrendará a vinha a outros que lhe entreguem os frutos no tempo certo".

^{42}Jesus disse-lhes, então: "Vocês já não leram estas palavras nas Escrituras: 'A pedra que os construtores rejeitaram tornou-se a pedra principal? Esta é a obra do Senhor, ela é admirável aos nossos olhos?'
^{43}Por isso eu lhes digo: o Reino de Deus será tirado de vocês e será dado a um povo que renda seus frutos".

3. ESCLARECIMENTOS

a) Para que o tapume, lagar e torre? (v. 33)
Tapume: põe limites à propriedade e a defende dos animais selvagens.
Lagar: aparelhagem para espremer as uvas e fabricar o vinho.
Torre: onde ficavam os vigias para impedir que entrassem ladrões.

b) Quem é o pai de família? (v. 33)
Novamente aparece aqui a figura do pai de família. Este pai é Deus; ele é o dono. Como o pai de família fez por sua vinha o que estava a seu alcance, assim também o Senhor fará tudo para que o povo de Israel possa cumprir a Lei.

c) O que simboliza a vinha? (v. 33)
A vinha é o povo de Israel, e ainda a Igreja, na qual devia entrar o povo eleito, se não tivesse sido tão incrédulo a ponto de crucificar aquele que esperava há tantos séculos.
A *vinha* é também *nossa alma*. Plantada por Deus, *enfeitada com sua graça*, cuidada com solicitude por suas inspirações e seus sacramentos.

d) Quem são os servos enviados pelo pai de família?
São os profetas que os judeus mataram e maltrataram. A finalidade dos profetas era orientar o povo no bom caminho.
Como sempre, foram mal recebidos.
Nós também somos os servos que *devemos trabalhar na vinha de nossa alma*. Precisamos fazer com que ela produza frutos de virtude, de boas obras.

e) Quem é esta pedra que foi rejeitada? (v. 42)
Esta pedra, citada também no Salmo 117,22-23, é Jesus Cristo. Embora rejeitado pelos dirigentes do povo judeu, ia ser a pedra angular do grande edifício da Igreja. É representado pelo filho do proprietário da vinha que também foi morto pelos lavradores.

f) Você se lembra de alguns servos do Senhor que foram feridos, mortos?

Entre os do Antigo Testamento, citamos Jeremias que foi ferido; Isaías foi morto; Zacarias foi lapidado; João Batista foi decapitado.

Do Novo Testamento, lembremo-nos de Cristo, o Filho do Pai, isto é, Filho de Deus. Todos os Apóstolos foram encarcerados, os cristãos foram perseguidos.

Os criados enviados por Deus foram os profetas, que o povo judeu desprezou, injuriou, e matou alguns.

g) Por que o Reino de Deus será tirado? (v. 43)

O povo escolhido tornou-se indigno. O Reino de Deus irá constituir-se principalmente de outros povos, que corresponderão melhor à grande bondade de Deus. Deus quis salvar os homens não isoladamente, mas em comunhão com os outros. Deus queria salvar os homens em um povo. Para isso escolheu o povo de Israel. Mas os israelitas não corresponderam a este privilégio. Foram maus lavradores. Rejeitaram o Filho de Deus.

h) O que representa esta parábola?

Representa a *revolta* e a *ingratidão* dos judeus. O povo que fora escolhido para conservar a Lei e receber o Messias. Os profetas, que Deus lhes enviava, eram, no entanto, quase sempre mal recebidos e agora eles iam matar o próprio Filho de Deus.

4. COMENTÁRIO

Esta é uma das mais importantes parábolas do Evangelho.
Encerra em si, de certo modo, toda a história da Igreja.
Embora reine a injustiça no mundo, o Reino de Deus não virá pela violência nem pelo ódio.
O senhor da vinha decide mandar seu filho, supondo que o respeitariam. É evidente que este procedimento não é comum. Nenhum pai, em semelhantes circunstâncias, faria isso. Parece imprudência expor o filho aos perigos. Isto indica que se-

melhante procedimento do pai, humanamente incompreensível, aparece na imagem parabólica para indicar a doutrina que encerra. Os homicidas esperam, com a morte do filho, tornarem-se donos de sua herança. Também este detalhe surge unicamente em razão do significado doutrinal.
Deus mostra sua benignidade e mansidão, enviando seus profetas. E os judeus manifestam sua dureza e perfídia, negando-se a escutá-los. Finalmente, Deus, com um ato de misericórdia infinita, manda seu próprio Filho. Jesus aparece com uma dignidade superior a todos os profetas.
Seus direitos são universais e se equiparam aos de Deus, seu Pai.
Sua vinda ao mundo, sofrendo uma morte violenta para salvar a todos e levá-los a seu reino, é uma prova evidente de seu imenso amor aos homens.
Deus teve paciência para suportar tantos pecados e não se cansou de enviar profetas para colocar a humanidade no bom caminho. Apesar dessa paciência e misericórdia de Deus, o povo aumentou sua soberba, seus pecados. Os frutos que Deus continua esperando colher somos nós mesmos.
Cristo nos deu tudo para sermos perfeitos: sua doutrina, os sacramentos, ele próprio na Eucaristia e em nosso próximo.

5. PERGUNTAS PRÁTICAS

1. **Você tem consciência de que Deus lhe entregou certos talentos para fazer frutificar?**
2. **Mencione um talento que Deus lhe deu.**
3. **Você colabora para que o Reino de Deus frutifique? Como?**
4. **Você sabe ser grato a Deus por tantos bens recebidos?**
5. **Dê um exemplo de boa obra que sua comunidade faz e um que poderia fazer.**

6. REVISÃO E PLANEJAMENTO DA AÇÃO

7. ORAÇÃO OU CANTO FINAL

28º DOMINGO DO TEMPO COMUM

Mt 22,1-14

Convidados do Senhor

1. ORAÇÃO INICIAL

2. LEITURA DA BÍBLIA

¹Prosseguindo em sua exposição, Jesus falou-lhes ainda uma vez em parábolas. ²"O Reino do Céu, disse ele, é semelhante a um rei que celebrou a festa nupcial de seu filho. ³Mandou seus servidores chamar às núpcias os convidados, mas estes não quiseram vir. ⁴Mandou de novo outros servidores, recomendando-lhes: 'Dizei aos convidados: Meu banquete está preparado, já estão mortas minhas reses e os outros animais cevados; tudo está pronto. Vinde às núpcias'. ⁵Mas eles não fizeram caso. Um foi para sua granja, outro para seus negócios. ⁶Outros agarraram os servidores, cobriram-nos de injúrias e os mataram. ⁷O rei encheu-se de ira e mandou seus exércitos exterminarem aqueles assassinos e incendiar sua cidade. ⁸Disse, então, a seus servidores: 'O banquete de núpcias está pronto, mas os convidados mostraram-se indignos. ⁹Ide, portanto, às esquinas das ruas e convidai para as núpcias todos os que encontrardes'.
¹⁰Saindo para as ruas, seus servidores reuniram todos os que encontraram, maus e bons, e a sala do banquete nupcial encheu-se de convivas. ¹¹Mas, quando o rei entrou para ver os que estavam à mesa, notou que ali se encontrava um homem que não trajava a veste nupcial. ¹²'Meu amigo, diz-lhe, como entraste aqui sem ter a veste nupcial?'
E o homem emudeceu.
¹³Disse, então, o rei aos que serviam: 'Amarrai-lhe as mãos e os pés e lançai-o às trevas exteriores. Ali haverá choro e ranger de dentes. ¹⁴Porque muitos são os chamados, mas poucos os escolhidos'."

3. ESCLARECIMENTOS

a) Quem é o rei? Quem simboliza o casamento, os convidados? (v. 2 e 3)

O rei é Deus. O casamento é o símbolo da união de Jesus com a Igreja. Os primeiros convidados — os judeus — tornaram-se indignos. Abrem-se, então, as portas a todos os outros povos. Os servidores representam os Apóstolos e os outros pregadores do Evangelho.

b) Quem representam os servos que vão procurar pessoas para o banquete? (v. 3)

Representam os profetas. É João Batista, são os Apóstolos, são os discípulos de Cristo. Muitos deles foram ultrajados e mortos.

c) A quem o convite de Cristo se dirige? (v. 9)

"Todos os que encontrardes..." O convite de Jesus é geral, Deus quer que todos os homens se salvem e dá a todos os meios necessários para isso. Ninguém está excluído deste banquete. Manda convidar todos.

d) Que representa a veste nupcial? (v. 11)

A veste nupcial representa a graça santificante que recebemos no batismo e conservamos pela prática das virtudes. São as disposições morais requeridas para participar do reino. Se praticarmos todos os atos externos da religião, mas não estivermos revestidos desta graça e destas virtudes, pertenceremos apenas ao "corpo", mas não à "alma" da Igreja e nos tornamos merecedores da condenação ao inferno.

e) Qual é este lugar de trevas? (v. 13)

O lugar de trevas e ranger de dentes designa, tradicionalmente, o inferno.

f) Quais são os dois quadros que a parábola apresenta?

O primeiro quadro são os convidados, convidados ao banque-

te. Uns desprezam o convite, outros injuriam e matam os servos que vão chamá-los.
Esses convidados são duramente castigados. Em seus lugares são chamados todos os que estão pelas ruas. O segundo quadro descreve-nos a sorte de um que entrou na sala do banquete sem o traje de festa de casamento e é mandado fora pelo rei.

g) Qual o significado desta parábola?

Nesta parábola, Cristo ensina claramente que os judeus, antes povo chamado e escolhido por Deus, não obedeceram aos contínuos convites que o Senhor lhes fez para que entrassem no reino messiânico. Pelo contrário, mataram os próprios Apóstolos. Por esta razão, eles perecerão e sua cidade será destruída pelo incêndio.
Em seu lugar serão convidados os gentios, que aceitarão o convite. Mas, ai daqueles que, aceitando o convite, não forem encontrados por Deus com boas obras e hábitos puros!

h) Qual o banquete que Jesus reserva para os seus?

A Eucaristia. Mas não é só isso. São as graças especiais, os benefícios e consolos que Deus dá aos que o amam. Jesus insiste em seu convite: "Meu jugo é suave e meu peso leve..." Mas muitos dos convidados têm outras preocupações e outros negócios.

i) Por que a Igreja é Católica?

1. Porque não foi instituída para uma nação ou para um continente apenas, mas para todos os povos, como disse Jesus aos apóstolos: "Ide pelo mundo inteiro e pregai o Evangelho a toda criatura" (Mt 28,19).
2. Deus a fez apta a todos os homens, para todos os tempos e todos os lugares. Sua doutrina é sempre a mesma.
3. De fato está espalhada em todo o mundo. Não exclui ninguém de sua missão. Deus de todos, o Salvador morreu por todos. Assim, a Igreja foi instituída para todos.

4. COMENTÁRIO

A literatura judaica compara o Reino messiânico a um banquete e o Messias a um noivo, casado com o povo de Israel. O "Rei" é Deus e o "Filho", o Messias.
A doutrina que esta parábola nos dá é a seguinte: a salvação que Jesus traz ao mundo dirige-se a todos os homens, sem distinção de raça ou condições.
Esta parábola está dirigida a todos e faz alusão aos que integram o reino. Cristo vem trazer uma mensagem que não é ouvida. Os indignos, os que não a ouvem, serão excluídos.
Há muitos cristãos, materializados, que se ocupam somente dos bens deste mundo, desprezando o banquete eucarístico, os bens espirituais e eternos que a Igreja nos oferece.
Também não basta estarmos à mesa do banquete para recebermos os sacramentos. É necessário o vestido da graça que Deus nos concedeu no batismo.
Nós todos somos convidados a entrar no Reino celestial. Basta que estejamos revestidos do homem novo, modéstia, perdão mútuo e caridade.

5. PERGUNTAS PRÁTICAS

1. Você procura corresponder aos convites que Deus lhe faz?
2. Dê um exemplo de um convite do Senhor.
3. Você se prepara bem para as grandes celebrações da Igreja? Como?
4. Você se considera um escolhido de Deus?
5. Você responde positivamente ao chamado de Deus? Para que Deus o chama?

6. REVISÃO E PLANEJAMENTO DA AÇÃO

7. ORAÇÃO OU CANTO FINAL

SOLENIDADE DE NOSSA SENHORA APARECIDA
Jo 2,1-11

As Bodas de Caná

1. ORAÇÃO INICIAL

2. LEITURA DA BÍBLIA

¹Três dias depois, houve bodas em Caná da Galiléia e a mãe de Jesus estava presente. ²Jesus também fora convidado para as bodas, assim como seus discípulos.
³Tendo faltado vinho, a mãe de Jesus lhe disse: "Eles não têm mais vinho". ⁴Jesus respondeu-lhe: "Mulher, que pretende de mim? Ainda não chegou a minha hora". ⁵Sua mãe disse aos servos: "Façam tudo que ele lhes disser".
⁶Ora, havia ali seis jarros de pedra, cada um de duas ou três medidas, destinados à purificação dos judeus. ⁷Jesus disse aos servos: "Encham de água os jarros". E os encheram até a boca. ⁸Disse-lhes, então: "Tirem agora e levem ao mordomo". E eles levaram.
⁹O mordomo provou a água mudada em vinho e não sabia de onde viera aquele vinho; mas o sabiam os servos, que haviam tirado a água. Chama, então, o esposo e lhe diz: ¹⁰"Todos servem primeiro o bom vinho; depois, quando já estão embriagados, o pior. Você, porém, guardou o bom vinho até agora".
¹¹Foi este o primeiro sinal que Jesus realizou; e foi em Caná da Galiléia. Manifestou a sua glória e os seus discípulos creram nele.

3. ESCLARECIMENTOS

a) Há uma outra passagem do Evangelho em que aparece a expressão "três dias depois"? (v. 1)
Sim. Essa expressão nos lembra a Morte e a Ressurreição de Jesus. O evangelista nos recorda este Mistério logo no início porque todo o ensinamento que ele nos vai transmitir gira em torno de Cristo.

b) Que simboliza o casamento na História da Salvação?

No Antigo Testamento, simbolizava a união de Deus com Israel.

No Novo Testamento, simboliza a união de Cristo com a Igreja (leia também Ef 5,23-32).

Esta união só se dará de modo completo na eternidade. Entretanto, ela já é inaugurada aqui na terra, justamente nesse dia em que começa Jesus sua vida pública.

c) Apresente um resumo desta cena de Caná.

Este texto narra um acontecimento histórico, isto é, houve de fato um casamento em Caná. Jesus, Nossa Senhora e os discípulos estavam presentes. Faltou vinho. Jesus realiza seu primeiro milagre. O evangelista nos contou este fato para, por meio dele, nos transmitir um ensinamento.

d) Que representava a água antes de ser transformada em vinho? (v. 6)

Aquelas seis talhas de água, que eram destinadas à purificação ritual prevista pela Lei (Mc 7,1-4), representavam a revelação do Antigo Testamento que era imperfeita. A verdadeira purificação se faz com o sangue de Cristo (leia 1Jo 1,7).

e) Que simboliza o vinho? (v. 9)

Simbolizava o sangue de Cristo, a Eucaristia. Num sentido mais amplo, simbolizava a nossa salvação e todas as graças que o Pai nos deu, em Cristo. A transformação da água em vinho representa a passagem do Antigo Testamento para o Novo, isto é, do regime da Lei para o do Espírito Santo. Como a água representa a Lei antiga, o vinho é a nova Lei, o Mandamento Novo (leia Jo 13,34-35).

f) Qual o sentido daquela frase que Nossa Senhora disse a Jesus: "Eles não têm mais vinho"? (v. 3)

Nossa Senhora não se referia apenas à falta material de vinho que se deu durante a festa. Naquele momento, ela representava

todo o seu povo que há séculos vinha suspirando pelo vinho da salvação: o Messias (leia Isaías 45,8.)
Entretanto, a sua frase não chegou a ser um pedido, mas apenas a manifestação de um profundo desejo.
Equivaleria a esta frase: "Jesus, será que esta não seria uma boa oportunidade para você realizar logo a obra da redenção que tanto esperamos?"

g) Por que Jesus chama Nossa Senhora de "Mulher" em vez de chamá-la de "Mãe"? (v. 4)

Para nos lembrar o paralelo que existe entre ela e Eva, que no Antigo Testamento é chamada de "mulher", "senhora". Na Nova criação, pela graça, Maria é a Nova Eva, como Cristo é o Novo Adão. Assim como Eva contribuiu para o pecado, Maria contribuiu para a redenção. "Veio a morte por Eva e a Vida por Maria" (é o que nos ensinam longamente os documentos do Concílio Vaticano II).

h) Qual é a "hora" de Jesus a que ele se refere? (v. 4)

É a hora da sua glória, de sua manifestação. E, principalmente, é a grande hora de sua Morte e Ressurreição. Hora em que ele pagará pelos nossos pecados e toda a humanidade ficará salva. Faltavam ainda três anos para esse ato definitivo e Jesus não podia antecipar, pois fora tudo programado pelo Pai. Entretanto, em atenção ao desejo de sua Mãe, ele faz um milagre que, como estamos vendo, é uma figura daquela "hora".

i) Que significa a palavra "glória"? (v. 11)

Significa a manifestação de Jesus enquanto *Cristo,* o Filho de Deus enviado como *Salvador* do mundo. Com este milagre, Jesus inaugura a Nova Aliança, o novo *Reino* em que o Vinho da graça de Deus é dado por ele gratuitamente e em grande abundância.

4. COMENTÁRIO

Como vimos acima, este texto nos traz muitíssimos ensinamentos. Vamos escolher para nossa reflexão apenas uma frase, aquela ordem de Maria aos criados: "Façam tudo o que ele mandar".

Sem se limitar ao episódio de Caná, Nossa Senhora está dizendo a todos nós que estamos reunidos: "Façam tudo o que ele mandar".

Podemos notar que esta simples frase, pronunciada por uma pessoa que fala sem querer impor nada, é verdadeiramente uma frase revolucionária. Se respondermos positivamente a ela, haverá uma reviravolta em nossa vida. E é a mesma figura que a pronunciou, aparentemente tão frágil e meiga, que nos dará força de fazê-lo e de recomeçar a cada momento.

Na realidade, diante desta frase, podemos ter uma idéia de quão pouco espaço ocupa Jesus em nossa vida e de quanto, mesmo sendo cristãos, nós prescindimos dele. Freqüentemente, nos pequenos e grandes problemas ou na orientação de nossa vida, somos tentados a nos deixar guiar pelo nosso bom senso, ou por considerações utilitaristas ou pelas muitas vozes que se levantam aqui e ali no mundo: vozes de líderes, de filósofos, de políticos, de revolucionários... de toda a gente que está na moda!

Até que um dia resolvemos ouvir Jesus. Então, deixamos de lado tudo o mais e abrimos o Evangelho.

Ali nos encontramos novamente com suas antigas e eternas palavras, cheias de vida, que cada vez nos parecem novas. E encontramos explicado, resumido, resolvido tudo o que dizem no mundo. Como que por encanto, a nossa vida se transforma, dia a dia; assim como uma vez alguns servos, na cidade de Caná, atenderam a Maria e viram, com grande admiração, que a água se transformava em vinho.

5. PERGUNTAS PRÁTICAS

1. **Onde encontramos as palavras de Jesus?**
2. **Quais os principais obstáculos que nos dificultam seguir as palavras de Jesus?**
3. **Você procura ser pronto na caridade, como Maria foi pronta em ajudar na falta de vinho?**
4. **Qual é a sua missão específica no mundo? O que você faz como cristão?**
5. **Você procura levar a sério o matrimônio cristão? Como? Vivendo seu casamento? Preparando-se bem para ele? Colaborando na santificação dos casais?**

6. REVISÃO E PLANEJAMENTO DA AÇÃO

7. ORAÇÃO OU CANTO FINAL

29º DOMINGO DO TEMPO COMUM

Mt 22,15-21

Sinceridade?!

1. ORAÇÃO INICIAL

2. LEITURA DA BÍBLIA

¹⁵Naquele tempo, os fariseus se afastaram de Jesus e se reuniram em conselho para discutir um modo de apanhá-lo em suas próprias palavras.
¹⁶Mandaram, então, alguns discípulos, acompanhados de herodianos, para dizer-lhe:
"Mestre, sabemos que és sincero e ensinas com franqueza o caminho de Deus; que não conheces respeito humano, pois não olhas para a categoria das pessoas. ¹⁷Dize-nos, pois, o que pensas disto: é lícito ou não pagar imposto a César?"
¹⁸Jesus conhecia, porém, a má intenção deles e disse-lhes: "Hipócritas, por que vocês me procuram armar ciladas? ¹⁹Mostrem-me a moeda do imposto!"
Quando lhe apresentaram a moeda do imposto, Jesus lhes perguntou:
²⁰"De quem é esta figura e esta inscrição?"
²¹Eles responderam: "De César".
Jesus disse-lhes, então: "Dêem, pois, a César o que é de César, e a Deus o que é de Deus".

3. ESCLARECIMENTOS

a) Quem os fariseus mandaram falar com Jesus? (v. 15-16)

Desta vez os fariseus procuraram fazer as coisas com todo o cuidado. Não foram pessoalmente interrogar o Cristo. Mandaram seus alunos, aqueles que estavam estudando para se tornarem "rabis", mestres da religião.
Se a tentativa falhasse, os fariseus não estariam diretamente comprometidos e poderiam sempre dizer: "Ele os deixou em

dificuldade porque eles são apenas aprendizes, estudantes da Lei. Queria ver se fosse um dos nossos, um mestre experimentado..."

Havia ainda outra vantagem: aqueles alunos dos fariseus podiam mais facilmente dar um tom de candura e honestidade à pergunta a ser feita a Jesus. Pela própria natureza da questão, os fariseus tomaram o cuidado de mandar também alguns partidários do rei Herodes que apoiavam o domínio e o governo dos romanos.

Conforme a resposta de Jesus, poderiam facilmente fazê-la chegar aos ouvidos do governador. Estava tudo bem pensado, à maneira deles.

b) Quais foram as primeiras palavras dos discípulos dos fariseus? (v. 16)

As primeiras palavras pareciam um elogio: "Mestre, sabemos que és sincero e ensinas com franqueza o caminho de Deus..." Certamente que, ao ouvir isso, Jesus teve um sorriso, ao mesmo tempo de ironia e de tristeza. A falsidade das palavras e a ingenuidade da armadilha eram por demais manifestas. Não foi sem razão que logo Jesus respondeu, chamando-os de hipócritas.

c) Qual a pergunta que eles fizeram a Jesus? (v. 17)

A pergunta que fizeram era muito simples: "Dize-nos, pois, o que pensas disto: é lícito ou não pagar imposto a César?"
A pergunta era simples, mas era uma armadilha. Por um lado, eram muitos os judeus que viam no imposto pago ao imperador romano uma traição contra Deus, o único rei do povo. Negar-se a pagar esse imposto era ao mesmo tempo uma questão de patriotismo e de religião. E, mesmo se pagavam forçados pelas circunstâncias, só o faziam sob protesto. Por outro lado, a cobrança do imposto era o sinal do poder dos romanos, que tinham conquistado a Palestina. Não pagar o imposto ou ensinar que não devia ser pago era uma revolta, era subversão.
Sendo assim, pensavam os fariseus, de qualquer modo, fosse qual fosse sua resposta, Jesus estaria em má situação. Se dis-

sesse: "Vocês devem pagar o imposto", ele teria contra si todo o povo, seria considerado como traidor. Se ele se apresentava como o Messias, o rei Salvador enviado por Deus, como poderia ensinar uma coisas dessas, mandando que o povo aceitasse o domínio de um povo estrangeiro, a tirania de um imperador que tinha a coragem de se chamar *divino*, como se fosse um deus na terra?

d) O que aconteceria se Jesus respondesse que não deveriam pagar imposto?

Se Jesus respondesse: "Não. Vocês não devem pagar imposto ao imperador romano, se vocês querem continuar sendo fiéis a Deus", nesse caso seria muito fácil apresentá-lo como um revolucionário. Os romanos liquidariam logo a questão.

Nesse contexto, vemos que, conforme o pensamento deles, não havia possibilidade de Jesus fugir à armadilha.

e) Qual a pergunta que Jesus fez aos discípulos dos fariseus? (v. 19-20)

Apesar de toda a malícia dos fariseus, a pergunta apresentada a Jesus continha um problema real: como conciliar a religião, os deveres para com Deus e a situação de fato da política? O povo de Israel considerava-se como o povo de Deus. Javé era o Senhor, o rei do povo. Os reis humanos, Davi e todos os outros, eram considerados apenas como representantes de Deus. Como se poderia conciliar essa idéia fundamental com a situação de fato, quando os romanos estavam exercendo um domínio real sobre a Palestina? Reconhecer na prática essa autoridade de fato seria renegar o supremo domínio de Deus? Era preciso escolher entre Deus e o imperador romano? Jesus pediu que lhe mostrassem a moeda usada para pagar o imposto. Ela trazia a imagem do imperador Augusto ou de Tibério. As moedas usadas numa região eram um dos sinais do poder e da autoridade.

Se as moedas eram romanas, isso queria dizer que quem mandava no país eram os romanos. Pois bem, usando moedas romanas, os judeus estavam mostrando que de fato reconheciam o poder estrangeiro. Se reconheciam o poder do imperador, deviam também pagar os impostos exigidos. Deviam dar ao imperador o que era do imperador. Cumprir as obrigações civis para com um governo reconhecido de fato nada tinha a ver com os deveres para com Deus.

f) Quando devemos obedecer à autoridade?

Nenhuma autoridade é legítima e deve ser obedecida quando exorbita de suas funções, quando passa a promover a injustiça e a opressão, quando se transforma em tirania, quando não respeita os direitos das pessoas e do povo.

Nenhuma autoridade pode ser obedecida quando se ergue pretensiosamente contra a autoridade de Deus, quando quer se colocar como supremo juiz do bem e do mal, acima da lei de Deus e das responsabilidades da consciência humana.

Devemos "dar a César (ao imperador) o que é do imperador": tudo o que é dele, mas também só o que de fato lhe compete.

Os imperadores romanos apresentavam-se como deuses, exigindo até mesmo que lhes fossem erguidos templos e oferecidos sacrifícios. Isso os judeus não podiam de modo algum fazer. No decorrer da História, muitos outros governos tiveram a mesma pretensão. Mas sempre encontraram a oposição dos cristãos e de todos os homens de bem. Se for preciso, devemos morrer para dar a Deus o que é de Deus. Aliás, foi o que o próprio Cristo fez.

Nossos deveres religiosos para com Deus exigem também a nossa participação séria e consciente na vida política, para que de fato as autoridades "estejam a serviço de Deus e cumpram seus deveres".

4. COMENTÁRIO

Jesus não se contenta em solucionar a questão concreta que lhe é apresentada. Dá uma regra geral que deve servir em nossas relações para com Deus e para com a autoridade civil.
Sua doutrina lança bases seguras para uma democracia cristã. Ele define muito bem as relações entre Igreja e Estado.

"Dai a César a imagem de César que está na moeda", escreve Tertuliano, *"mas dai a Deus a imagem de Deus que está no homem. Dai o dinheiro a César, mas que cada um entregue a própria vida nas mãos de Deus"*.
E São João Crisóstomo escreve: *"A moeda de César é ouro, a moeda de Deus é o homem. Nas moedas, vê-se a imagem de César. Nos homens, vê-se a imagem de Deus. Dai vossas riquezas a César, mas reservai a Deus a inocência de vossas almas"*.
O Estado merece tudo aquilo a que ele tem direito como sociedade civil, perfeita e necessária. A Deus tudo pertence, como Senhor absoluto dos Estados e das pessoas. Cristo nos ensina que o respeito e a obediência que devemos a César, isto é, às autoridades civis, não nos deve impedir de prestar o respeito devido a Deus.
Só uma coisa nos resta: cumprir nossos deveres civis e religiosos. Por sua vez, as autoridades eclesiásticas e civis devem caminhar não confundidas, nem em oposição, mas inteligentemente unidas, procurando o bem da sociedade.
É necessário que aprendamos a trilhar o caminho da simplicidade da justiça, do dever, e que guardemos em nossa alma a imagem que nos foi impressa pelo batismo.

5. PERGUNTAS PRÁTICAS

1. **Você é sincero e franco em tudo ou às vezes vacila?**
2. **Você professa publicamente sua fé ou deixa-se levar pelo respeito humano que o impede às vezes?**
3. **Você dá a Deus o lugar que lhe compete em sua vida?**
4. **Dê um exemplo de um falso cristão.**
5. **Sua vida social reflete a imagem do Cristo que ama seu próximo?**

6. REVISÃO E PLANEJAMENTO DA AÇÃO

7. ORAÇÃO OU CANTO FINAL

30º DOMINGO DO TEMPO COMUM

Mt 22,34-40

Amar como Jesus amou!

1. ORAÇÃO INICIAL

2. LEITURA DA BÍBLIA

³⁴Naquele tempo, quando os fariseus ficaram sabendo que Jesus fizera calar os saduceus, formaram um grupo e rodearam-no; ³⁵e um deles, doutor da lei, perguntou-lhe maliciosamente:
³⁶"Mestre, qual é o maior mandamento da lei?" ³⁷Jesus lhe respondeu: "Amarás o Senhor, teu Deus, de todo o teu coração, de toda a tua alma, e com toda a tua mente". ³⁸Este é o maior e o primeiro dos mandamentos. ³⁹O segundo é semelhante ao primeiro: "Amarás o teu próximo como a ti mesmo". ⁴⁰Destes dois mandamentos dependem toda a lei e os Profetas.

3. ESCLARECIMENTOS

a) Por que os fariseus perguntavam a Jesus qual o primeiro e maior mandamento? (v. 36)

A pergunta era insidiosa. Os rabinos judeus tinham extraído da Lei 613 mandamentos. Destes, 248 eram preceitos; 365 eram proibições. Dividiram os mandamentos em duas classes: graves e leves, mas não concordavam em determinar quais eram os graves e quais os leves.
Querem colocar Jesus em situação difícil. Diante destes sofismas, Jesus reduz os mandamentos a dois!

b) A fé, a esperança e a caridade acabarão no Céu?

No Céu, a fé acabará porque veremos aquele em quem acreditamos. Acabará a esperança, porque possuiremos aquilo que na terra esperávamos. Mas a caridade permanecerá porque continuaremos a amar para sempre.

c) Entre as virtudes sobrenaturais, qual é a principal?
É a caridade porque nos une intimamente a Deus e ao próximo. Leva-nos à perfeita observância da Lei, leva-nos às boas obras. Nunca cessará.

d) O que é a caridade?
A caridade é aquela virtude sobrenatural pela qual amamos a Deus em si mesmo, acima de tudo, e ao próximo como a nós mesmos, por amor a Deus.

e) Na prática, a que se resumem nossos deveres para com Deus e para com o próximo?
Reduzem-se à caridade, maior e primeiro mandamento do amor a Deus e ao próximo. Desses dois mandamentos, como disse Jesus, dependem toda a Lei e os profetas.
Devemos amar a Deus em si mesmo, como o sumo Bem, fonte de todo o nosso bem. Por isso, acima de todas as coisas, de todo o coração, de toda a alma, com toda a mente e com todas as formas, como o diz Jesus.

f) Em que consiste o preceito "amar a Deus"?
1. Não o ofender com o pecado.
2. Observar todos os seus mandamentos e os preceitos da Igreja.
3. Ouvir seus conselhos.
4. Reparar os pecados dos maus.

g) Em que consiste a caridade para com o próximo?
Em relação ao próximo, a caridade é paciente e benévola; não é invejosa, não é insolente, não é orgulhosa, não é ambiciosa, não procura o próprio interesse, não se irrita, não pensa mal, não se alegra com a injustiça, mas alegra-se com a verdade. Tudo desculpa, tudo crê, tudo espera, tudo suporta (São Paulo, 1Cor 13,4-7).

h) Por que o mandamento do amor a Deus é o maior mandamento? (v. 40)

Porque quem o pratica, amando a Deus de toda a alma, observa certamente todos os outros mandamentos. A arte de amar a Deus é a arte das artes, diz São Bernardino. Ela conduz ao amor todos os pensamentos do espírito.

i) O que os fariseus entendiam por "próximo"?

Os doutores da Lei e fariseus tinham desvirtuado este termo. Aplicavam a palavra "próximo" unicamente aos que eram do povo judeu ou seus amigos. Cristo, nesta como em outras ocasiões, quis recomendar o amor universal, sem exclusivismos, a todos os homens, pois todos são imagens de Deus, destinados ao mesmo fim.

4. COMENTÁRIO

"Qual o maior mandamento?" era algo que estava em discussão no meio ambiente dos rabinos. Freqüentemente discutiam entre si sobre a importância dos diversos mandamentos. Por isso desejam saber o que pensava sobre esta questão um "Mestre" de renome, Cristo. O grande mandamento de Cristo é a caridade. Caridade que, sendo uma só, tem duas manifestações distintas: o amor a Deus e o amor ao próximo.
Jesus afirma não só que a caridade é o primeiro e principal mandamento, mas que é o fundamento e a base de todos os demais. É a raiz donde procedem as demais virtudes.
A entrega total a Deus leva consigo a entrega total ao próximo.
Os dois mandamentos são semelhantes porque o verdadeiro amor ao próximo não é mais que um desdobramento do verdadeiro amor a Deus.
Do mesmo modo que Nosso Senhor é o primeiro a apresentar estes dois preceitos como uma unidade, assim também ele é o primeiro a dar à palavra "próximo" um sentido mais amplo. O amor ao próximo, fundado no amor a Deus, forma como que um mesmo preceito. Por esta razão, o próprio Cristo, no

sermão da Montanha (Mt 7,12), e mais tarde São Paulo (Rm 13,10; Gl 5,14) resumem todos os mandamentos contidos no Antigo Testamento no amor ao próximo. Está acima de todas as minúcias, logo após o amor a Deus. Cristo, com estas palavras, deu à humanidade mais uma de suas lições transcendentais. É a lição de caridade cristã, manifestando-se na fraternidade de todos os homens.

5. PERGUNTAS PRÁTICAS

1. Qual é o maior mandamento?
2. Você ama realmente seu próximo?
3. Quem é o próximo para você?
4. Em que consiste sua caridade?
5. Há fraternidade em sua comunidade? O que se faz pelos excluídos?

6. REVISÃO E PLANEJAMENTO DA AÇÃO

7. ORAÇÃO OU CANTO FINAL

31º DOMINGO DO TEMPO COMUM

Mt 23,1-12

Um só é o nosso Mestre!

1. ORAÇÃO INICIAL

2. LEITURA DA BÍBLIA

¹Dirigindo-se Jesus à multidão e aos seus discípulos, disse: ² "Os escribas e os fariseus sentam-se na cadeira de Moisés. ³Observai e fazei tudo o que eles dizem, mas não façais como eles, porque dizem e não fazem. ⁴Atam fardos pesados e esmagadores e com eles sobrecarregam os ombros dos homens, mas não querem movê-los sequer com o dedo. ⁵Fazem todas as suas ações para serem vistos pelos homens; por isso trazem largas faixas e longas franjas nos seus mantos. ⁶Gostam dos primeiros lugares nos banquetes e das primeiras cadeiras nas sinagogas. ⁷Gostam de ser saudados nas praças públicas e de serem chamados Rabi pelos homens. ⁸Mas vós não vos façais chamar Rabi, porque um só é o vosso Mestre, e vós sois todos irmãos. ⁹E a ninguém chameis de pai sobre a terra, porque um só é vosso Pai, aquele que está nos céus. ¹⁰Nem vos façais chamar de mestres, porque só tendes um Mestre, o Cristo. ¹¹O maior dentre vós será vosso servo. ¹²Aquele que se exaltar será humilhado e aquele que se humilha será exaltado".

3. ESCLARECIMENTOS

a) O que Jesus diz aos escribas e fariseus? (v. 3)

Observai tudo o que eles dizem! Mas cuidado! Eles falam de um modo e agem de outro. A única condição que Jesus dá é não os imitar, não seguir seus caminhos. Jesus desmascara a ambição desses fariseus. O apóstolo São Paulo também pertencia ao grupo deles. Querendo salvar-se, teve de deixá-los e converter-se a Cristo.

b) Que eram as faixas e franjas? (v. 5)

Por intermédio de Moisés, Deus havia recomendado aos hebreus que tivessem a lei "como um sinal na mão" e a "conservassem suspensa diante dos olhos" (Êx 13,16). O sentido é que os judeus deviam orientar seus atos pela lei e meditá-la constantemente. A tradição judaica, no entanto, a interpretava de modo literal. Em certos dias e em certas horas, os judeus amarravam na fronte e no braço esquerdo pequenas faixas de couro, que continham pedaços de pergaminho nos quais estavam transcritos os 4 textos do Pentateuco, que falam desta recomendação. Essas faixas eram amarradas por meio de longas fitas de couro.

Os escribas e fariseus usavam faixas maiores para atrair as atenções e parecer mais piedosos.

c) O que Jesus quer dizer no versículo 5?

Ele se refere à hipocrisia dos escribas e fariseus. Querem enganar. Parece que prestam culto a Deus. No entanto, o que procuram é a própria valorização. O que querem é aparecer diante dos outros.

d) Jesus proíbe receber saudações, ocupar os primeiros lugares? (v. 6 e 7)

Não. Jesus não proíbe receber saudações nas praças. Não proíbe ocupar os primeiros lugares nas reuniões e banquetes. Não proíbe ser chamado de mestre, pai, doutor. Condena somente aqueles que vão além do que é justo. O que o Mestre condena é a disposição do coração e não o lugar ou título.

e) Você gostaria de explicar o que seja ambição?

"A ambição — diz São Bernardo — é um mal sutil, um veneno secreto, uma chaga oculta, um artífice de enganos, a mãe da impostura, o princípio da inveja, a fonte dos vícios, a ferrugem da virtude, o caruncho da santidade, a cegadora dos corações!" A ambição levava os fariseus e escribas a falar, mas não agir. Você, procure agir e falar pouco. Cristo tomou esta atitude.

f) Qual a norma que Jesus dá aos que exercem algum cargo? (v. 11)

O maior entre vós seja como aquele que serve! É a norma positiva de conduta geral, a atitude de espírito que deverá ter quem ocupa algum cargo. É a grande doutrina da humildade, da hierarquia como "serviço".

g) Nos versículos 8 a 12, Jesus se dirige a seus discípulos. O que ele diz?

Estes versículos são como que um parênteses no discurso. Jesus se dirige agora a seus discípulos. Exorta-os a fugir da vaidade e soberba. Convida-os a se comportarem de um modo totalmente oposto ao dos fariseus.

h) Jesus proíbe os títulos honoríficos?

Através de seus conselhos, quer que os discípulos se afastem do desejo de honras e glórias mundanas. Ele não proíbe títulos honoríficos, praticamente necessários. O que condena é o espírito de ambição e de orgulho que semelhantes títulos podem fomentar.

4. COMENTÁRIO

O capítulo 23 de São Mateus é quase todo ele um discurso de Cristo contra os fariseus. É o discurso mais terrível de todo o Evangelho. É um aviso aos que são ou podem ser enganados pelos piores elementos do farisaísmo. Observam a letra da lei, com habilidade, mas não observam seu espírito. A eles é aplicada a frase de Cristo: "Quem se exalta será humilhado, quem se humilha será exaltado".

Os títulos de mestre, pai, guia, doutor, com que gostavam os fariseus de serem chamados, não devem ser procurados, como eles o faziam, rebaixando a dignidade dos demais. Cristo, fonte de toda a verdade, é o único Mestre; os demais são mestres exclusivamente por participação. Deus, que está nos Céus, é o Pai de todos, e os que em sua Igreja têm como ofício adminis-

trar a vida sobrenatural às almas têm este título por participação.
O mesmo se diga dos doutores. Jesus, Caminho, Verdade e Vida, é o único doutor e guia dos cristãos; os outros participam deste privilégio.
Numa palavra: todos somos irmãos, filhos de um mesmo Pai, discípulos do mesmo Mestre, súditos do mesmo Chefe.
Os fariseus tinham três defeitos principais: eram excessivamente rigorosos com os outros, eram hipócritas e eram ambiciosos.
Cristo veio para nos alertar: sejamos compassivos e bondosos, humildes ao máximo, nada ambicionemos senão sermos servos de Deus!

5. PERGUNTAS PRÁTICAS

1. **Você é de palavra? Diz e faz, e é claro em tudo?**
2. **Dê um exemplo de uma pessoa muito humilde.**
3. **Você trata o próximo com igualdade?**
4. **Você serve? A quem e como?**
5. **O que o mundo sabe fazer bem é humilhar as pessoas. Você conhece algum caso em que alguém da comunidade foi humilhado?**

6. REVISÃO E PLANEJAMENTO DA AÇÃO

7. ORAÇÃO OU CANTO FINAL

COMEMORAÇÃO DE TODOS OS FIÉIS DEFUNTOS
Lc 14,1.7-11

Quem se humilha será exaltado

1. ORAÇÃO INICIAL

2. LEITURA DA BÍBLIA

¹Certo dia, Jesus entrou na casa de um dos chefes dos fariseus para uma refeição. Era um sábado. Os fariseus observavam atentamente suas atitudes.
⁷Jesus, percebendo a preocupação dos convidados em escolher os primeiros lugares à mesa, contou-lhes esta parábola: ⁸Quando alguém de vocês for convidado a uma festa de casamento, não procure sentar-se no primeiro lugar da mesa, porque pode ser que chegue um convidado mais importante que você, e aquele que o convidou dirá a você: ⁹"Este lugar está reservado, queira cedê-lo a este Senhor". E você, cheio de vergonha, terá de ir sentar-se no último lugar.
¹⁰Quando você for convidado, sente-se no último lugar, e assim aquele que o convidou lhe dirá, ao chegar: ¹¹"Meu amigo, sente-se mais para cima". E isso será honroso para você diante dos convidados, porque todo aquele que se exalta será humilhado e o que se humilha será exaltado.

3. ESCLARECIMENTOS

a) Em que circunstâncias Jesus falou sobre a humildade? (v. 1)

Foi por ocasião de uma refeição, na casa de um dos chefes dos fariseus.
Imaginamos que Jesus tivesse escolhido um lugar sem importância, enquanto os outros disputavam os melhores lugares.
O chefe dos fariseus teria convidado Jesus para ocupar um lugar mais honroso, causando isso grande espanto a todos.
Fazendo uso da situação, Jesus teria apresentado seu caso como norma geral de conduta.

b) Por que os fariseus observavam Jesus? (v. 1)

O Evangelho diz que os fariseus observavam bem atentamente as atitudes de Jesus. Talvez se pudesse pensar que faziam isso admirados com a beleza de Jesus e seus atos. Mas não. O motivo era outro. Olhavam para ele de maneira atenta, mas interessados em descobrir coisas que pudessem ser censuradas no seu procedimento.

c) Qual o conselho que Jesus dá sobre festas? (v. 8)

Jesus se achava na casa de um fariseu. Supõe-se que havia muita gente reunida à mesa. E Jesus aproveitou o ambiente para ensinar. Ensinou que não se deve disputar os primeiros lugares.

d) O que Jesus recomenda? (v. 10)

Jesus recomenda a humildade. Humildade verdadeira, sincera, em tudo o que fazemos. Humildade principalmente diante de Deus, para que possamos merecer a felicidade eterna dos céus. Grande é aquele que se faz pequeno por amor a Deus. Jesus não aconselha a prática de uma falsa humildade para se ficar em situação melhor que os outros. Mas reclama da hipocrisia daqueles que se aproveitam da simplicidade, bondade e humildade das pessoas.

e) Que parábola Jesus apresenta nos versículos 8 a 11?

A este pequeno discurso de Jesus São Lucas chama de parábola, a parábola do lugar à mesa.
Trata-se de um ensinamento em forma de metáfora.
É um exemplo tirado do ambiente comum da vida humana.
Jesus conhece bem a situação, o que acontece e serve-se do exemplo para transmitir um ensinamento moral da vida religiosa.

f) Que ensinamento em forma de provérbio Jesus apresenta? (v. 11)

"Todo aquele que se exalta será humilhado e o que se humilha será exaltado!"

Vemos aí a presença de Deus, que se manifesta aos homens com seu poder. É assim que Deus age conosco.
O mesmo pensamento aparece no capítulo 18, versículo 14 do Evangelho de São Lucas.

4. COMENTÁRIO

Jesus fala em parábolas. Transmite a doutrina do Reino de Deus com palavras figuradas. Ao sentar-se à mesa, é necessário observar a ordem de procedência, cada um ocupando seu lugar conforme a dignidade e o prestígio.
Jesus vê como os convidados disputavam os primeiros lugares. Da mesma maneira como procuram os primeiros lugares nos banquetes deste mundo, os fariseus imaginam que procederão no Reino de Deus.
A conduta à mesa, da qual Jesus fala, é uma narração em forma de parábola, lembrando uma realidade referente ao Reino de Deus: quem quiser entrar no Reino de Deus deve fazer-se pequeno e não deve ter falsas pretensões.
No final, Jesus dá a verdadeira razão: quem se exalta será humilhado; quem se humilha será exaltado!
Aquele que se julga importante será excluído do reino. E as portas estarão abertas aos humildes.
Jesus exorta os convivas à humildade e ao desprezo de toda glória vã. E retribuirá com bens eternos o pouco que em humildade fizermos ao próximo.
Dando maior alcance ao significado da parábola, Jesus mostra os efeitos da humildade perante Deus.
Afirma que a humildade é o único modo de uma pessoa ser grande aos olhos de Deus. O grau de nossa grandeza depende do grau de nossa humildade.
Aos olhos de Deus a única posição que é bem considerada é a atitude de sincera humildade. Por nós mesmos, nada somos. O que somos e o que temos recebemos gratuitamente de Deus.
Os humildes serão recompensados e exaltados no Reino do céu.

5. PERGUNTAS PRÁTICAS

1. **O cristão deve ser um exemplo de humildade. Você é humilde?**
2. **Você aceita com alegria sua situação humilde?**
3. **Por nós mesmos nada merecemos. Você sabe agradecer a Deus tanto bem recebido?**
4. **Qual é sua atitude quando você vai a uma festa? Vai como amigo, levando sua presença, sua alegria, sua amizade?**
5. **Você dá a devida atenção aos pobres e aos simples?**

6. REVISÃO E PLANEJAMENTO DA AÇÃO

7. ORAÇÃO OU CANTO FINAL

SOLENIDADE DE TODOS OS SANTOS

Mt 5,1-12a

A verdadeira felicidade

1. ORAÇÃO INICIAL

2. LEITURA DA BÍBLIA

¹Naquele dia, Jesus, vendo a multidão que o seguia, subiu à montanha, sentou-se e seus discípulos se chegaram para perto dele. ²Ele começou, então, a ensiná-los: ³"Felizes os pobres de espírito, porque deles é o Reino dos Céus! ⁴Felizes os mansos, porque eles terão a terra como herança! ⁵Felizes os que choram, porque Deus os consolará! ⁶Felizes os que têm fome e sede de justiça, porque Deus os saciará! ⁷Felizes os que são misericordiosos para com os outros, porque Deus será misericordioso para com eles! ⁸Felizes os puros de coração, porque verão a Deus! ⁹Felizes os que promovem a paz, porque serão chamados filhos de Deus! ¹⁰Felizes aqueles que sofrem perseguição por fazer em tudo a vontade de Deus, porque deles é o Reino dos Céus! ¹¹Felizes vocês, quando os homens os insultarem e os perseguirem, falando contra vocês toda espécie de mentira, por causa de mim! ¹²ᵃAlegrem-se e exultem, porque grande será sua recompensa no céu!"

3. ESCLARECIMENTOS

a) Quem são os "pobres de espírito"? (v. 3)

Os pobres de espírito não são os pobres de bens nem os pobres que não se conformam com seu estado. Pobres de espírito são os humildes, os que têm o coração desapegado dos bens terrenos. Para isso não é necessário não ter nada, mas é preciso usar o que se tem conforme o espírito do Evangelho.

b) Pode o rico ter espírito de pobreza?

Sim. O rico pode ter espírito de pobreza. Para isso é necessário não se apegar à riqueza, não depositar nela a felicidade e saber fazer uso dela para o bem. A pobreza de espírito faz com que o cristão desapegue seu coração das criaturas. A verdadeira riqueza não consiste nos tesouros desta terra, mas na graça, na virtude, nos merecimentos perante Deus e na amizade com ele.

c) Quem são os mansos? (v. 4)

Os mansos são aqueles que, conformados com a vontade de Deus, suportam com paciência as adversidades desta vida. São aqueles que usam de mansidão, que tratam o próximo com bondade, tolerando pacientemente suas impertinências sem queixas ou atitudes de vingança.

É uma lição que Jesus nos dá: se desejamos conquistar alguém, a melhor receita é usarmos de bondade e mansidão.

d) Por que os que choram são chamados felizes? (v. 5)

Esta vida é considerada um vale de lágrimas. Apesar dos esforços que os homens fazem para tirar a dor do caminho da vida, cruzamos com ela continuamente. A dor e a cruz são patrimônios nossos. Há muitos que não entendem a razão dos sofrimentos e se revoltam contra Deus. Jesus diz que são felizes os que choram. De fato. Se soubermos aceitar com resignação as provas que Deus nos envia, se soubermos sofrer com ânimo as misérias e dificuldades da vida, seremos felizes. Com a dor compraremos a felicidade eterna.

e) O que é ter fome e sede de justiça? (v. 6)

A palavra *justiça* significa santidade. É aquela justiça interior que torna o homem agradável a Deus, quando se esforça por cumprir sempre sua vontade. O primeiro passo para conseguir a santidade é desejá-la. Por isso Jesus diz que são felizes os que têm fome e sede de justiça, isto é, aqueles que realmente desejam ser santos. Mas é necessário que este desejo seja eficaz. Isto é, que empreguemos os meios necessários para consegui-lo. Jesus se refere aqui também aos que padecem fome e sede de bens materiais.

f) O que acontecerá com os que forem misericordiosos? (v. 7)

Os misericordiosos são, de modo geral, aqueles que têm sentimentos de compaixão para com os aflitos e os miseráveis de toda espécie. São misericordiosos os que são caridosos e se compadecem das misérias do próximo e também aqueles que perdoam. Quem for misericordioso receberá a misericórdia divina. E Deus será misericordioso conosco à medida que o formos com nosso próximo.

g) Quem são os puros de coração? (v. 8)

Os puros de coração são aqueles que fogem de todo pecado e praticam com grande delicadeza a pureza. Ser puro é ter a alma livre de afetos desordenados, é fugir da concupiscência e dos desejos da carne. Só estes verão a Deus, pois só se conhece a verdade divina à medida que se alcança e se conserva a pureza de coração.

h) Como se promove a paz? (v. 9)

Possui a paz quem procura dominar as paixões e obedecer humildemente a Deus.

Promovem a paz aqueles que se mantêm em paz com o próximo e trabalham para que reine a paz entre seus semelhantes: nos corações, nas famílias, na sociedade. A melhor maneira de se promover a paz é deixar de murmurar sobre a vida do próximo e parar de semear discórdia. Promover a paz consiste em esquecer as injúrias. "A paz que dá a felicidade não é aquela que está apenas nos lábios, mas a que repousa no coração", escreve São João Crisóstomo.

4. COMENTÁRIO

O trecho do Evangelho que meditamos é o célebre Sermão da Montanha, programa fundamental e resumo de vida cristã.
É Jesus ensinando-nos que a santidade é algo possível e importante para todos. Somos chamados à santidade, que consiste em viver a vida de filhos de Deus. A santidade se concre-

tiza, no tempo presente, pelo espírito das Bem-aventuranças, pelo qual a humanidade vive seu peregrinar entre trabalhos e lutas, entre angústias e esperanças. Jesus enumera as qualidades que devem distinguir os cidadãos de seu reino espiritual.

A fé e a esperança do cristão não esmorecem porque ele tem a promessa de Cristo: "Alegrem-se e exultem, porque grande será sua recompensa no céu".

5. PERGUNTAS PRÁTICAS

1. Em que consiste a mansidão de que Jesus fala?
2. Você tem espírito desapegado das coisas deste mundo?
3. Você faz sua parte para ajudar os que passam fome?
4. Você usa de misericórdia?
5. Qual a bem-aventurança mais marcante em sua vida?

6. REVISÃO E PLANEJAMENTO DA AÇÃO

7. ORAÇÃO OU CANTO FINAL

DEDICAÇÃO DA BASÍLICA DE LATRÃO

Jo 2,13-22

Templo, Santuário de Deus

1. ORAÇÃO INICIAL

2. LEITURA DA BÍBLIA

¹³Estava próxima a Páscoa dos judeus e Jesus subiu a Jerusalém. ¹⁴No Templo, encontrou os vendedores de bois, ovelhas e pombas e os cambistas que estavam aí sentados. ¹⁵Fez então um chicote de cordas e expulsou todos do Templo, junto com as ovelhas e os bois; espalhou as moedas e derrubou as mesas dos cambistas. ¹⁶E disse aos que vendiam pombas: "Tirai isso daqui! Não façais da casa de meu Pai uma casa de comércio!"
¹⁷Seus discípulos lembraram-se, mais tarde, que a Escritura dizia: "O zelo por tua casa me consumirá".
¹⁸Então os judeus perguntaram a Jesus: "Que sinal nos mostras para agir assim?" ¹⁹Ele respondeu: "Destruí este Templo, e em três dias eu o levantarei". ²⁰Os judeus disseram: "Quarenta e seis anos foram precisos para a construção deste santuário e tu o levantarás em três dias?" ²¹Mas Jesus estava falando do Templo do seu corpo.
²²Quando Jesus ressuscitou, os discípulos lembraram-se do que ele tinha dito e acreditaram na Escritura e na palavra dele.

3. ESCLARECIMENTOS

a) O que os judeus comemoravam na festa da "páscoa"? (v. 13)

Celebravam a sua antiga libertação da escravidão egípcia, pelo poder divino. Esta era a maior festa dos judeus e quase todos participavam dela com grandes comemorações.

b) O que era o Templo de Jerusalém para os judeus? (v. 14)

Era a "morada de Deus" entre eles. Era do Templo que Deus falava ao povo pela boca dos profetas, distribuía as suas bênções e recebia as orações e sacrifícios. Em resumo: o Templo era o centro da religião israelita e figura de Jesus Cristo.

c) Por que Jesus expulsa os negociantes do Templo? (v. 15)

Muitos são os motivos e evidentes as razões. Mas o motivo principal era o ensinamento que Jesus nos queria transmitir com este gesto: Vejam que os negociantes estavam vendendo animais para os sacrifícios prescritos pela Lei do Antigo Testamento! Expulsando vendedores e animais, Jesus estava dizendo que aqueles sacrifícios não tinham mais valor. E, chamando Deus de Pai, ele dá o fundamento de sua autoridade para realizar aquela ação: é o Filho de Deus. Por esta cena violenta, o evangelista quer também mostrar-nos que Jesus é humano: como qualquer outro homem, fica nervoso e se irrita contra o mal.

d) Que significa a resposta de Jesus, que está no versículo 19?

Em outras palavras, Jesus respondeu aos judeus: "Vocês irão me matar. Mas três dias depois eu ressuscitarei!" De fato, a Ressurreição de Jesus foi o melhor sinal ou a maior prova de que ele tinha autoridade para proceder daquele modo, pois mostrou que é Deus.

e) Na Bíblia há outros exemplos de pessoas que pedem milagres a Deus, como condição para crerem?

Leia no Evangelho escrito por São Lucas, capítulo 16, versículos de 27 a 31. O versículo 18 do capítulo segundo de São João é chamado de "desafio dos incrédulos". E esta realidade continua. Ainda hoje há pessoas que procedem deste modo. Mas sabemos que, mesmo vendo milagres, essas pessoas não creriam!

f) Os verbos "lembraram-se" e "acreditaram" indicam apenas que estes acontecimentos voltaram à mente dos discípulos, ou houve algo mais? (v. 22)

Eles não apenas se recordaram materialmente, mas foi o Espírito Santo que lhes trouxe à memória estes acontecimentos, iluminando-os ao mesmo tempo para que os entendessem no verdadeiro sentido sobrenatural. Esta "memória" cristã, obra do Espírito Santo, é a base da tradição da Igreja, e foi devido a ela que São João e os demais autores sagrados nos puderam escrever a Bíblia. Mas o Espírito Santo só ilumina quem está pronto para seguir suas inspirações. O versículo 20 nos traz o exemplo de pessoas fechadas para a graça de Deus; só entendem as coisas sobrenaturais de modo material.

g) A palavra "Escritura" designa aqui toda a Bíblia ou algum texto especial? (v. 22)

Quando São João quer designar toda a Bíblia, ele usa o plural: "Escrituras". Aqui ele se refere ao Salmo 68 (ou 69), versículo 10, citado um pouquinho antes, no versículo 17 deste capítulo do Evangelho de São João: "O zelo de tua casa me devorou", isto é, o zelo de Jesus pela obra do Pai (que é nossa salvação) levou-o à morte.

h) Onde está Jesus, para o encontrarmos?

Jesus está presente na Igreja, que é o seu Corpo, de vários modos: quando ele reza, quando assiste os pobres, quando prega, quando governa o povo de Deus, quando administra os sacramentos, mas principalmente e de um modo especial quando ele celebra a Eucaristia. A presença Eucarística é a mais completa presença de Cristo na terra. Aqui na terra é desses modos que temos sua presença. Na vida futura é que nos uniremos a Ele diretamente, de modo total, sem a necessidade de sinais sensíveis.

4. COMENTÁRIO

A figura de Jesus se nos apresenta no Evangelho com vivos contrastes. É doce e amável com os pobres; compassivo com os enfermos; misericordioso com os pecadores; duro com os hipócritas. Nós o encontramos repleto de santa indignação contra os profanadores do Templo.

A santidade não é constituída só de doçura, amabilidade, compaixão, misericórdia. É também energia, fortaleza, indignação, às vezes. E hoje, ao celebrarmos a festa da dedicação da basílica romana de São João de Latrão, vem-nos à mente esta verdade.
Ceder sempre não é virtude; pode ser também covardia.
Indignar-se não é sempre defeito; pode ser manifestação de justiça.
Jesus tinha zelo pelas coisas do Pai. Por isso, não permite que profane sua casa.
Os judeus pedem uma prova da autoridade de Jesus. Ele lhes dá a de sua Ressurreição.
Muitos crêem em Jesus em vista de milagres e prodígios. Mas Jesus sabia que aquela adesão não era sincera. E você? Como é sua adesão a Cristo?

5. PERGUNTAS PRÁTICAS

1. **Hoje também há "vendilhões do templo"?**
2. **Você defende os "direitos de Deus" diante da sociedade?**
3. **Sua comunidade respeita o lugar do culto (a igreja) e cuida dele?**
4. **As dependências da paróquia recebem de fato um carinho especial por parte do povo?**
5. **Como crismado, você se sente responsável pelas coisas da Igreja?**

6. REVISÃO E PLANEJAMENTO DA AÇÃO

7. ORAÇÃO OU CANTO FINAL

32º DOMINGO DO TEMPO COMUM

Mt 25,1-13

O Senhor nos visitará!

1. ORAÇÃO INICIAL

2. LEITURA DA BÍBLIA

¹"Quando chegar esse dia, o Reino do céu será semelhante a dez virgens que, tomando suas lâmpadas, saíram ao encontro do esposo. ²Cinco eram imprevidentes e cinco, prudentes. ³As imprevidentes, ao tomar suas lâmpadas, não levaram óleo consigo. ⁴As prudentes, pelo contrário, levaram vasos de óleo junto com as lâmpadas. ⁵O esposo demorou a vir e elas começaram a cochilar e adormeceram. ⁶À meia-noite, ouviu-se um grito: 'Eis o esposo! Ide a seu encontro!' ⁷Levantaram-se todas aquelas virgens e prepararam suas lâmpadas. ⁸As imprevidentes disseram às prudentes: 'Dai-nos de vosso óleo, porque nossas lâmpadas estão-se apagando'. ⁹Responderam as prudentes: 'Pode acontecer que ele não seja suficiente para nós e para vós, por isso deveis de preferência ir à casa dos negociantes e comprar para vós'. ¹⁰Enquanto foram comprar, veio o esposo. As que estavam preparadas entraram com ele para o festim nupcial e fechou-se a porta. ¹¹Mais tarde, chegam também as outras virgens, dizendo: 'Senhor, Senhor, abre-nos a porta'. ¹²Mas ele respondeu: 'Em verdade vos digo, não vos conheço'.
¹³Ficai, portanto, vigilantes, porque não sabeis o dia nem a hora."

3. ESCLARECIMENTOS

a) O que representam as dez virgens? (v. 1)
Todos nós que esperamos a vinda do esposo. Todos nós que esperamos a passagem desta para a outra vida.

b) Quem é o esposo? (v. 1)
É Jesus Cristo. É ele que vem ao encontro das almas.

c) Quem está representado nas cinco virgens negligentes? (v. 2)

São as pessoas que não estão preparadas para a vinda de Cristo na hora da morte.

d) O que simboliza o azeite? (v. 3)

O azeite é a fé que se manifesta por boas obras. Têm azeite os que realizam obras em conformidade com sua fé. Não têm azeite os que, sendo cristãos e tendo aparentemente a fé, desprezam as obras de virtude. A fé com obras é admitida ao Reino dos Céus. A fé sem obras será excluída. É necessário que nossa fé seja viva, isto é, que se manifeste na prática das virtudes.

e) O que Jesus nos quis ensinar quando disse que o esposo tardou a chegar, e que depois chegou de repente, com um grito, à noite? (v. 6)

Ninguém de nós sabe a hora de se encontrar com Cristo: se hoje ou amanhã, ou daqui a um mês, um ano etc... Mas, se estivermos sempre preparados, não haverá espanto algum.

f) As virgens negligentes foram comprar azeite; nisso chegou o esposo. E a porta foi fechada para elas. O que nos ensina isso? (v. 10)

Ótimo aviso para nós. Não deixar para depois, quando não mais houver tempo. O que posso fazer agora, principalmente o que se refere à minha alma, não devo deixar para depois.

g) Que explicação podemos dar desta parábola aos que exercem algum apostolado?

Uma boa advertência a todos os que exercem apostolado. Exercer apostolado é uma boa coisa. Se se faz com reta intenção, tem um mérito extraordinário diante de Deus. Mas, se por vaidade, por amor próprio, longe de ser um mérito, pode ser causa de castigo. Precisamos ter o azeite da reta intenção em todas as nossas obras de apostolado.

h) Em que versículo está a idéia fundamental desta parábola?

A idéia fundamental, o objetivo que quer Jesus ao expô-la, está claramente manifestada nas últimas palavras: "Vigiai, pois, porque não sabeis o dia nem a hora" (v. 13). É uma exortação à vigilância, que Jesus nos faz com tanta insistência.

i) O que a Bíblia nos ensina sobre a hora de nossa morte?

Não sabemos o dia nem a hora (Mt 25,13). Cristo chegará sem nos avisar, causando-nos surpresa. Ele é quem marca a hora. E São Marcos nos adverte: "Tomai cuidado, vigiai, pois não sabeis quando chegará esse momento" (Mc 14,33). "Quem estiver preparado à hora em que o Senhor vier, entrará nos Céus" (Mt 25,10).

j) O que Cristo nos ensina com essa parábola?

Ensina que em nossa vida há necessidade de estarmos preparados sempre para o encontro com Cristo na hora de nossa morte. Ele nos visitará, talvez num momento em que não esperamos.

Como as virgens prudentes, não sabendo a que hora exatamente chegaria o esposo, prepararam-se para sua chegada, assim também nós estejamos preparados, porque não sabemos quando deveremos morrer.

4. COMENTÁRIO

Enquanto vivemos aqui na terra, somos como as pessoas que esperam a chegada de alguém.
Ninguém sabe quando chegará, mas todos sabem que só entrará para a festa quem estiver preparado. E, de fato, haverá pessoas preparadas e despreparadas.
Quanto sacrifício você não faz quando está esperando uma visita importante! Casa bem arrumada, todos bem vestidos. É uma realidade: precisamos estar preparados porque sabemos que a visita chegará, mas ignoramos o momento exato.

Se assim fazemos quando o visitante não passa de uma pessoa como nós, ainda que importante, maior atenção teremos ao se tratar de Cristo!
A visita de Cristo será decisiva, marcará nossa felicidade ou infelicidade, de uma vez para sempre. Imagine só: seremos felizes com Deus ou infelizes sem ele, para sempre. Depende unicamente de estarmos ou não preparados à hora de nossa morte.
Somos nós que fazemos nossa própria sorte eterna: seremos felizes ou não, se nós, com ou sem nosso esforço, estivermos preparados ou não. A ajuda de Deus nunca falta!
Estar preparado exige esforço, perseverança. "Sê fiel até a morte, e dar-te-ei a coroa da vida" (Apocalipse 2,10).

5. PERGUNTAS PRÁTICAS

1. **Você é prudente e previdente?**
2. **Não nos agrada falar da morte. Como você a encara em sua vida? Em seus familiares? Em seu próximo?**
3. **Qual sua reação quando morre algum conhecido ou parente?**
4. **O que você faz para ser sempre conhecido e reconhecido do Senhor?**
5. **Você procura sempre fazer o bem?**

6. REVISÃO E PLANEJAMENTO DA AÇÃO

7. ORAÇÃO OU CANTO FINAL

33º DOMINGO DO TEMPO COMUM

Mt 25,14-30

Talentos a serviço do bem

1. ORAÇÃO INICIAL

2. LEITURA DA BÍBLIA

Naquele tempo disse Jesus aos seus discípulos esta parábola: [14]Um homem, tendo de partir para uma viagem, chamou os servidores e lhes confiou seus bens. [15]Deu a um deles cinco talentos em dinheiro; a outro, dois; a outro, um. A cada um de acordo com sua capacidade. E partiu.
[16]Ora, aquele que havia recebido cinco talentos foi logo negociar com eles e ganhou outros cinco. [17]Do mesmo modo, aquele que havia recebido dois ganhou outros dois. [18]Mas aquele que havia recebido um talento só foi e fez um buraco no chão, e aí escondeu o dinheiro do patrão.
[19]Muito tempo depois, voltou o patrão desses servidores e pediu contas. [20]Aquele que tinha recebido cinco talentos apresentou outros cinco, dizendo: "Senhor, entregaste-me cinco talentos, eis aqui outros cinco que ganhei". [21]Disse-lhe o patrão: "Muito bem, servidor bom e fiel. Você foi fiel no pouco, eu lhe confiarei muito. Venha alegrar-se com seu patrão". [22]Apresentou-se depois aquele que tinha recebido dois talentos e disse: "Senhor, entregaste-me dois talentos, eis aqui outros dois que ganhei". [23]Disse-lhe o patrão: "Muito bem, servidor bom e fiel; você foi fiel no pouco, eu lhe confiarei muito. Venha alegrar-se com seu patrão". [24]Veio por fim aquele que tinha recebido um talento só e disse: "Senhor, eu sabia que és um homem duro, que colhes onde não semeaste e recolhes onde não espalhaste. [25]Fiquei com medo e escondi o dinheiro na terra. Aqui está o que é teu". [26]Respondeu-lhe o patrão: "Servidor mau e preguiçoso, você sabia que eu colho onde não semeei e que recolho onde não espalhei. [27]Você devia, então, ter colocado meu dinheiro no banco para que assim, quando eu voltasse, recebesse com juros o que é meu. [28]Tirem-lhe, pois, esse talento e dêem àquele que tem dez. [29]Porque, a quem tem será dado mais, e ele terá em abundância. Mas a quem não tem será tirado até

aquilo que não tem. ³⁰E a esse servidor inútil, joguem-no fora, na escuridão. Aí haverá choro e ranger de dentes".

3. ESCLARECIMENTOS

a) O que seriam os talentos ou os bens confiados aos empregados?

Nossas capacidades, nossa saúde, nossas qualidades, enfim a vida e tudo o mais que Deus nos deu aqui nesta terra.

b) Leia os versículos 16 e 17. Existe aí algum ensinamento para nós?

Deus nos confiou muita coisa. Ele quer que usemos, administremos bem todos esses seus dons, para que haja lucro, pois só havendo lucro é que receberemos a recompensa. Deus criou o mundo, mas deixou algum trabalho para nós, a fim de que completássemos sua criação. Usando nossa força, nossa inteligência, nosso corpo em qualquer trabalho, estamos, de um lado, tornando sempre melhor a "casa" que Deus nos deu, isto é, o mundo; por outro lado, estamos conquistando a recompensa eterna.

c) Qual foi a atitude a do servo que recebeu um só talento? (v. 18) O que aconteceu com ele? (v. 26-30)

Foi enterrar o talento que recebeu. Não trabalhou. Não usou o dom que Deus lhe entregou. Pecou. Ofendeu a Deus. Quebrou o plano divino. Mereceu o castigo.

d) A atitude desse servo, que não quis agir nem por temor, é certa? (v. 24-27)

"Deus é amor, e quem permanece no amor permanece em Deus e Deus nele" (1Jo 4,16). Deus é um verdadeiro Pai que só procura nossa felicidade, mesmo quando o desprezamos. Quando estamos em pecado, ele nos procura, querendo que voltemos para junto dele. Um filho não teme, mas ama seu pai. Assim deve ser nossa atitude diante de Deus.
Nosso trabalho e o exercício das qualidades que recebemos devem buscar sua causa, não no medo de Deus, mas no amor.

Trabalhamos porque Deus quer nossa felicidade, quer que vivamos sempre como filhos seus, em sua casa.

Se o terceiro servo tivesse trabalhado ao menos por temor e medo de Deus, teria também recebido sua recompensa. Deus prefere que trabalhemos por amor; mas, em sua bondade, aceita também nosso esforço, mesmo se agimos por temor.

e) Você poderia citar alguns talentos que Deus nos dá?

Verdadeiros talentos: inteligência, facilidades no estudo, sociabilidade, situação econômica privilegiada, saúde, vocação musical, habilidade manual, agilidade esportiva etc.

f) Ao lado desses talentos verdadeiros, cite alguns falsos.

Os falsos talentos estão continuamente querendo dominar em nossa vida. Poderíamos citar como principais: o orgulho, a vaidade, a inveja, o ciúme exagerado e o comodismo. O próprio dinheiro, quando empregado em coisas fúteis, roupas da moda que muitas vezes diminuem o valor de nosso corpo, é um falso talento.

g) Quais são as atitudes erradas que assumimos em face dos talentos?

Facilmente arrumamos desculpas para nós mesmos, achando que não temos qualidade alguma ou que não vale a pena nosso esforço.

Às vezes, somos egoístas. Só pensamos em nós mesmos. Nós nos esquecemos de que os talentos nos são dados para o bem dos outros.

Tomamos atitude agressiva: "Sei que colhes onde não semeaste" (v. 24). Não sabendo o que dizer, agredimos. Essa é a arma dos que estão sem meios válidos para se defender.

Vivemos invejando os talentos dos outros. Só desejamos os dos outros e não nos preocupamos com os nossos, com os que Deus nos deu.

E freqüentemente fazemos mau uso dos talentos que temos. Nós desvirtuamos a finalidade deles. Nós os esbanjamos no luxo, no sexo, no tóxico etc.

4. COMENTÁRIO

Deus nos recompensa conforme nossos méritos. Mas não podemos nos esquecer de que nossa recompensa é infinitamente maior do que aquilo que realmente merecemos. Por nossos trabalhos, de modo algum mereceríamos o céu. Nossa verdadeira recompensa, é Deus quem no-la dá, e gratuitamente, tratando-nos como filhos. O plano de Deus é que correspondamos a seus dons. O servo bom foi recompensado porque cooperou com Deus, colocando em ação o que lhe foi confiado. O servo preguiçoso foi castigado porque não usou os dons emprestados por Deus.
Nem todos recebemos os mesmos dons. Uns recebem mais, outros menos. O importante é aplicar bem, em seu devido lugar, aquilo que recebemos. O plano de Deus é que seus bens sejam devidamente administrados. No entanto, é claro que daquele que mais recebeu mais será exigido na hora da prestação de contas. Precisamos examinar-nos para nos conhecermos. O que importa não é se temos muitos ou poucos talentos. O que importa é a aplicação que deles fazemos. Somos responsáveis pelos talentos.
Um lembrete ainda: o maior talento que você recebeu é a Graça, a amizade de Deus. Deus ama você como Pai. Se você o tem a seu lado, pode considerar-se rico.

5. PERGUNTAS PRÁTICAS

1. **Você coloca seus talentos para frutificar? Você cuida bem de tudo: bens espirituais, a saúde...?**
2. **Você procura dominar a agressividade?**
3. **Você é um servidor útil?**
4. **O que você faz para colaborar na obra da criação?**
5. **Duas atitudes perigosas diante dos talentos: egoísmo e inveja! Que lugar ocupam em sua vida?**

6. REVISÃO E PLANEJAMENTO DA AÇÃO

7. ORAÇÃO OU CANTO FINAL

NOSSO SENHOR JESUS CRISTO, REI DO UNIVERSO

Mt 25,31-46

Felicidade verdadeira

1. ORAÇÃO INICIAL

2. LEITURA DA BÍBLIA

Naquele tempo, disse Jesus a seus discípulos:
³¹"Quando o Filho do Homem voltar na sua glória e todos os anjos com ele, irá sentar-se no seu trono glorioso. ³²Todos os povos se reunirão diante dele. E ele separará uns dos outros, como o pastor separa as ovelhas dos cabritos. ³³E porá as ovelhas à sua direita e os cabritos à sua esquerda.
³⁴Então, o rei dirá àqueles que estão à direita: 'Venham, benditos de meu Pai, recebam em herança o reino que lhes está preparado desde a criação do mundo. ³⁵Pois eu estava com fome e vocês me deram comida; estava com sede e me deram de beber; era estrangeiro e vocês me receberam em suas casas. ³⁶Eu estava nu e vocês me vestiram; estava doente e vocês foram me visitar; estava na prisão e vocês vieram até mim'.
³⁷Os justos, então, lhe perguntarão: 'Mas, Senhor, quando foi que vos vimos com fome e vos demos comida, com sede e vos demos de beber? ³⁸Quando foi que vos vimos estrangeiros e vos recebemos em casa, ou nu e vos vestimos? ³⁹E quando foi que vos vimos doente ou na prisão e fomos visitar-vos?'
⁴⁰Aí o rei responderá: 'Em verdade eu lhes digo: toda vez que vocês fizeram isso a um de meus irmãos mais humildes, foi a mim que o fizeram!'
⁴¹Depois dirá àqueles que estão à sua esquerda: 'Afastem-se de mim, malditos! Vão para o fogo eterno, preparado para o diabo e seus anjos! ⁴²Pois eu estava com fome e vocês não me deram comida; eu estava com sede e não me deram de beber; ⁴³era estrangeiro, e não me receberam em casa. Estava nu e não me vestiram, estava doente e na prisão e não me visitaram'.

⁴⁴Também estes lhe perguntarão: 'Mas quando foi, Senhor, que vos vimos com fome ou com sede, ou estrangeiro, ou nu, ou doente, ou na prisão e não o ajudamos?'
⁴⁵Mas ele lhes responderá: 'Em verdade, cada vez que vocês deixaram de fazer uma destas coisas a um destes meus irmãos humildes, foi a mim que vocês deixaram de fazer'.
⁴⁶E estes irão para o castigo eterno. Os justos, porém, para a vida eterna".

3. ESCLARECIMENTOS

a) Qual o simbolismo que Jesus usa para dizer bons e maus? (v. 33)

Ele emprega a figura de ovelhas e cabritos.
As ovelhas são mansas e pacíficas. Representam as pessoas boas.
Os cabritos são irrequietos e violentos. Simbolizam os maus.

b) O que significa este Reino que está preparado? (v. 34)

Este Reino significa a saída das trevas para a luz, da escravidão para a liberdade dos filhos de Deus, do trabalho para o descanso eterno, da guerra para a paz, da morte para a vida, da luta para o triunfo, da prova para a recompensa, do vale de lágrimas para a felicidade sem fim, do exílio para a pátria, da terra para o céu.

c) Quem merece o céu? (v. 35-36)

Merece o céu quem é bom, ou seja, quem ama e serve fielmente a Deus, e morre em sua graça.
São Paulo diz, citando Isaías: "Nem o olho viu, nem o ouvido ouviu, nem jamais passou pelo pensamento do homem o que Deus preparou para aqueles que o amam" (1Cor 2,9).

d) Com quem Jesus se identifica no versículo 40?

Cristo identifica-se com nossos irmãos. Daí surge o valor da caridade. O amor verdadeiro é manifestado no serviço prestado ao próximo.

Bem-aventurados os que enxergam a face de Cristo no pobre que passa fome ou sede, no pobre encarcerado ou hospitalizado, no pobre desprovido de roupa e de afeição.

e) O que merecem os maus, que não servem a Deus? (v. 41)
Merecem o inferno. Não é Deus quem condena ao inferno. É o homem que recusa a amizade de Deus.

f) O que é o inferno?
É o sofrimento eterno da privação de Deus. Faltando Deus, falta tudo; não há nenhum bem.
O mistério do inferno está ligado ao mistério do livre-arbítrio em relação ao homem, e ao sentido da justiça, em relação a Deus.
A recusa do amor e do perdão é um ato absolutamente voluntário.

g) É Deus quem condena os maus? (v. 41)
Deus não quer a condenação de ninguém. Deus não condena ninguém. É o próprio pecador que se condena. Ao morrer, o pecador sente-se na necessidade de se separar de Deus, pois diante de Deus não pode haver nada manchado. É a própria pessoa que procura a maldição e a condenação por seu modo de proceder.

h) Qual é o tormento mais terrível do inferno? (v. 41)
O mais terrível do inferno não é o tormento do fogo. O mais terrível é a pena que está incluída nestas palavras: "Afastai-vos de mim..."
A separação eterna de Deus... Agora, que não podemos conhecer Deus tal como é e que não podemos nos dar conta da necessidade que temos dele, não conseguimos compreender o que significam estas palavras e quanto seja terrível a separação eterna.

i) É certo que existem o céu e o inferno? (v. 46)

Sim. Deus revelou isso muitas vezes, prometendo aos bons a vida eterna e ameaçando os maus com a perdição eterna.
Sem dúvida, o inferno continua sendo um mistério. E fica mais complicado ainda, quando muitos o fantasiam com sua ignorância.

j) Na sociedade humana é fácil distinguir os bons dos maus?

Durante a vida, não há separação entre os bons e os maus. O trigo está misturado com a cizânia. E muitas vezes é difícil distinguir um do outro. Mas chegará o momento da separação. Far-se-á no dia do juízo, para que brilhe a justiça de Deus, para que a virtude seja premiada e o vício receba o que merece.

4. COMENTÁRIO

Cristo faz uma descrição solene e dramática do último julgamento, ao qual todos os homens serão chamados. É uma das páginas mais impressionantes do Evangelho. Cristo, ao pronunciar sua sentença, fala como rei, e como tal chama os justos para entrarem em seu reino, preparado para eles desde toda a eternidade.

O céu é, antes de tudo, uma graça; é também uma herança que se nos é dada como a filhos adotivos, co-herdeiros com Cristo (Rm 8,17); é também um prêmio ou recompensa de nossas boas obras. Diante dos textos tão claros da Escritura, não se pode negar a existência da glória eterna e do inferno.

Tudo o que fizermos ao próximo, imagem de Deus, aparecerá no último dia. Pelo que de bom fizermos grande será nossa recompensa. Cristo assumiu todas as misérias e dores dos homens, daqueles que como pobres se apresentam diante de nós, para testar nossa fé e desafiar nosso amor.

Cristo descreve o juízo final de um modo vivo, para impressionar os ouvintes e para que, com isso, sejam mais vigilantes e se preparem para aquele dia.

5. PERGUNTAS PRÁTICAS
1. Você se considera uma ovelha querida do Senhor?
2. Você vê realmente Deus presente no próximo?
3. Em sua comunidade, o que se faz pelos doentes e pelos que vivem sós?
4. Onde está a verdadeira felicidade?
5. Em sua oração, que lugar ocupa seu próximo?

6. REVISÃO E PLANEJAMENTO DA AÇÃO

7. ORAÇÃO OU CANTO FINAL

ORAÇÃO PELAS VOCAÇÕES

Espírito de Amor eterno, que procedes do Pai e do Filho, nós te agradecemos por todas as vocações de apóstolos e de santos que fecundaram a Igreja.

Nós te suplicamos: continua ainda essa tua obra!

Recorda-te de quando, no dia de Pentecostes, desceste sobre os Apóstolos reunidos em oração com Maria, a mãe de Jesus, e olha para a tua Igreja que hoje tem uma necessidade especial de sacerdotes santos, de testemunhas fiéis e legítimas da tua graça; ela precisa de consagrados e consagradas que revelem a alegria de quem vive só para o Pai, de quem faz sua a missão e a oferta de Cristo, de quem com a caridade, constrói o mundo novo.

Espírito Santo, fonte perene de alegria e de paz, és tu que abres ao divino chamado o coração e a mente; és tu que tornas eficaz todo impulso para o bem, a verdade, a caridade.

Do coração da Igreja que sofre e luta pelo Evangelho, sobem ao Pai os teus "gemidos inexprimíveis".

Abre os corações e as mentes dos jovens e das jovens, para que uma nova florescência de santas vocações revele a fidelidade do teu amor, e todos possam conhecer Cristo, luz verdadeira vinda a este mundo para oferecer a cada ser humano a firme esperança da vida eterna.

Amém.

Papa João Paulo II

ÍNDICE

Apresentação 5
A Bíblia 7
Círculos Bíblicos 9
Calendário Litúrgico 11
1º Domingo do Advento — Mt 24,37-44 13
2º Domingo do Advento — Mt 3,1-12 17
Imaculada Conceição de Maria Santíssima — Lc 1,26-38 22
3º Domingo do Advento — Mt 11,2-11 27
4º Domingo do Advento — Mt 1,18-25 33
Natal de Nosso Senhor Jesus Cristo — Lc 2,1-14 38
Sagrada Família — Mt 2,13-15.19-23 43
Solenidade de Santa Maria, Mãe de Deus — Lc 2,16-21 47
Epifania do Senhor — Mt 2,1-12 52
Batismo do Senhor — Mt 3,13-17 57
2º Domingo do Tempo Comum — Jo 1,29-34 61
3º Domingo do Tempo Comum — Mt 4,12-23 65
4º Domingo do Tempo Comum — Mt 5,1-12a 70
5º Domingo do Tempo Comum — Mt 5,13-16 74
6º Domingo do Tempo Comum — Mt 5,17-37 78
7º Domingo do Tempo Comum — Mt 5,38-48 85
1º Domingo da Quaresma — Mt 4,1-11 90
2º Domingo da Quaresma — Mt 17,1-9 95
3º Domingo da Quaresma — Jo 4,5-42 99
4º Domingo da Quaresma — Jo 9,1-41 105
5º Domingo da Quaresma — Jo 11,1-45 117
Domingo de Ramos — Mt 27,11-54 123
Páscoa da Ressurreição — Jo 20,1-9 130

2º Domingo da Páscoa — Jo 20,19-31 135
3º Domingo da Páscoa — Jo 24,13-35 140
4º Domingo da Páscoa — Jo 10,1-10 145
5º Domingo da Páscoa — Jo 14,1-12 150
6º Domingo da Páscoa — Jo 14,15-21 155
Ascensão do Senhor — Mt 28,16-20 159
Domingo de Pentecostes — Jo 20,19-23 163
Santíssima Trindade — Jo 3,16-18 167
8º Domingo do Tempo Comum — Mt 6,22-34 170
9º Domingo do Tempo Comum — Mt 7,21-27 175
10º Domingo do Tempo Comum — Mt 9,9-13 179
11º Domingo do Tempo Comum — Mt 9,36—10,8 183
12º Domingo do Tempo Comum — Mt 10,26-33 188
13º Domingo do Tempo Comum — Mt 10,37-42 193
São Pedro e São Paulo, Apóstolos — Mt 16,13-19 197
14º Domingo do Tempo Comum — Mt 11,25-30 203
15º Domingo do Tempo Comum — Mt 13,1-9 209
16º Domingo do Tempo Comum — Mt 13,24-43 214
17º Domingo do Tempo Comum — Mt 13,44-52 220
18º Domingo do Tempo Comum — Mt 14,13-21 225
A Transfiguração do Senhor — Mt 17,1-9 229
19º Domingo do Tempo Comum — Mt 14,22-33 233
Assunção de Nossa Senhora — Lc 1,39-56 239
20º Domingo do Tempo Comum — Mt 15,21-28 243
21º Domingo do Tempo Comum — Mt 16,13-20 247
22º Domingo do Tempo Comum — Mt 16,21-27 253
23º Domingo do Tempo Comum — Mt 18,15-20 258
24º Domingo do Tempo Comum — Mt 18,21-35 264
Exaltação da Santa Cruz — Jo 3,13-17 268
25º Domingo do Tempo Comum — Mt 20,1-16a 272
26º Domingo do Tempo Comum — Mt 21,28-32 276

27º Domingo do Tempo Comum — Mt 21,33-43 280
28º Domingo do Tempo Comum — Mt 22,1-14 284
Solenidade de Nossa Senhora Aparecida — Jo 2,1-11 288
29º Domingo do Tempo Comum — Mt 22,15-21 293
30º Domingo do Tempo Comum — Mt 22,34-40 298
31º Domingo do Tempo Comum — Mt 23,1-12 302
Comemoração de todos os fiéis defuntos — Lc 14,1.7-11 306
Solenidade de todos os santos — Mt 5,1-12a 310
Dedicação da Basílica de Latrão — Jo 2,13-22 314
32º Domingo do Tempo Comum — Mt 25,1-13 318
33º Domingo do Tempo Comum — Mt 25,14-30 322
Nosso Senhor Jesus Cristo, Rei do Universo — Mt 25,31-46 326
Oração pelas vocações 331